民族地区公共财政保障制度创新研究

梁积江 等著

人民出版社

责任编辑:陈寒节

责任校对:湖　催

图书在版编目(CIP)数据

民族地区公共财政保障制度创新研究/梁积江等著.
—北京:人民出版社,2009.12
ISBN 978 - 7 - 01 - 008527 - 2

Ⅰ.民…　Ⅱ.梁…　Ⅲ.民族地区－地方财政－财政制度
－研究－中国　Ⅳ.F812.7

中国版本图书馆 CIP 数据核(2009)第 220311 号

民族地区公共财政保障制度创新研究
MINZU DIQU GONGGONG CAIZHENG BAOZHANG ZHIDU CHUANGXIN YANJIU

梁积江　等著

人民出版社 出版发行
(100706　北京朝阳门内大街166号)

北京龙之冉印务有限公司印刷　新华书店经销

2009 年 12 月第 1 版　2009 年 12 月北京第 1 次印刷
开本:710 毫米×1000 毫米　1/16　印张:21.5
字数:316 千字　印数:1－2500 册

ISBN 978 - 7 - 01 - 008527 - 2　定价:42.00 元

邮购地址:100706　北京朝阳门内大街 166 号
人民东方图书销售中心　电话:(010)65250042　65289539

目　录

前　言

公共财政是我国政府财政的本质。在市场经济条件下,政府与市场有着较明确的分工,政府提供公共产品和公共服务,活动范围主要在公共领域、非竞争性领域。公共财政的首要任务是提供公共产品和服务,维护公平与促进社会和谐稳定。其次是宏观调控经济运行,也即运用看得见的手,弥补市场缺陷和校正市场失灵。市场提供私人产品,活动范围在私人领域、竞争性领域,市场以效率为先。

就政府来说,有中央政府与地方政府之分,其性质是一样的,但活动范围是不同的,职能上也有所差异。政府控制的财政资源要在各级政府间进行合理的配置,这就是财政体制。我国目前实行的是分税制财政体制。财政为政府提供公共产品和公共服务提供财力保障,具体的方式、办法,就是财政政策,政策是有针对性的、区别的、灵活的、弹性的。比较而言,体制就具有稳定性的特点。制定、修正、完善财政政策,是各级政府的一项重要工作。

就地方政府而言,民族自治地区地方政府,既有同其他一般地方政府一样的职能,也有其特殊的职能。从大的方面来看,民族地区需要政府提供公共产品与服务的财政保障,可分两类。第一类,民族自治地区地方政府的一般职能主要有:政府公共管理(主要是行政管理、公检法等)社会保障(主要是社会保障体系建设和财力保障)、农村公共产品和公共服务等。第二类,民族自治地区地方政府的特殊职能:一是围绕"民族"问题的,如少数民族人口的增长和素质的提高(主要是少数民族人民的教育事业的发展)、少数民族文化的弘扬、文化遗产的保护、民族团结、宗教等。二是围绕"地区"问题的,如边疆社会稳定、国防安全;自然条件(大山、荒漠;干旱、严寒等);地域状况(距首府和中心城市的距离遥远,行政管理成本高);生态环境的保护和建设(已影响到发达地区及全国);经济欠发达。这些问题从五个统筹、科学发展观的角度来说,都是重中之重。也是我们这个课题研究的重点、特点所在。

就民族自治地区地方政府提供公共产品与服务的能力与状况看,自治地方政府的现有财力状况、财力在各级地方政府间的配置情况也即省以下财政体制的情况、上级政府的转移支付情况,总量上存在巨大缺口,结构上存在不合理。要逐步缩小民族地区公共产品供需差距,弥补财政缺口,解决有限财力支出上的不合理的问题,在制度设计方面,就是建立适合民族地区社会经济发展的民族地区公共财政保障制度;在具体措施方面,就是发展经济,做大"蛋糕",合理划分事权财权,切分"蛋糕"。地方政府:发展经济,提高保障能力;加强管理,提高支出效率;改善结构,确保重点等。中央政府:制度上实行有所区别的公共财政制度,健全分税制财政体制,实现事权与财权对等;在财政服务均等化基础上,强化中央政府对民族自治地方政府的转移支付;切实贯彻《中华人民共和国民族区域自治法》,使其条例化、政策化。

两年来,课题组围绕上述研究思路,先后分赴新疆、甘肃、云南、西藏、宁夏及吉林延边等民族地区进行调查研究,取得了大量的一手资料,通过对资料的分析研究,撰写了研究报告和论文。在此基础上完成了本著作的撰写。《民族地区公共财政保障制度创新研究》是在课题组成员广泛讨论研究的基础上,由课题组负责人梁积江教授和外聘专家刘德雄研究员共同确定研究框架,拟定写作提纲,课题组骨干成员分别撰写,书稿最终由梁积江教授和金鲜花博士统一审阅定稿。本书第一章由张秀萍教授和胡玄能教授撰写,第二章和第五章由梁积江教授撰写,第三章由李伟副教授撰写,第四章由金鲜花博士撰写,第六章由刘德雄研究员整理,第七章由李丽副教授、刘德雄研究员撰写。附录一由刘德雄研究员撰写,附录二由梁积江教授、李媛媛、司瑞雪撰写,附录三由楚京爱博士、龚湖南、马莉苗、张新玲撰写,附录四由胡玄能教授撰写,附录五由金鲜花博士、李璇和吕莹撰写,附录六由梁积江教授、王建虎和王茂林撰写。由于每位作者的专业领域、思维角度、研究方法、写作风格等多方面存在差异,使得本书在体例、看法、文风等方面存在不协调问题。在保证整体思路及主线统一的前提下,写作大纲的逻辑安排上,保持了每个章节的相对独立性与完整性,特别是体现了每位作者的研究心得,体现了原则性与灵活性、统一性与多样性的结合的特点。

　　需要指出,财政保障问题涉及的内容十分广泛,因为政府与市场的关系一直是经济学研究的主要问题,从亚当·斯密的自由主义经济学到凯恩斯的国家干预主义经济学,再到新自由主义经济学,乃至于介于或游离于国家干预主义和新自由主义之间的一些经济学流派,其研究不论理论有何不同,方法怎么创新,领域如何拓展,都无不涉及到政府与市场的关系问题。还需要指出的是,作为应用经济学的财政学更是把政府与市场的关系问题作为其研究的基本问题,特别是公共财政理论研究及公共财政体制的建立,更是把政府与市场的关系问题作为首要问题,甚至把研究内容拓展到社会学、法学、历史学等领域。可见,我们要研究的问题的重要和难度。当然,另一方面也为我们提供了研究的空间与机遇。我们的研究是有限的,诸如:民族地区公共财政保障制度涉及到经济、政治、社会、文化和生态诸多方面,我们只研究了其中文化方面的教育、卫生问题,社会方面的边疆安全问题和生态建设问题,不全面,亦不系统。好在我们已经有"985"这样一个平台,我们正在路上。

　　中国财政学会民族地区研究会,新疆、甘肃、云南、西藏、宁夏及吉林延边等省(区)、市(州)、县各级财政部门对我们的研究给予了很大的帮助与支持,课题组成员周力教授、王澂副教授、王枫讲师参加了讨论与调研,企业管理专业的研究生参加调研并整理了有关资料,一并在这里表示感谢。书中的不当之处和谬误一定不少,敬请赐教与指正。

梁积江　刘德雄
2008 年 12 月

第一章 民族地区公共财政制度的基本情况

第一节 公共财政及公共财政制度

一、公共财政的特点与职能

(一)公共财政的含义及特点

"财政"是指国家或政府的收支活动或经济活动,而"公共财政",是指国家或政府为市场提供公共服务的分配活动或经济活动,它是与市场经济相适应的一种财政类型和模式。"公共财政"仍然是财政,为市场提供公共服务,是公共财政区别于其他财政类型的根本性质。公共财政问题的关键和要害,是"公共性"问题。作为政府财政,在市场经济下直接涉及的根本问题,就是如何处理政府与市场的关系,如何规范政府及其财政的活动使之适应市场经济的根本要求的问题。建立公共财政模式,就是要以"公共性"作为根本准则,去约束和规范政府及其财政与市场的关系。

公共财政是依据市场经济的根本要求而发展起来的,其内容和特征与一般财政都有所不同。

1. 弥补市场失效

整个社会有两大系统:市场与政府。财政是政府的分配活动或经济活动,因而市场经济下财政的首要问题和根本问题就是政府与市场的关系问题。市场经济下政府与市场的关系用一句通俗的话来说,就是"市场能干的,政府就不要去干;市场不能干的,政府就要去干"。政府及其财政只能干市场不能干而又需要干的事,只能站在市场活动之外去为所有的市场活动提供服务,从而表现为一种"公共"的活动。

2.提供公平服务

公平服务是指政府及其公共财政在为市场提供服务的过程中是公平的。这样,所有的市场主体都无法依靠政府权力而索取额外的利益,也不因为政府权力的干预而支付额外的费用。这就说明公平服务是与市场经济的本质要求相适应的。

3.非市场营利性

在市场经济条件下,经济主体追求的是个体本身的利润目标,而作为社会管理者的政府追求的则是社会目标。市场经济决定了政治性政府不具有利润目标,它追求的只能是社会目标。利润目标和社会目标是市场经济条件下两个对立的经济活动目标。经济主体追求的是利润目标,而处于市场失效领域内以弥补市场失效和提供公共服务为己任的公共财政,追求的只能是社会目标。

4.法治化

市场经济下的财政是法治财政,即政府的财政活动和运作是在法律法规约束规范下进行的。正是通过法律形式,依靠法律手段,社会公众才得以真正决定、约束、规范和监督政府及其财政的活动,才确保了政府的行为必须遵循市场和资本的根本要求,才确保了政府的公共活动必须符合私人的根本利益。这样,法制性也是市场经济下财政具有公共性的基本特征之一。

(二)公共财政的职能

1.资源配置职能

公共财政的资源配置职能,指政府公共财政在微观领域内解决生产什么和如何生产的问题,也就是政府公共财政如何在公共部门和私人部门之间及其内部配置人力、物力、财力,以达到稀缺资源高效、合理利用的目的。在以市场为资源配置主体的经济社会中,市场有时难以有效解决生产什么和如何生产的问题,即存在市场失灵,需要政府来参与解决生产什么和如何生产的问题。因此,市场在微观领域内资源配量的失灵,是公共财政履行资源配置职能的逻辑起点。换句话说财政的资源配置职能就是政府利用公共政策对市场机制进行引导、修正和补充。政府公共支出的数量和结构,在一定程度能引导社会资源在不同地区、不同部门按照政府意图流动,使社会资源按照有利于社会和经济发展的方向重新组合,形成优化的资产结构和产业结构,实现资源合理配置的目标。在财政配置资源过程中,要正确处理三个比例关系,一是财政收入占 GDP 比重。这个指标反映政府对市场的干预程度和公共产品需要的满足程度。过高表明政府对市场干预过多,影响市场效率;过低表明公共产品的需要不能得到很好满足。二是中央财政收入占全国财政收入比重,这个指标反映中央财政调控力度和公共产品提供效率。过高表明中央集中过多,影响地方财政提供公共产品的积极性;过低表明中央集中太少,一些跨省区、跨区域的重大基础设施等公共产品的提供缺乏资源保证。三是转移支付占财政支出的比重。

公共产品、外部效应、垄断和信息不对称等方面的市场失灵是公共财政在微观领域内具有资源配置职能的理论和现实依据。因此,政府公共财政资源配置的思路就应该是针对这些失灵状况而有的放矢。

1)政府应当提供公共产品。由于市场机制在公共产品供给方面显得无能为力,所以政府就应当提供公共产品。公共财政提供公共产品并不一定要由政府直接生产公共产品。政府之所以能够免费地向消费者提供公共产品,是因为它可以通过税收的方式取得收入,以补偿这些产品的生产成本。对于不同的公共产品,财政采取的支持方式是不同的。纯粹的公共产品由财政直接投资进行建设,而准公共产品既可以由私人部门通过市场提供,也可以出政府部门直接提供,或是由政府部门以给予补助的办法通过市场提供。由此可见,在市场经济体制中,财政发挥配置资源的作用主要是由于公共产品的存在以及资源配置效率在公共产品领域失灵而要求政府干预所决定的。公共产品的供给方式是多样的:一是政府招标,与民营企业签订供给合同。二是政府授权经营。这一般适用于城市公共服务行业,如自来水、电话、供电等行业。三是政府采取补助津贴、优惠贷款、无偿捐赠、减免税收、直接投资等形式,资助提供公共产品的民营企业,这一般适用于科技开发、教育、卫生保健、图书馆、博物馆、城市住宅建设等领域。因此,在公共产品供给方面,应该更加灵活地采取多种形式,以提高公共产品的供给效率。

2)政府对外部效应的矫正。矫正外部效应的方法有很多种,其中影响最大的是庇古所主张的税收、补贴方法,其基本思路是,造成外部负效应的行为应当受到惩罚,而减少外部负效应的行为则应省得到奖励。具体而言,就是通过恰当的税收或补贴,影响相对价格比率,从而影响私人生产的边际成本最终使私人的最优与社会的最优相一致。政府公共财政解决外部效应的其他办法还有管制措施和拍卖污染许可证。政府管制指的是政府直接规定所允许的外部不经济的活动水平,对超过规定者予以重罚,通过这种办法,同样可以实现社会生产的最优解。拍卖污染许可证是政府在确定所允许的外部负效应水平之后.向出价最高的厂商发售许可证,只允许拥有许可证的厂商在所购买的有限数量范围内从事外部负效应的活动,否则将受到严厉的处罚,以此确保社会最优解的实现。

3)政府对垄断的矫正。政府公共财政矫正由于垄断引起的市场失灵可以采取三种方式。一是政府对私人行为的直接干预。私人之所以可以垄断某种产品的供给和价格,直接原因是它占有了资源总量的较大部分,包括信息资源。正是这种优势使得私人不按照竞争原则行事。因此,政府有必要采取诸如反托拉斯法那样的措施来直接干预私人的行为,通过考察厂商的市场份额、行为及财务报表来决定是否实施干预。二是政府公共财政对私人行为的激励。除传统的直接干预垄断行为的办法外,就是创造"可竞争市场"的环境促使垄断厂商像在完全竞争条件下一样行事。此外,让厂商投标以争取某种商品的经营许可权也是可以用来激励垄断厂商提供竞争性行为的机制。三是政府公共财政对私人行为的替代。这是对政府资源配置最通俗的理解。在政府对私人行为的直接干预和间接激励之外.还有一种办法可保证在自然垄断行业里实行竞争原则,这就是政府自己经营自然垄断行业,建立起相关的公共企业,进而基于社会效率或福利而不是基于财务赢利来确定价格。

4）政府公共财政对信息不对称的矫正。一种比较可行的办法就是政府强制。强制规定私人必须从事某些行为,提供市场交易所需的足够信息。另外一种可行的办法是信息作为公共产品由政府提供。信息不对称的条件下,最有能力的卖者会尽力向市场发送信号,以便将自己的产品与其他卖者的产品区别开来。而最重要的一种传递信息的机制就是政府提供资格认证。私人也会乐于提供这种"资格认证",特别是那些打算在市场中长期经营的厂商会更加注重自己的声誉,从而愿意采取措施向市场提供有关其所售商品质量的甚至是有关自身资信的证明。然而私人一般不会提供全面而真实的质量信息,即在提供资格认证方面,市场办法是不够的。这与"资格认证"这种信息所具有的公共性质有关。如果由政府出面,经由可靠的程序,证明某种商品的质量标准或卫生标准等,一方面可以降低信息提供的成本,另一方面可以杜绝私人在资格认证方面的不正当行为,所以政府的介入会使有关的信息更有效的传递。

2. 收入分配职能

公共财政的收入分配职能,是指政府公共财政在微观领域内解决为谁生产的问题,也就是对各社会成员占有或享有生产成果的份额的影响。

既然在市场机制框架内不能解决再分配问题,而市场对初次分配的失灵又要求社会进行这种再分配,因此,只有依靠政府公共财政的手段来完成这一任务。这就是政府公共财政履行收入分配职能的理论依据。在研究收入分配关系中的财政职能时,需要运用国民收入指标。讨论财政在国民收入中的比重,同时还要分析财政参与国民收入再分配中的过程及结果。我国居民收入差距扩大的情况已相当严重,财政的收入分配职能也存在着严重缺陷。因此,在经济发展的进程中,需要强化财政对收入的公平分配职能,主要是通过财政的收支活动来对各个社会成员在社会财富中所占有的份额施加影响,限制过高收入和弥补过低收入,从而形成一个公平的收入分配格局。财政对收入分配的过程侧重于体现社会公平的要求,其着眼点是将社会成员的收入差距控制在社会可接受的限度内。根据公共财政调节收入分配的对象和实现社会公平的目标,财政实现收入分配职能的机制和手段主要有：

1）税收。税收是政府执行收入分配职能的主要工具之一，通过税收，可以在相当大的范围内实现对收入的调节。在组织政府公共收入时，以同等方式对待在同等情况下的同等人，即横向公平；对不同条件的人必须区别对待，即纵向公平。在我国主要是通过适用累进税率的个人所得税来实现的。公平收入分配最重要的税收工具是累进所得税，旨在通过对高收入者课征较高的税率来缩小收入差距。

2）公共收入。目前我国的税制中，累进税占整个税收比例与发达国家相比较低，表明调控个人收入分配，对低收入阶层和中等收入阶层的转移支付不是由高收入阶层承担的，而是由全社会成员共同承担的，这实际上很难起到调控收入差距的作用。我国应该尽快改革税收结构，设计个人所得税的税制模式，同时考虑开征财产税、社会保障税等新税种。从财力上为财政职能的发挥提供保障。

3）公共支出。首先，公共支出包括转移支付和购买支出。转移支付又包括对个人的转移支付和政府之间的转移支付。对个人的转移支付包括福利性转移支付如对处境不利的人们提供现金和实物救济，以便保证人们能够获得起码的保障和社会保险性的转移支付如对退休养老、医疗保健和失业等多种事件进行保险性支付，强制所有人参加全社会范围的保险计划，克服私人在这些方面保险的不足，在事件发生时为全体社会成员提供补偿性支付。政府间的转移支付是平衡政府间财政收入水平解决地区间收入分配问题的重要手段。由于政府间的收入水平如何，直接影响到政府对个人的转移支付能力，因此，政府间的转移支付又间接地影响到对个人的转移支付。政府购买支出主要是指政府的财政支出中用于支付购买物品的费用支出和用于雇用工作人员的工资、津贴支出。前者间接影响个人收入水平，后者直接影响个人收入水平。其次，可以通过一些公共支出项目间接影响收入分配格局。比如政府若投资于某公共项目，则该项目中的从业者可以获得较多的报酬等。

4）公共管制。在税收和公共支出之外，政府还可以对市场机制进行直接干预,典型的例子是规定企业必须向雇员支付最低工资。与此性质相同的,还包括旨在使穷人受惠的其他价格管制政策.比如对生活必需的消费品实行价格上限,又比如实行房租管制等。效率与公平的权衡,是人类社会的永恒命题之一。公共财政作为满足公共需要的一种分配关系,无论在直接配置公共资源中,还是在收入再分配的资源调节中,都对效率与公平承负协调职能,协调效率与公平在社会再生产各环节、各领域、各部门、各方面的关系。对此,我国一直重视正确处理中央与地方以及国家、企业和个人的分配关系,制定了明确具体的分配制度和原则,确立劳动、资本、技术和管理等生产要素按贡献参与分配的原则,完善按劳分配为主体、多种分配方式并存的分配制度。坚持效率优先、兼顾公平,初次分配注重效率,发挥市场的作用,鼓励一部分人通过诚实劳动、合法经营先富起来;再分配注重公平,加强政府对收入分配的调节职能,调节差距过大的收入。从当前经济社会发展情况来看,财政要注重解决三个问题:一是地区协调发展问题。二是城乡协调发展问题。要认真贯彻落实"工业反哺农业、城市支持农村"和"多予少取放活"的方针,将农村纳入公共财政的覆盖范围,让公共财政的阳光照耀农村,实现城乡经济社会的协调发展。三是收入分配差距过大问题。改革开放以来,我国经济发展很快,但收入差距也在不断扩大。原因是多方面的,但其中一个重要原因是一些垄断性产业、部门和产品,长期占有国有自然资源的贡献而获取超额过高的收益和收入,这不是这些产业、部门本身的贡献,而是国家自然资源的贡献,政府应该通过财政参与初次分配,以体现公平。总之,在正确处理效率与公平的关系中,财政分配的协调职能是非常重要的。

3. 经济调控职能

纯粹的市场经济往往会导致社会供求关系的巨大波动和社会再生产的大起大落。因此,需要政府对社会供求关系进行宏观调控。经济调控是政府为了达到一定的经济目的而对经济活动有意识的干预。因此,政府有责任利用经济政策,对经济进行宏观调控。按照西方经济学的解释,政府调控经济的目标主要有:充分就业、价格稳定、经济持续均衡增长和国际收支平衡。

公共财政的经济调控职能,是指政府公共财政通过宏观领域内的资源配置和收入分配作用,即通过对总供给和总需求的影响,解决市场不能自发解决的宏观经济问题,以达到促进经济稳定增长,缓解通货膨胀和失业压力的目的。经济调控职能,其实就是政府公共财政克服市场在宏观领域内的失灵,在宏观领域内履行资源配置职能和收入分配职能的结合形式。在市场经济中,上述经济稳定目标往往难以自动实现,因为上述目标的实现依赖的是总供给和总需求的平衡。宏观经济的各项目标的实现,应由总需求和总供给共同决定,而且总需求和总供给二者有着各自不同的决定因素,市场经济中没有协调两者实现平衡的机制。尤其是总需求水平是难以控制的。由于上述原因.使得社会在任何时期,支出水平既难以准确预测,又不能在总体上把握,也不可能保证劳动力与其他资源的充分利用,因此,也就不能保证实现充分就业,不能保证较稳定的物价水平,也不能保证经济的适度增长率。既然市场机制不能自动实现总需求和总供给的平衡,从而实现宏观经济的稳定,因此,客观需要通过政府公共财政活动,调节总需求和总供给,实现总量大体平衡以维持经济的稳定和发展。而公共财政对总需求和总供给的调节,又是政府公共财政在宏观领域内资源配置和收入分配的表现。总需求是一个社会在一定时期内能够并且愿意支付的货币购买能力总量,公共财政对总需求的调节无疑是通过宏观领域内的资源配置和收入分配实现的。总供给是现有资源、技术和组织能力所决定的社会生产能力,公共财政对总供给的调节当然也是一种资源配置和收入分配过程。

在社会主义市场经济条件下,政府的宏观经济调控职能应主要包括四个方面:一是通过市场机制,运用财政、货币等经济杠杆对宏观经济进行总量的间接调控,以防止和治理失业、通货膨胀和经济危机等问题。二是通过各项政策,支持高新技术产业发展,实施科技兴农战略和科教兴国战略等,推动产业结构优化升级。三是通过政策调控缩小地区间、城乡间的差距,加强生态环境建设,促进区域经济均衡发展,确保国民经济可持续发展。四是制定法律法规防止和消除市场垄断,使外部效应内在化,直接经营提供公共产品,从而为市场经济提供有效运行的环境等。

4. 监督管理职能

公共财政资金取之于公众,必须由公共权力部门有效地用之于提供公共物品和公共服务,以满足人民大众不可分割的公共需要。确保公共财政这一本质的实现,既有赖于构建一整套民主化、科学化的收支决策机制和财政资金运行机制,也有赖于建立起一套强有力的监督机制。财政权是一种基本的国家权力,也是一种公权力,同其他权力一样,必须受到相应的制约和监督。同时,财政活动通过收入和支出,影响总需求和总供给,在参与经济运行的过程中,对财政资金的使用进行监管,可以有效地监督管理财政和经济的良性运行。

财政监督管理职能是指财政在筹集财政收入和安排财政支出的过程中,客观上具有对国民经济各方面的活动情况和财政本身的运行进行反映和制约的功能。监督管理职能也是寓于财政资源配置、收入分配和宏观调控的派生职能之一。关于监督主体行使财政监督职能的范围,主要有两种理解:一种是仅对财政收支活动进行监督;另一种是对政府财政运行全过程进行监督,包括预算监督、税务监督、国有企业财务监督、国有财产监督等。

监督管理是保证现代国家正常运转的关键环节和手段。作为管理环节和手段的监督,是任何社会都存在的,但在现代社会和传统社会,监督的范围和功能是不同的。在传统农业社会,虽然存在监督制度,但监督的范围极为狭窄,一般只适用于君主对臣下、官吏对老百姓的监督,同时仅仅作为行政管理的手段存在。随着近代产业革命和科学技术的发展,社会经济关系日益复杂,社会公共事务急剧增加,国家的管理对象空前增多而繁杂。为适应现代工业社会发展的需要,必须建立新的国家管理方式.其中关键的环节和手段就是监督。

监督管理是防止公共权利腐败的重要机制。所谓公共权力腐败,是指官员倚仗或借权非法或非道德地谋取个人私利和价值的过程。它包括体制性腐败、公共职责性腐败、社会道德性腐败等。为了防止权力的腐败和蜕变,减少腐败现象对政治、经济、文化、资源配置等领域的破坏,必须建立健全民主监督制度,把权力置于经常、有效地监控管理之中。因此,应当进一步开展制度创新,确立一些规则、方法、程序和标准来依法治官、依法治权,做到权力有边界、有权必有责、用权受监督、侵权要赔偿、滥权须惩处。

二、公共财政制度

(一)公共财政制度的构成

商品市场经济条件下的公共财政,既要保护产权神圣不可侵犯,又要调节人们之间的财富差距;既要维护市场机制,又要对市场进行调节。只有如此,才能按照社会经济发展规律,使经济效益和社会效益达到最大,从而整个社会总福利达到最大,这必须有一套完整的制度和政策措施。财政制度的主要构成部分应当是预算制度、税收制度和支出制度等,这些无疑是我们要比较和研究的重点。但是,这些操作性的具体制度是在所有制制度、法律制度、国家制度、政治制度之下运行的,从改革开放和建立我国社会主义市场经济体制下的公共财政制度的大要求出发,应当将视野放宽到财政以外影响着财政制度及其运行的其他方面。

1. 与保护人的基本权利相关的基本财政制度

宪法规定政府要保障人民的生存、劳动、受教育等权利,各级政府、政府各部门以及财政都必须满足宪法所提出的要求。在权力机关和法律体系内,具体的层次如下:首先是宪法的相关规定和要求;然后是为落实或完成宪法的要求,各国议会都设立相关的一般法,比如劳动就业法、义务教育法、医疗保障法、退休社会保险法、失业救济法、最低生活保障法等。在政府层面,为落实这些立法,要相应设立一些行政法规,比如劳动就业政府条例、义务教育条例等。财政为落实这些法律和条例,就要相应建立一系列的制度,比如社会保障制度、义务教育制度、社会救济制度等。为了完成这些制度规定的任务,财政也要建立必要的资金筹集和发放制度,这就是各项税收和各项资金支出制度,同时要设立相应的机构。

2. 与保护产权和调节分配有关的基本财政制度

1)保护产权的完整性。市场经济的前提是财产属于不同的所有者,保护产权成为一切制度的前提。各国宪法、普通法和行政法都要以保护人们的基本财产权为前提。财政是处于社会之上的上层建筑,它提供位居各个私人产品之上的公共产品,因此有从各个私人财产中抽取一定份额、"干涉"私有产权的特权。财政与私人产权是矛盾的,但是现代社会有一套制度,可以很好地处理这个矛盾。首先,各国宪法都明确规定要保护人们的财产权,各国的普通法也明确地保护公民的产权,比如民法以及由此引申形成的一系列相关法律,如经济法、会计法、公司法等;一般的行政法中也体现着保护的原则。其次,最高(宪法)法院"动态地"保护和约束着财政的权限。宪法是高度概括的,要判断一项活动是否符合或违反宪法,必须要对宪法条文进行解释。西方国家对宪法的解释是依据"私有财产神圣不可侵犯"的立法精神为前提的。宪法规定了与财政活动有关的一切立法要满足以下条件:不允许公共部门任意侵犯私人财产;财政占有私人财产必须是为了公共利益这个目标;为了公共利益占有私人财产必须通过立法来进行;通过立法为了公共目的而占有私人财产必须给以补偿。宪法的规定与宪法的实施是一致的。在西方,最高法院可以称为宪法法院,当国会立法以后,财政的某些活动中(比如支出大小及征收某些税收时)引发了当事人与财政的矛盾,官司可以一直打到最高法院(有很多案例),它可以判定这项活动是否违宪。这样,宪法和宪法实施统一起来。由此可见,宪法以及其他法律条文静态地赋予和限定了财政权限,而宪法法院又通过动态地对条文进行解释,对财政既起到支持和保护,又起到了监督和约束作用。财政正确、合理地管理财政各项活动,特别是进行征收税收和支出方面管理活动的力量源泉也正在这里。目前,我国还没有宪法法院。

　　2)调节在产权保护之下、市场经济中形成的财富差异。首先,这种调节体现在现代税收制度之中:个人所得税是发达国家的主要税种,它以累进征收、生计扣除、适当减免为特征,照顾到低收入者的基本需要,对高收入者实行较高的税率;公司所得税,对利润高的企业实行较高的税率(现在各国趋向于实行比例税率);财产税,依据财产的多少来征收,有些国家实行累进税率;遗产赠予税,依据转移的财产量来征收,有些国家实行累进税率。其次,调节体现在财政向低收入的人转移支付,公共福利(如免费教育)、社会保障和救济体系体现这种调节。

3.与国家体制相适应的财政分权与转移支付制度

单一制国家,政治上中央集权,财政上统一预算、"统收统支";联邦制国家,政治上实行"中央"与地方分权,财政上各自预算独立,各级政府之间分事权、税权、财权;邦联制国家没有统一的国家预算,解决共同的事务时,依靠临时协议来解决。在这三种国家体制之外,还有一些特别的国家组织形式,比如欧盟、独联体、自由贸易区等,它们的财政模式也各具特色。当今世界各国有一种调整中央与地方政治以及财政权限的共同现象。不过,原来集权国家向分权过渡,比如中国,在逐渐扩大地方的权限;原来分权国家在向集权方面演化,比如美国,联邦政府的权限实际上越来越大。中央与地方分权的同时,中央向地方转移支付的规范制度也建立起来了。规范化的转移支付制度以法律为依据,用因素法来计算转移支付的量。比如,国会立法要求政府提供在全国实行义务教育、卫生健康等服务,这些任务在各级政府之间进行划分,比如中小学教育一般是地方政府的任务。如果一些地方政府财力有限,中央政府就有义务向地方政府转移支付。这个支付的量是以国家法律要求提供服务的项目多少、地方财力的多少以及中央财政的承受能力来决定的。

4.与政治体制相适应的体现公共选择思想的预算制度

1)民主法制制度就是公共选择基础。首先是法制制度保证公共选择的实现,我们前面谈到过国家法律的层次:宪法、一般法、行政法、财政制度和条例,最后是具体财政政策。这样的权力形成、行使的层次和程序,使人民可以通过它们来表达自己的意愿,这是公共机制选择的一部分。其次是民主制度保证了公共选择的实现。现代各国普遍有人民代表大会或议会民主制度这样的权力机关,它们由民众依法选举产生;由议会选举、代表选举或者普选产生的国家权力行政执行机关,这些选举出的官员也要考虑人民的意愿,这也是公共选择的一部分。各种政府的调查、议会的听证,甚至所谓的全民公决等都是公共选择的一种形式。当然,其中很多权限被错误行使,部分地区利益、个人利益被一些别有用心的人过分渲染,借口民主、甚至公决的口号谋求个人或集团利益,但是具有这个民主法制体系是现代社会共同的特征。

2)法制化的预算程序和制度是公共选择的具体实现。首先,通过这个程序,使得公共最大利益得以发现和实现,预算提出和协调的过程是公共最大利益的发现过程。预算提出和协调要经过以下几个步骤:一是对宏观经济、国内和国际政治和社会形势进行分析、评估和预测。二是在此基础上,提出发展的总体任务和重大目标以及社会、经济发展的思路和规划。三是根据发展规划和方向,由财政部提出预算指导方针,作为各部门制定预算的指南。四是各部门提交预算请求,财政部门在内阁或国务院领导下进行上下左右的协调,把最重要的挑选出来,把次要的放在后面甚至删掉,最后形成预算草案交国会讨论。在广泛参与和充分信息交流的条件下,经过这个过程形成的预算可以较好地反映大家的共同意愿,找出共同的最大的利益。其次,预算在议会讨论和批准过程是公共最大利益继续发现和确认的过程。在政府提交了预算草案(美国称之为"总统预算")以后,议会进行辩论、听证、修改、三读程序、投票批准。在这种协调过程和批准过程中,议员和党派的意愿得到了表述,预算更能反映社会的要求,这实质上是公共最大利益的继续寻找过程。而批准预算,就是公众最大利益被最后确认的过程。最后,预算实施和完成的过程是公共最大利益实现过程。预算批准以后,进入了实施阶段。各国财政部门有严格的拨款程序,一是行政长官签字负责制,对使用的资金负责;二是财政部门官员审核制度,有些国家在各职能部委驻有官员,核对后批准拨款;三是政府采购、中期报告、绩效审计等制度。四是其他有关制度,如赤字债务制度、投融资制度、国有资产管理、国有企业管理制度等。

(二)构建公共财政制度的几个原则

1. 多个规律共同发挥作用的原则

认识财政,首先必须有一个概念,那就是:各个具体制度之下都各自有一些规律在发挥作用。当谈及中央与地方分权时,应该立刻联系到财政联邦主义,它认为公共财政服务外部性成本决定着服务单位(地域或政府)的大小。换句话说,较小的公共服务的单位能够使其中的人们感受到自身的利益。还有其他规律,比如国家体制上有单一制、联邦制和邦联制等区别,它们服从政治规律;一个多民族的、落后的、周边列强环视的国家,不能完全遵循"成本内化"规律。又比如,当谈及税收时,不仅必然涉及税收的"三性",还要考虑税收的结构与经济结构以及经济发展水平的规律联系、税收负担的大小与经济发展的规律联系、税收制度与社会成员之间分配关系的规律联系等。当谈及预算时,必然涉及预算制度与公共最大利益选择的规律联系,预算制订、报批、执行和监督与一个国家民主法制的程度之间的规律联系,预算收支与宏观经济及经济结构之间的规律关系,预算与积累和消费以及国民经济增长的规律关系,预算再分配功能与全民福利大小之间的规律关系等。只强调一个而忽视其他规律是不正确的,这个概念要有多种规律起作用。它不只是一个认识"技巧",而应当把它看作认识财政这个客观事物的一个原则。

2. 主要矛盾随条件转换的原则

一些规律之中,一定有一些起主要作用的矛盾,在这些矛盾中又有一个是代表着事物本质的根本矛盾。但是仍然要有这样的认识原则:不同时期和条件下,不同的"规律们"起着主要作用;不同的时期和条件下,其中最主要的那个规律可能变换。当然要看条件变换的程度。我们谈及地方分权时不能仅仅考虑财政联邦主义中所提到的那一种成本效益规律,实际上还有其他规律在起着作用。比如,政治社会稳定是社会福利的基本条件,也是一个规律,因为任何制度如果带来社会动荡和生产停顿,这里的"成本"就较那种不完善的制度安排中产生外部效应的那个"成本"大得多。在一个人口与资源的矛盾相当紧张、多民族、外部干涉比较严重的国度里,尤其要考虑这个规律。应当先保稳定、发展生产、缓和矛盾,然后逐步放权。否则,只能带来混乱、生产停滞,各种别有用心的人挑拨离间,甚至发生战争,结果是人民生活苦难和国家的衰败。在现实社会中,各个国家有不同的发展水平,各自有不同的矛盾和问题,并且各国有不同的文化背景,种族的多少、他们之间经济发展水平差异程度等,都对制度和政策制定发挥着影响。这就是说,支配着财政运转的那些规律的多少,在各国之间、各时期之间是有差异的,主要一些规律(们)以及集中最主要的一个规律都是有差异的,也是变化的。发现那些、那个规律当然不容易,发现它们的变化更不容易;但是,在我们研究了各种规律之后,还必须从所研究的规律中走出来,走到现实中去,要去实践;实践就是进行制订政策等工作,制订政策时要抓住所发现在那个特定时期、特定条件下起着主要作用的规律,并且以它为主去制订政策,这还不够,在以它为主来设计制度和制定政策时,远远地瞄着其他规律,不使它们相违背;将这些政策付诸实施,并且要在实践中不断地修订这些制度和政策。

3. 民众最基本生存保障成为财政基本任务的原则

在一大堆规律和原则之中,我们可能无所适从;在一个长期的历史时期内才能完成的事情,我们目前会感到无能为力。比如,我们已经认识到,既要保护产权、维持市场,又要调控市场、调节财富之间的差别,让这些因素之间保持一种平衡,就会达到社会福利最大。要使这些大的规律得以实现,必须制定很多具体制度,需要很多时间。但是,抓住市场经济条件下,人们的基本生存保障是财政根本任务的原则,就能从很多无头绪的事务中冲出来。原因如下:马克思曾经说过,人们必须吃、喝、住、穿,然后才能从事各种社会经济活动,强调人的基本需求的重要性。现代社会心理研究也证明这一点,比如马斯洛发现了人们的需求层次,人们只有满足了生命安全、基本生理需求之后,才有归属需求、成就需求。由此我们可以说,民众的基本生存保障是财政工作中权重最大的任务,是评价福利最大与否的起点。但是,还要看到这个任务形成的先决条件,那就是:现代社会和商品经济。传统社会的保障主体在家庭,养育病、弱、幼、老的任务由家庭承担,家族和乡党也承担部分养育职责(同时承担社会安全、本地道路等公共设施等职责),而当时的政府及其财政的任务主要是提供国家安全、社会安全和救灾任务。现代社会则有很大不同,家庭的很大一部分职责转移到社会,家族已经分解或者离散,因此,政府及其之下的财政除了承担原来的职责之外,还要投入较大的财力维持人们的基本生存条件。传统经济是以自然经济为主的,除了剥削以外,人们在遇到自然灾害即自然环境波动时会出现生存难以保障的局面;而现代社会除此之外,还有市场波动、技术进步、有机构成变化以及全球范围的竞争等因素影响着人们的生存,生存的危机随时会来临。农村自然经济条件下困顿的人们,可以找一些食物充饥、居住于一些简单的房舍;而商品经济城市中的人们,连这个条件都没有。在商品市场经济社会中,财政要提供一般公共服务。但是,比提供一般公共服务更重要的,是保证民众的基本生存权。维持社会成员基本生存条件应当作为现代公共财政制度和政策的一个最基本的原则。国家从产品经济向商品经济过渡,自给自足的家庭模式正在消亡,平均分配的计划经济时代已经完结,商品经济原则和平均利润率规律很快渗透到经济各个领域,分化开始出现而且来势很猛,保障基本生存权利显得尤为重要。但是,公共财政模式还在建立之中,这就是我们面临的局面。

4. 始终不能忘记财政效率的原则

与使用方向的决策相比较,已经决策使用财政资金的运转效率问题是第二属性的,但它永远是一个不变的约束条件。财政资金用于经济发展和宏观总量和结构调节等,肯定是要考虑效率的;即使是用于转移支付或者救济补助,也要考虑节约、短途周转等效率原则。总效用最大应当是公平与效率的有机结合,也就是经济发展与适度的再分配的结合,这是总的发展和分配原则。但是其下,任何形式的财政资金运用必须有效率应当是财政工作的一个必要原则。总结起来,市场经济发展、以基本保障为主的再分配和提供公共服务、财政资金使用高效率三者有机结合,可以带来全体人民最大福利。我们在改造计划经济平均分配模式时,提出的总体策略是:效率优先,兼顾公平。这个原则是正确的,当时主要的目的在于要从计划控制的经济领域内开辟出市场经济的天地来,改造行政平均分配的模式。在以后的经济发展中,这个原则总体也没有错,但是财政本身不能把它作为不变原则。因为计划平均分配的模式正在被打破,市场经济已经运转起来了,对市场经济条件下的财政来说,保障是第一的,特别是基本生存保障是第一的。

（三）完善我国公共财政制度的建议

1. 调整财政支出结构，把更多财政资金投向公共服务领域

在构建社会主义和谐社会的进程中，财政支出必须坚持以人为本，推进公共服务均等化，把更多财政资金投向公共服务领域，不断加大对重点支出项目的保障力度，向农村倾斜，向社会事业发展的薄弱环节倾斜，向困难地区、困难基层、困难群众倾斜，不断改善人民群众的生产生活条件，满足人们的公共产品需求，让广大人民群众共享改革发展成果、同沐公共财政阳光。

大力支持教育事业发展。要保证财政性教育经费的增长幅度明显高于财政经常性收入的增长幅度，逐步提高财政性教育经费占财政支出的比重。一是重点支持农村义务教育。义务教育是农村最大的公共事业。从 2004 年起，国家财政对农村义务教育阶段贫困学生实行免学杂费、免书本费、补助寄宿生生活费等政策。从 2006 年起，逐步将农村义务教育全面纳入公共财政保障范围。2006 年，首先在西部地区全面推行农村义务教育经费保障机制改革，有近 4900 万农村中小学生受益，平均每个小学生减负 140 元、初中生减负 180 元，并在全国范围内启动农村中小学校舍维修改造资金保障新机制；2007 年，中部和东部地区农村义务教育阶段的中小学生也将全部免除学杂费；从 2008 年起逐步提高公用经费保障水平，到 2010 年达到农村中小学公用经费基准定额，切实保证农村中小学正常运转的需要。不考虑教师工资增长因素，2006～2010 年，中央与地方各级财政将累计新增农村义务教育经费约 2182 亿元。二是逐步完善城市义务教育经费保障机制。其中，享受城市居民最低生活保障政策家庭的义务教育阶段学生，与当地农村义务教育阶段中小学生同步享受"两免一补"政策；进城务工农民子女在城市义务教育阶段学校就读的，与所在城市义务教育阶段学生享受同等政策。三是逐步完善高等教育、职业教育贫困生资助体系，加大对农民工的职业培训等。

大力支持医疗卫生事业发展。一是增加财政对公共卫生体系建设投入，逐步建立公共卫生经费保障机制，提高重大疾病预防控制能力。二是重点支持建立新型农村合作医疗制度，按照国务院确定的合作医疗试点进度

要求做好扩大试点工作,认真落实财政补助资金,完善筹资机制,加强基金管理,防范基金风险,争取2008年在全国基本推行。三是加大对城市社区卫生服务体系投入,完善社区卫生服务补助政策,建立稳定的社区卫生服务筹资和投入机制。中央财政从2007年起对中西部地区发展社区卫生服务按照一定标准给予补助,并争取到2010年,建立健全功能齐全、安全有效、公平低价的城乡初级卫生医疗服务体系。

大力支持就业和社会保障工作。据统计,全国财政对就业和社会保障支出从1998年的596亿元增长至2005年的3699亿元,增长了6.21倍。当前和今后一个时期,在进一步增加就业和社会保障投入的基础上,一是要多渠道筹集并管好用好社会保障资金;二是继续认真落实中央关于就业和再就业的财税优惠政策;三是支持社会保障体制改革,建立健全有中国特色的社会保障体系;四是继续推进社会救助体系建设。

大力支持生态环境建设。加强生态环境建设是实现人与自然和谐相处的内在要求。一是继续加大投入力度,完善投入机制。进一步加大对农村环境保护、土壤污染防治、饮用水安全等环境保护薄弱环节和涉及人民群众生命健康领域的投入;进一步加大环境执法、环境监察、环境标准制订等方面的投入,同时通过排污权有偿取得和交易制度改革等措施,推动建立和完善环境保护长效机制和资金投入新机制。二是抓紧研究采取相关财税政策措施,大力发展循环经济和绿色经济,约束过度消耗资源和损害环境的产业和企业发展,支持有利于节约资源和生态保护的产业和企业发展,形成有利于节约资源、减少污染的生产模式和消费模式,建设资源节约型和生态保护型社会。

大力支持司法能力建设。做好公安等司法机关的经费保障工作,不断提高司法机关的司法能力,对于保障在全社会实现公平和正义,创造和谐稳定的社会环境,具有重要意义。一是落实好"分级管理、分级负担"的司法机关经费保障制度。司法机关履行职能的经费由本级财政部门根据需要列入预算予以保证,并随着经济发展和财政收入的增长逐步加大投入。二是加大中央财政专项转移支付力度,完善支付方式。进一步加大对地方的中央政法补助专款投入力度,完善管理方式、建立激励机制、强化项目管理、确保专款专用。三是引导司法部门优化资源配置,提高司法机关经费保障的有效性,不断提高资金使用效益。

2.进一步明确中央和地方的事权,健全财力与事权相匹配的财税体制

通过完善财税体制,推动基本公共服务均等化,有利于不同地区的居民享受同等水平的基本公共服务,有利于实现各地居民和谐共处,维护社会稳定。

依法规范中央和地方的职能与权限,科学界定各级政府的基本公共服务支出责任。一要按照公共性、市场化和引导性原则,进一步明确政府支出范围。凡属于社会公共领域的事务,市场不能解决或不能有效解决的,财政就必须到位,没有到位的应当逐步到位;凡属于可以通过市场机制解决的领域,财政不应介入,已经介入的要逐步退出;介于二者之间的,财政要发挥"四两拨千斤"的杠杆作用,积极引导社会资金投入。二要根据支出受益范围等原则,依法规范中央和地方政府的支出责任。对于国防、外交、国家安全等全国性公共产品和服务,应由中央财政承担;具有调节地区间、城乡间重大收入分配性质的支出责任,应由中央财政承担或由中央财政与地方财政共同承担;地区性行政管理、基础设施等地方性公共产品和服务的支出责任由地方财政承担,对民族地区、贫困地区,中央财政可以通过转移支付给予适当帮助;对于在省级范围内,但有"外溢效应"的公共产品和服务,如跨地区的交通、邮电、空港、环保等项目,应由中央财政和地方财政共同承担。同时,充分考虑基本公共服务均等化进程以及各地的财政能力,合理确定中央与地方的负担比例,引导地方政府将公共资源配置到社会管理与基本公共服务领域。

按照财力和事权相匹配的原则,适当调整和规范中央和地方的收入划分。要合理界定中央和地方的税收管理权限,扩大政府间收入划分的覆盖面,保证各级政府有行使职责的财力。一是结合政府间支出责任划分调整以及逐步将预算外收入纳入预算管理等措施,合理调整中央与地方政府间收入划分。按照税收属性,将容易造成税源转移和跨地区间分配不公的税

种改为中央固定收入,适当调整共享税分成比例,兼顾中央政府宏观调控需要以及现阶段地方政府在促进经济发展与组织收入方面的积极性,减少因市场等因素对地区间收入转移的影响,促进统一市场的形成与经济增长方式的转变,合理确定中央财政收入占全国财政收入的比重。二是完善出口退税负担机制,将地方负担出口退税控制在地方财力可承受的限度内。三是研究将非税收入纳入中央与地方共享范围,规范土地资源类收入管理,明确资源类收入的归属等。

3.加大转移支付力度,促进地区间基本公共服务均等化

转移支付制度是实现基本公共服务均等化、调节收入再分配和实现政府政策目标的重要手段。

完善和规范中央财政对地方的转移支付制度。一是增加一般性转移支付规模,优化转移支付结构。中央财政新增财力中要安排一定数额用于加大一般性转移支付力度,重点帮助中西部地区解决财力不足问题,促进地区之间协调发展。二是加强中央对地方专项转移支付管理。到期项目、补助数额小、突出中央宏观调控政策意图不明显的项目予以取消;交叉、重复的项目重新清理,并逐步进行归并;对年度之间补助数额不变且长期固定的项目列入中央对地方的体制性补助。同时,规范中央对地方专项拨款配套政策,减轻地方政府压力。三是建立监督评价体系,着力提高中央财政转移支付效果。

进一步加大国家对民族地区、边疆地区、革命老区等的转移支付力度。进一步配合西部大开发战略,加大对民族地区的转移支付,继续对人口较少民族给予适当倾斜,维护社会稳定和民族团结,并强化资金监管,提高资金使用效益,确保资金主要投向民族地区社会事业发展的薄弱环节。要根据财力状况,继续加大对边境地区、革命老区的转移支付力度。要加大对矿产资源开发地区、生态保护任务较重地区的转移支付,进一步增强地方政府财力,督促地方政府切实履行环境保护职责,并积极引导在经济发达地区和市场基础较好的地区率先建立市场化的污染防治和生态建设投入机制。

4.完善财政奖励补助政策和省以下财政管理体制,增强基层政府提供

公共服务的能力

县乡财政是国家财政的重要组成部分,是加强基层政权建设、维护社会稳定、提高基层政府基本公共服务能力的物质基础。

完善财政奖励补助政策,切实缓解县乡财政困难。近几年来,为缓解县乡财政困难,中央财政在加大对地方转移支付力度的同时,注重体制创新,着力建立缓解县乡财政困难的长效机制。今后,中央财政将采取以下措施进一步缓解县乡财政困难。一是中央财政在加大财力性转移支付力度的同时,加大"三奖一补"(对财政困难县增加本级税收收入和省市级政府增加对财政困难县财力性转移支付给予奖励,对县乡政府精简机构和人员给予奖励,对粮食主产县给予奖励,对以前缓解县乡财政困难工作做得好的地区给予补助)资金规模,力争在短期内,使县乡财政困难状况明显改善。二是完善"三奖一补"方案,将符合条件的市辖区纳入财政困难县奖励范围,适当提高财政困难县基本财政支出标准,调整精简人员奖励办法;实行绩效考评奖励,2006 年起,中央财政按工作努力程度和工作实效对各地缓解县乡财政困难工作进行考评,根据评价结果,对地方给予适当奖励;按照确保国家粮食安全、提高产粮大县政府财力的原则,完善对产粮大县的奖励政策,适当增加奖励资金规模。三是研究建立县乡政府支出安排绩效评价体系,加大资金使用监管力度,确保财政困难县政府将获得的"三奖一补"资金主要用于基本公共服务领域。四是中央财政在经济发展和财政收入不断增长的基础上要逐步加大对基层政权建设的专项转移支付力度,重点支持中西部贫困地区基层政权建设,改善这些地方政府部门的办公条件,提高装备水平,增强其执政能力。

进一步完善省以下财政管理体制,加大省以下财力差异调节力度。一是完善激励约束机制,强化省级政府调节省以下财力分配的责任意识,增强省级财政对市县级财政的指导和协调功能,加大省以下一般性转移支付力度,逐步形成合理的纵向与横向财力分布格局,增强基层政府行使职能的财力保障能力,支持社会主义新农村建设和农村综合改革。二是积极推进省级直接对县的财政管理体制。省级财政在体制补助、一般性转移支付、专项转移支付、财政结算、资金调度等方面尽可能直接核算到县,减少财政管理层次,提高行政效率和资金使用效益。三是以增强基层财政保障能力为重点,推进县乡财政管理体制改革。县乡新的财政管理体制框架要体现财力与事权相匹配,以事权定财力,以责任定财力,对加强的职能要增加财力支持,对弱化的职能要减少支出;体现财力支出向公共服务倾斜、向基层倾斜,增强乡镇政府履行职责和提供公共服务的能力。积极推进乡镇财政管理体制改革试点,对经济欠发达、财政收入规模小的乡镇,试行由县财政统一管理乡镇财政收支的办法;对一般乡镇实行"乡财县管乡用"方式,在保持乡镇资金所有权、使用权和财务审批权不变的前提下,采取"预算共编、账户统设、集中收付、采购统办、票据统管"的管理模式。

5.逐步增加国家财政投资规模,不断增强公共产品供给能力

国家财政投资是政府履行经济社会管理职能的重要手段,对于提高公共产品供给能力具有重要作用。

逐步增加国家财政投资规模。"十五"期间,随着经济的发展和财力的增强,国家财政投资规模大幅增加。今后,要在经济发展和财力增强的基础上,逐步增加国家财政投资规模。同时,注意综合考虑以下因素:一是考虑宏观经济情况,与国家宏观调控政策保持一致。如在经济偏热的形势下,不宜大幅度增加国家财政投资,否则易形成逆向调节,不利于经济增长。二是考虑财力状况,统筹安排好财政资金。按照轻重缓急,应首先提供基本公共产品,保障国家政权稳定、政府机构运转,然后才是建设和发展。三是考虑经济社会发展、履行公共职能的需要,为全面建设小康社会和构建社会主义和谐社会服务。

调整国家财政投资结构和方向,要努力实现国家财政投资重点的三个转变。一是由城市转向农村,重点支持农村沼气、农村公路、人畜饮水、节水灌溉、草场围栏、农村水电等直接改善农民生产生活条件的基础设施建设。二是由基础设施建设转向公共社会事业发展、环境保护和生态建设,重点支持公共卫生、教育、文化、科技等社会事业项目,天然林保护、退耕还林、京津风沙源治理等环境保护和生态建设项目。三是由经济建设转向促进科学发

展,重点支持西部大开发、中部崛起、振兴东北地区等老工业基地的区域协调发展项目以及病险水库除险加固、以工代赈等涉及广大人民群众生命财产安全和切身利益的项目,促进经济社会全面协调可持续发展。

第二节　我国民族地区公共财政制度的基本情况

我国拥有 960 万平方公里的国土,在这片土地上世世代代生活着 56 个兄弟民族。其中少数民族聚居的民族自治地方,区域面积达 617 万平方公里,占国土总面积的 64.2%。众所周知,由于历史和地理等多种因素的制约,民族地区的经济发展长期处于落后状态,财政问题比较严重。虽然解放以来,中央政府对民族地区的社会经济发展一直予以高度重视,并且在财政体制和财政政策上也一直予以优惠照顾,并取得了相当大的成就。但与全国平均水平相比,民族地区财政经济发展水平还有相当大的差距。民族地区与发达地区的差距如果不能及时加以解决,不仅在总体上会影响我国社会主义现代化目标的顺利实现,而且还可能激化民族矛盾,给国内外反华势力和分裂分子以可乘之机。因此,民族地区的社会经济发展状况落后,不仅仅是地区间经济发展不平衡问题,也是影响我国作为一个统一国家的民族团结和社会稳定的问题。发展经济,增强民族地区的财力,提高少数民族地区人民的生活水平,才是维护国家统一和民族团结的真正基础和保障。

一、民族地区财政及其特殊性

(一)民族地区财政的界定

财政是国家集中分配部分剩余产品用于满足一般的社会需要而形成的分配活动关系。民族地区财政则是在财政范畴一般的含义上赋予它以民族自治和区域自治的新内容。民族地区财政是民族区域自治这个政治实体存在和发展的经济基础,它参与民族地区社会产品的分配,为自治机关的存在和行使各种职能提供财力保证。它是发展民族地区经济,提高民族地区生产力,实现各民族共同繁荣的物质条件,也是民族地区各级自治机关调节生产和经济利益以及加强经济管理的重要杠杆。它是社会主义统一国家财政分配关系的重要组成部分。

民族地区财政,就其性质来说,属于地方财政范畴,是国家财政的重要组成部分。从根本目的上讲,与一般地区财政一样,它就是要从财力上保证社会主义经济的发展,提高各族人民的物质文化生活水平,实现各地区各民族的共同富裕和共同繁荣。在分配关系上,它体现着社会主义国家与民族地区的产品分配关系。社会主义国家中央财政除了直接掌握一些事关全局的财政调控、分配活动之外,必须把相当一部分的财政调控权交由地方机关来支配和管理,特别是农业、商业、文化教育、城乡建设事业等,主要依靠地方国家机关组织实施和监督管理。对于地方性生产部门劳动者创造的社会纯收入,主要由地方财政部门根据国家财政政策和财政制度组织征收;对于其他部门劳动者创造的纯收入也要按一定的比例由地方财政部门组织征收并上交国家。地方国家机关根据国民经济计划和国家财政体制的规定,对全部财政收入作进一步分配。因此,民族地区财政所体现的分配关系,实质上是社会主义国家与地方之间的分配关系。在财政管理上,民族地区各级政府在中央的集中统一领导下,贯彻"统一领导,分级管理"原则。中央的统一领导和全面规划是一个政治上统一的国家完成各项政治任务和实现国民经济协调发展的前提,而民族地方各级政府执行国家规定的统一的财政政策、财政方针、财政制度,保证完成中央规定的各项财政任务,这又是保证国家政治统一、实现国民经济协调发展的必要条件。这一点,也与一般地方财政相一致。这就是民族地区财政与一般地方财政的共同性,这是由我国社会主义制度所决定的,是由社会主义国家财政的本质所决定的。社会主义生产的根本目的就是发展经济,提高各族人民的物质文化生活水平,实现各民族的共同繁荣和共同发展。

(二)民族地区财政的特殊性

民族地区财政是国家财政的重要组成部分,同时又是具有很大特殊性的财政。它虽然属于地方财政的范畴,但又不同于一般的地方财政。它在地方财政的一般含义之中,又具有其自身的运动规律和特点,它同一般地方财政相比,既有共性,更有特性。

民族地区财政和一般地区财政的不同特点是受民族地区政治的、经济的、历史的、民族的以及自然环境等多方面的因素所决定的。民族是一种社会历史现象,由于历史和现实的多种原因,各民族之间、各民族地区之间的经济文化的发展是不平衡的,有的领域差距十分突出。这些经济和文化上的差距必然反映到财政上来,反映到经济所决定的民族地区财政的方方面面上来。正是因为有这种特殊性,它要求我们在处理财政问题时必须要充分考虑到民族地区不同于内地一般地区的实际,从而把社会主义国家财政的统一性与民族地区的特殊性有机地结合起来,并认真研究和对待民族地区的特殊性问题,切实采取相应的政策和措施,积极而有效地发展民族地区的经济与财政。民族地区财政的特殊性具体表现在以下两个方面:

1. 民族性

民族地区财政的民族性,集中体现在民族利益关系上面,即民族地区财政是为民族地区各民族根本利益服务的。民族自治区域制度,是我国特定的历史时期社会主义生产关系的产物,是我们党和国家从各民族的根本利益出发,为解决历史上遗留下来的民族间事实上的不平等而建立起来的,民族地区财政在经济关系上体现着民族区域自治这个政治实体的存在。财政的本质是分配关系,因而也是一种物质利益关系。民族地区财政就是要为发展民族地区的社会生产力服务,为不断提高本自治区域内各民族的物质文化生活水平服务。它体现了国家与各民族地区之间以及各民族相互之间的经济利益关系。因此,各民族地区的财政政策和财政制度,必须根据各民族地区以及各民族实际情况,从有利于发展经济、繁荣民族文化出发,正确处理好国家与民族地区的经济利益关系,正确处理各民族之间的经济利益关系,尽量照顾到各民族的特殊需要。马克思说:"胜利了的无产阶级不能强迫任何异族人民接受任何替他们造福的办法。"①所以,根据各民族的需要建立适合于民族地区特点的财政管理体制,也是符合马克思主义原理的。

---

① 《马克思恩格斯全集》第35卷,人民出版社1975版,第353页。

例如,设置民族事务管理机构,扩大民族文化教育事业(两种或多种民族语言)的财政拨款等,这些措施和手段正是考虑到了民族地方的特殊需要而实行的,是一般地区财政所不具备或不需要的。这是民族地区财政为民族地区各民族根本利益服务的集中体现。

2. 自治性

民族区域自治的核心,是实行区域自治的民族在中央统一领导下实行自治管理。这种自治管理集中体现在自治权上。民族地区财政的自治性是指民族地区的财政自治权。民族自治机关在贯彻国家统一财政经济政策的同时,有权根据本地的社会经济特点和需要,自主管理地方财政。换言之,民族地方自治机关在贯彻国家财政经济政策,管理财政收支,发展经济文化事业,制定财政规章制度方面,有更大的自主管理权。例如民族地方自治机关对本地方的国民收入,在中央统一政策方针指导下,有自主分配的权力;财政预算方面,在规定范围内,有统筹安排预算支出的权力,对各项开支标准、定员、定额,可结合本地实际情况制定具体规定和办法;在预算支出中设有机动资金,预备费在预算中所占比例高于一般地区等。这些都充分体现了国家尊重和保障各少数民族管理本民族地区财政自主权利的精神。财政自治权是民族自治机关行使各项自治权的物质基础,是民族地区振兴经济、繁荣民族文化的权力保证。没有财政自治权,民族区域自治就失去了存在的基础。因此,财政自治权是民族地区财政体制的核心。民族地区财政体制的建立及其实施,必须依据和体现财政自治权。从这一点上看,民族地区财政与一般地方财政是有着显著区别的。

二、国家对民族地区的支持是一项基本国策

(一)政策依据

国家帮助和支持少数民族地区经济的发展是党和国家的一贯政策,这是由以下几个方面所决定的:

1. 社会主义制度的性质和内容决定必须帮助发展少数民族地区的经济

我国是一个统一的多民族社会主义国家,少数民族地区的经济建设不

仅是我国现代化建设的重要组成部分,而且是各民族共同繁荣、共同发展、共同富裕的重要标志。新中国建立之初,党从实际情况出发,针对各少数民族的特点,采取"慎重稳进"的方针,稳步地进行了改革。经过民主改革和社会主义改造,少数民族地区旧的社会制度被铲除,并过渡到社会主义社会,创造了人类社会发展史上的奇迹。中国共产党把实现各民族共同繁荣,作为党和国家在民族政策上的根本立场,把解决民族问题的重心转移到通过进行社会主义建设,加快少数民族和民族地区的社会经济发展、促进各民族的共同繁荣上来。特别是改革开放 30 年来,民族地区顺利实现现代化建设的第一步、第二步发展战略目标,人民生活水平得到了很大提高。

　　2. 社会主义建设中的各类法规明确规定了对少数民族地区的经济发展

　　党的十四届五中全会审议和通过的《中共中央关于国民经济和社会发展"九五"和 2010 年远景目标的建议》中提出要"坚持区域经济协调发展,逐步缩小地区差距"。在很多有效对策中,党和国家的民族优惠政策是实现这个战略目标的基本保障。其中维护、保障民族自治地方的财政自治权,发展民族财政,是经过修改重新颁布的《中华人民共和国民族区域自治法》(下面简称为《民族区域自治法》)肯定、修改、增订的重要条款。《民族区域自治法》第 32 条规定:"民族自治地方在全国统一的财政体制下,通过国家实行的规范的财政转移支付制度,享受上级财政的照顾。"第 62 条规定:"随着国民经济的发展和财政收入的增长,上级财政逐步加大对民族自治地方财政转移支付力度。通过一般性财政转移支付、专项财政转移支付、民族优惠政策财政转移支付以及国家确定的其他方式,增加对民族自治地方的资金投入,用于加快民族自治地方经济发展和社会进步,逐步缩小与发达地区的差距。"《民族区域自治法》还规定了国家和上级人民政府在金融、物资、技术、人才等方面对民族自治地方的扶持义务。近年来,中央对民族地区的支持力度不断加大,有力地促进了民族地区经济社会各项事业的较快发展。根据《民族区域自治法》的规定,民族地区还可以在基础设施建设、技术创新、文化教育、医疗卫生、环境保护、扶贫等方面争取中央的支持,还可以争取中央在一般性财政转移支付、专项财政转移支付、民族优惠政策财政转移支付等方面给予更大的支持。

3. 在中国的社会主义革命和建设实践中不断尝试对少数民族地区经济
发展的帮助

党和国家历来重视少数民族地区的社会经济发展。从财政角度看,中央对少数民族地方一直是予以支持的。除通过立法使民族自治地方得以享受一定的财政自治权外,国家财政从 1955 年起开始设立"少数民族地区补助费",1965 年又增设了"民族地区财政预备费"和"民族地区机动金"。仅这三项优惠政策,截至 1979 年,累计补助少数民族地区资金已达 30 多亿元。1980 年以后,国家实行财政包干制,进一步对少数民族地区实行定额补助制度,使补助数额又有了较大幅度的提高。据统计,1980 ~ 1994 年,累计达到 1000 多亿元。此外,中央财政设立了专门用于扶持少数民族地区社会经济发展的各种专项拨款。同时,国家和各省、自治区也根据各地的实际情况,制定了一系列的财政税收方面的优惠政策。如广西壮族自治区,对老、少、边等经济基础较差的地区,除了给予专项拨款照顾外,凡是规定财政收入包干基数在 300 万元以下(含 300 万元)的县及民族自治县,每年给予递增 10% 的照顾,收入基数在 300 万元以上的,每年给予递增 5% 的照顾。

1998 年至 2004 年,中央财政累计安排少数民族发展专项资金 25 亿元,支持少数民族地区经济发展,加快脱贫致富的进程。中央财政在财政扶贫资金重点投向"老、少、边、穷"地区的基础上,从 1992 年开始设立少数民族发展专项资金。截至 2004 年,中央财政的资金规模增加到 4.5 亿元。据国家民委数据,2000 ~ 2004 年,国家民委、财政部从少数民族发展资金中安排 2.58 亿元用于"兴边富民行动";专项安排 1.17 亿元用于支持 22 个人口较少民族的发展,重点帮助人口较少民族聚居的乡村实施水、电、道路等基础设施建设和改善教育、卫生、文化条件。

(二)国家对民族地区的支持政策的演变过程

我国自 1949 年建国以来,党和国家为促进和发展少数民族地区经济制定了一系列特殊的经济政策,且为保障政策顺利有效地执行做了大量的工作,各项政策基本达到预想目标,极大地推动了民族地区经济社会的发展,广大少数民族群众的生活也随之有了较大改善,实施的民族经济政策取得了极大的成功,我国始终坚持对民族地区的支持是一项基本国策①。

1. 国民经济恢复和"一五"计划建设时期(1949～1957年)

1949年至1957年是国民经济恢复时期和"一五"计划时期。国家为恢复和发展少数民族地区经济建设,采取了许多重大决策,首先基本完成了少数民族地区的社会主义改造(西藏除外),其中最重要的是逐步改变旧中国的经济建设布局,执行了重工业建设重点转向内地的方针,加快了经济建设。

财政方面。根据民族地区地广人稀,自然条件差,各民族生活习俗差异显著的特点,党和国家开始对民族地区实行财政优惠政策。除规定民族地区财政应有一定范围的自主权,收支结余上缴中央,不足部分由国家补助外,还发放生产补助费、卫生补助费、社会救济费以及无息贷款等补助专款。

税收方面。国家为加快民族地区基础产业——农牧业的发展,对农业长期实行"依率计征、依法减免、增产不增税"的轻税政策;牧业采取轻于农业和城市的税收政策;生活困难、生产落后、交通不便的民族地区及贫困地区实行"轻灾少减、重灾多减、特重全免"的税收政策;边疆民族地区实行减免工商税及税收负担轻于内地的税收政策。这些政策有利于贫困民族地区的休养生息。

民族贸易方面。国家制定了四条帮助和扶持少数民族贸易和民族特需用品生产政策:国家对民族贸易企业实行价格补贴(1951～1970年)、自有资金给予照顾(1952～1983年)、利润留成给予照顾(1952～1983年)。

2. 国民经济调整时期(1958～1965年)

1958年开始的"大跃进"和人民公社化,用主观愿望代替实事求是的科学态度,使民族地区的国民经济特别是农牧业生产受到严重损失,付出了沉重代价。但是这个时期民族地区还是建成了一批大、中、小型工业企业,如钢铁工业、机械工业和轻纺工业,修建了大批水利工程。西南、西北的少数

---

① 红梅:《中国少数民族经济政策50年》,《广西民族研究》2000年第2期。

民族地区成为国家铁路建设的重点。

财政方面。20世纪60年代随着民族地区经济的逐步恢复,实行"财政适当照顾、必要补助"的优惠政策,民族自治地方的上年结余资金和当年预算执行过程中超收分成收入,都留归民族自治地方安排使用(1964~1988年);国家实行少数民族地区财政三照顾政策(1964年至今)。

3."文化大革命"和两年徘徊时期(1966~1978年)

1966年开始的"文化大革命"打乱了国民经济发展的正常进程,政治动乱的升级把国民经济引入困境。民族特需用品被戴上"封、资、修"的帽子普遍停产,在牧区采取以农挤牧的错误措施,使少数民族地区的经济建设特别是农牧业生产受到了严重的损失。但是,这个时期国家加大了大、小三线建设,使少数民族地区出现了门类较多的工业项目,少数民族地区的中、小型工业也得到较快的发展,为以后的经济发展奠定了一定的基础。但由于没有及时摆脱"左"的指导思想,民族地区的经济建设1976年至1978年仍在徘徊,没有走出低谷。

财政方面。国家对民族地区设置补助专款(1972~1975年),国家建立边疆建设事业补助费(1977年至今),国家设置边疆建设专项补助投资(1977~1988年)。

税收方面。20世纪70年代末,国家根据民族地区边远落后的特点,对其实行税收减免和优惠税率的照顾政策,对边境县和自治县乡镇企免除工商所得税5年;对内蒙古、新疆、西藏、广西、宁夏、云南、贵州、青海等民族省区基建企业实行降低成本,在扣除营业外支出和提取企业基金后,按降低成本额三七分成;对实行民族贸易三照顾地区的供销社免征所得税,并对民族贸易三照顾地区民族用品手工业企业所得税实行定期减征。

4.改革开放时期(1978年12月至今)

十一届三中全会以后,全党工作的重点转移到社会主义现代化建设上来。改革开放30年,是少数民族地区发展最快的30年。党和国家关注少数民族地区经济发展的同时,尤其关注少数民族的贫困问题,开始了大规模的扶贫工作,并由此制定了地区与地区的对口支援政策及对外贸易政策等。

财政方面。20 世纪 80 年代为适应改革开放的需要,国家财政体制改变了沿用多年的统一计划管理模式,实行"划分税种、核定收支、分级包干"的财政管理体制,但对民族地区仍采取"适当照顾"的政策,除对内蒙古、广西、新疆、西藏、宁夏 5 个自治区和青海、云南、贵州 3 个省实行定额补助每年递增 10% 的制度外(1980～1988 年),还设立了"支援不发达地区发展资金"(1980 年至今)、"边境事业补助费"(1977 年至今)、"边境建设专项补助投资"(1977～1988 年)等专项补助资金。20 世纪 90 年代实行分税制改革,我国仍在财政上对少数民族地区的各项专项补助主要有:(1)民族机动金;(2)高于一般地区的财政预算预备费;(3)少数民族地区补助费;(4)边境地区建设专款和建设事业补助费;(5)支援不发达地区发展资金;(6)以工代赈和扶贫专项资金。

税收方面。20 世纪 80 年代,国家对民族地区实行进一步放宽的税收优惠政策。对"老、少、边、穷"地区新办的乡镇企业,经营确有困难的可以在一定期限内或者一定程度上减免所得税;对民族贸易三照顾县商业(含供销社)企业自筹商业设施建设投资,免征建设税三年,对其应上缴的能源交通建设资金,由省、自治区政府酌情减免;对实行民族贸易三照顾地区的医药商业比照民贸商业,免征建设税和能源税,对定点生产销售的民族用品,给予减免产品税、增值税及减半征收所得税。进入 20 世纪 90 年代中后期,随着国家统一税收制度的实施,70 年代、80 年代甚至 90 年代所实施的绝大部分税收优惠政策已基本停止执行。

扶贫方面。自 20 世纪 80 年代以来,,少数民族贫困地区除享受一般贫困地区的优惠政策外,国家还采取一系列特殊优惠政策予以扶持开发。主要包括:对温饱问题尚未解决的贫困户减免农牧业税(1985～1989 年);对缺衣少被的严重困难户赊销布匹和絮棉(1985 年至今);确定重点扶持的贫困县标准(1986 年至今);对少数民族贫困地区给予农用物资分配比例照顾(1989 年至今);对少数民族贫困地区资金分配比例给予照顾(1989 年至今);对少数民族贫困地区民族贸易企业给予低息、低税、价格补贴照顾(1989 年至今);对少数民族地区贷款还款期限予以照顾(1989 年至今);规定贫困县上交税收超基数部分全部留县(1991年至今)。同时还实施了"以工代赈"计划(1984年至今)、"温饱工程"计划(1989年至今)、"八五扶贫攻坚"计划(1994~2000年)等开发性计划。国家设立扶贫贷款(1983年至今)、牧区扶贫专项贴息贷款(1987年至今)、贫困地区县办企业专项贷款(1988年至今)、少数民族贫困地区温饱基金(1990年至今)等专项基金。

对外开放方面。自20世纪80年代以来,国家对民族地区采取了一系列优惠政策,以促进民族地区对外开放。对边境小额贸易实行"自找货源、自找销路、自行平衡、自负盈亏"的政策;为加快对外贸易发展,对内蒙古、广西、新疆、西藏、宁夏5个自治区和青海、云南、贵州3个民族省外汇留成比例作了特殊照顾,西藏外汇留成100%,其他4区3省外汇留成50%,而全国平均外汇留成25%;对有困难的民族地区,对外贸易酌情给予额度外汇补助;1992年先后开放了内蒙古满洲里、二连浩特市,新疆伊宁、塔城、博东市,云南瑞丽、碗町、河口市和广西凭祥市、东兴镇等,实施沿边开放政策,自治区首府实行沿海开放政策。

对口支援方面。20世纪80年代中期又增加了湖北、辽宁对口支援青海,上海对口支援新疆、西藏以及广州对口支援贵州等省市;对口支援政策方面,90年代更进一步确定由经济发达的9省市及4个计划单列市分别支援帮扶10个省区的贫困地区发展经济,北京支援帮扶内蒙古、天津支援帮扶甘肃、上海支援帮扶云南、广东支援帮扶广西、江苏支援帮扶陕西、浙江支援帮扶四川、山东支援帮扶新疆、辽宁支援帮扶青海、福建支援帮扶宁夏,大连、青岛、深圳、宁波支援帮扶贵州和全国支援帮扶西藏的对口支援格局。

(三)国家坚持对民族地区进行政策支持的目的

1.民族地区财政政策的基本范畴

民族地区财政政策,是国家为了在民族地区实现一定时期的社会政治经济文化任务而制定的,在民族地区范围内实施的,指导和处理民族地区财政分配活动的基本准则和行为规范。

民族地区财政政策的构成,主要包括税收政策和财政支出政策两大方面。税收政策包括税种、税目的设置,开征停征,税率的调整以及税收支付

(即减免税)等;财政支出政策包括财政支出总量和结构、预算平衡、公债、价格补贴、财政投融资和国有资产管理等政策。因而,必须结合西部民族地区的实际,因地制宜地制定和采取财政政策。

2.民族地区财政政策的目标取向

从民族地区经济发展缓慢的特点出发,民族地区财政政策的目标,必须遵循下述三方面的原则:一是必须体现国家的社会经济发展战略的基本要求;二是必须有利于完成国家在民族地区的社会政治经济任务,有利于消除民族间存在的事实上的不平等,有利于实现各民族共同富裕的目标;三是必须切合民族地区社会经济发展的实际,体现民族地区社会经济发展的客观规律和要求。

根据上述原则,在社会主义市场经济条件下,民族地区财政政策的目标取向主要是:

1)经济目标——实现民族地区国民经济持续、高速、健康的发展,缩小民族地区与非民族地区的经济发展差距,实现各民族共同富裕繁荣。

2)财政目标——财政收入高速增长。民族地区特别是民族自治机关在执行财政预算过程中,要自行安排使用收入的超支和支出的节余资金。

3)社会目标——加速发展民族地区社会事业。推动民族地区文化和科学技术的进步,提高劳动者素质,改善卫生医疗环境,提高生活质量。

总之,缩小民族地区与东部地区之间差距是宏观经济稳定的要求,是地区经济发展的要求,也是社会稳定、民族团结的要求。马克思主义民族理论为制定民族地区财政政策奠定了理论依据,也提供了民族区域自治的现实途径,并由《民族区域自治法》提供法律保障。基于以上几点,民族地区的财政政策,要结合民族地区的实际,应该达到发展民族地区经济,促进社会安定和民族团结的目标。

三、国家财政对民族地区的优惠政策

我国是一个多民族国家,除汉族外有 55 个少数民族,聚居在 5 个民族自治区和云南、贵州、青海等 3 个按民族自治区对待的省份以及四川、甘肃

等省的民族自治州和县。民族地区财政作为国家财政重要而特殊的部分,在民族地区的经济发展中起着重要作用。民族地区财政不仅是国民收入分配的主要环节,而且是政府宏观调控的主要手段。它不仅为民族地区的经济文化建设筹集和分配资金,而且还表现为它是发展民族地区社会主义市场经济中不可替代的重要工具。民族地区财政作为组织、调节和管理民族地区经济活动的不可替代的杠杆而存在,它与银行、物价等经济杠杆协调作用,共同实现宏观调控的作用,是政府的"看得见的手"。

(一)分税制

1. 分税制的概述

分税制作为一种财政管理体制,早已为西方国家广泛采用。实行分税制是市场经济国家的一般惯例。市场竞争要求财力相对分散,而宏观调控又要求财力相对集中,这种集中与分散的关系问题,反映到财政管理体制上就是中央政府与地方政府之间的集权与分权的关系问题。分税制是按税种划分中央和地方收入来源的一种财政管理体制。实行分税制,要求按照税种实现"三分":即分权、分税、分管。所以,分税制实质上就是为了有效地处理中央政府和地方政府之间的事权和财权关系,通过划分税权,将税收按照税种划分为中央税、地方税(有时还有共享税)两大税类进行管理而形成的一种财政管理体制。

根据于光远主编的《经济大辞典》(1992年)的诠释,分税制是一国的中央和地方各级政府按照税种划分财政收入的一种预算管理体制。其特点是中央和地方各级的财政关系比较明确稳定。它提供了一种分权分责的管理机能,可以尽可能最大限度地发挥地方的积极性,促进经济发展,却又同时维护国家的统一市场和国家的宏观调控能力,做到民富国强。分税制的另一特点是它适用于疆土辽阔、发展不平衡、管理有难度的国家。由于它的这些优点,所以世界上实行市场经济的国家大多采取了分税制。

分税制的真正含义在于中央与地方财政自收自支、自求平衡。当今世界上,实行市场经济体制的国家,特别是发达国家,一般都实行了分税制。至于实行什么模式的分税制,则取决于三个因素,即政治历史、经济体制以及各自遵循的经济理论。我国正在推行具有中国特色的分税制,虽然由于种种原因尚不够彻底和完善,但是,把过去实行的财政大包干管理体制改为分税制财政管理体制,不仅初步理顺了国家与地方的关系,而且调整了国家与纳税人的关系。分税制得以确立的依据主要有以下三个方面:

1)以各级政府的事权范围为依据。政府行使事权,必须有相应的财力保障和政策工具。实行分税制,应当界定各级政府的事权范围,让地方政府拥有一定的税权,拥有法定的固定收入来源和财力保障。因此,应当根据权责对等的原则,建立中央和地方两套税制,中央税由中央立法,地方税由地方参照中央税立法,中央政府和地方政府对中央税和地方税分别管理、分别征收、分别使用。

2)以各类税种的自身特征为依据。分税制要以税种自身的特征为依据来划分税种的归属级次。在税种设置合理的前提下,原则上应把收入大、对国民经济调控功能较强、与维护国家主权关系紧密、宜于中央集中掌握和征收管理的税种或税源划为中央税;把宜于发挥地方优势、税源分散不宜统一征收管理的税种或税源划为地方税;把征收面宽、与生产和流通直接相联系、税源波动较大、征管难度大、收入弹性大的税种划为中央地方共享税。这种以税种特性为依据划分中央税、地方税和中央地方共享税的方法,有利于加强税收的征收管理和强化税收功能。

3)以加强和方便税收征管为依据。分税制作为一种税收管理制度,其税种的划分,应方便税务机关进行征管和纳税人履行纳税义务。

2. 我国现行的分税制

1994年,我国经济体制改革在中央的"全面推进、重点突破"的战略部署指导下进入了新阶段,财税体制改革充当改革的先锋,根据事权与财权相结合的原则,将税种统一划分为中央税、地方税、中央与地方共享税,建起了中央和地方两套税收管理制度,并分设中央与地方两套税收机构分别征管;在核定地方收支数额的基础上,实行了中央财政对地方财政的税收返还和转移支付制度等,成功地实现了在中央政府与地方政府之间税种、税权、税管的划分,实行了财政"分灶吃饭"。

我国分税制按照征收管理权和税款支配权标准划分,凡征收管理权、税款所有权划归中央财政的税种,属于中央税;凡征收管理权、税款所有权划归地方财政固定收入的税种,属于地方税;凡征收管理权、税款所有权由中央和地方按一定方式分享的税种,属于共享税。我国目前的分税制具有以下三个主要特点:

1)按照税源大小划分税权。税源分散、收入零星、涉及面广的税种一般划为地方税,税源大而集中的税种一般划为中央税。一般来说,不可能把大税种划为地方税。但由于地方税不仅对法人(公司、企业)征收,而且更多地是对个人征收,所以,税源分散在千千万万个纳税人手中;又由于地方税征收范围面小,税源不厚,所以收入零星;由于地方税税种小而多,所以涉及面广,几乎涉及到所有单位和个人。

2)部分税种的征收管理权归地方。地方政府对地方税可以因地制宜、因时制宜地决定开征、停征、减征税、免税,确定税率和征收范围,这是地方税的主要特点。由于赋予地方以较大的机动权限,从而既能合理照顾地方利益,调动地方的积极性,同时,不致于影响全国性的商品流通和市场物价。因为地方税一般均属于对财产(不动产)、对行为和部分所得以及不涉及全面性商品流通的经济交易课征,所以,即使各地执行不一致,也不影响全局。

3)税款收入归地方。在我国当前的社会主义市场经济条件下,财力完全集中于中央或过多地分散于地方,都不能适应经济发展的需要。实践证明,在保证中央财政需要的同时,给地方一定规模的财力及适当的支配权,方能调动地方政府发展经济的积极性和主动性。因此,实行分税制,建立中央与地方相对独立的分级财政,给地方政府发展地方经济、加强文化建设提供资金保证,就成为我国预算管理体制改革的必然方向。

需要说明的是,我国目前实行的分税制还有许多不尽如人意之处,需要继续深化改革。因为,我国社会主义市场经济发展相当迅速,地区差距很大;社会主义市场体系虽已初步形成,但尚不够健全;中央与地方的事权范围虽已初步划分,但尚不够规范,各级事权事责还有待明确;税收制度也不够完善,等等。在这种情况下,试图实行彻底分税制是不现实的。所以,分税制的改革仍应以集权和分权相结合的,中央税、地方税和中央地方共享税共存的不彻底型分税制为主,以便不会脱离现行模式过远。

3.我国实行分税制所取得的成绩

我国于1994年开始实行以分税制为核心的新的财税体制改革,是符合社会主义市场经济体制的基本要求和发展方向的。税制改革以来,主要取得了以下几个方面的成绩:

1)调整了财政分配格局,规范了中央和地方的财政分配关系。在保证地方财力不下降的情况下(按1993年基数递增),中央财政收入占全国财政收入的比重提高。据《中国统计年鉴》1996年的统计数据显示,分税制前的1993年,中央财政收入为957.51亿元,占全国财政总收入的22%;分税制后的1994年为2906.50亿元,占全国财政总收入的55.7%;1995年为3256.62亿元,占全国财政总收入的52.17%。

2)调动了各地发展国民经济,确保财政收入的积极性。由于分税制把与经济发展直接相关的主要税种(增值税)划为中央与地方共享,把适合于地方征管的税种划为地方税,并充实了地方税种,这就推动了地方加快调整经济结构步伐,努力培植新的经济增长点,增加财政收入。如广西国内生产总值1993年为893.58亿元(当年价),分税制后1994年达1241.83亿元,1995年为1506.15亿元,1996年更达1885亿元(以上当年价),其中1995年比1994年增长15.3%(可比价),1996年比1995年增长10.6(可比价)。地方财政收入1994年为62.26亿元(当年价);1995年为79.44亿元(当年价),比上年增长27.5%(可比价),1996年为87.76亿元(当年价),比上年增长10.2%(可比价)。

3)全国财政总收入逐年增长。全国统一了税率制度,堵塞了财源流失的漏洞,预算执行情况较好,全国财政总收入逐年增长。《中国统计年鉴》1996年统计数据显示,分税制前1993年全国财政总收入为4348.95亿元,分税制后1994年为5218.10亿元,1995年为6242.20亿元。财政收入增长速度1994年为20%,1995年为19.6%;财政支出增长速度1994年为24%,1995年为17.8%。财政收入与经济增长基本一致。统一的税率有利于企业的平等竞争,有利于全国市场的形成,为促进国民经济布局合理化铺平了道路。

4.分税制的弊端

毫无疑问,民族地区所实施分税制是适应社会主义市场经济的客观要求的,分税制财政体制的实行加强了中央财政的宏观调控能力,促进了产业结构的合理调整,实现了公平税负,调动了地方各级党委和政府发展经济、开辟财源、组织财政收入的积极性,收入征收管理得以加强,财政收入大幅度增长。但是就民族地区实施分税制后所暴露的问题来看,确实也需要认真解决,其中一刀切的政策没有照顾少数民族地区的特殊性,比如税种划分、两税上交、共享税分成与内地一个样、税收返还及专项资金不能及时到位、取消原定对少数民族地区的因素照顾政策等,使少数民族地区失去了发展的动力,财政更加困难。

民族地区财政困难加剧,无疑是多种原因综合影响的结果,如民族地区自然条件恶劣、市场发育程度低以及特殊需要多等。但换个角度,考察一下中央对民族地区财政体制的变迁,我们可以发现,民族地区享受的财政优惠政策的逐步弱化甚至丧失,是民族地区财政吃紧的另一重要原因。中央对民族地区的财政政策的历史演变,具有两个明显的特点:一是民族政策工具的运用偏重于体制政策,忽视税收政策的运作;二是有逐渐紧缩的趋势。从体现民族地区财政政策特征要求和实施时间顺序来看,可以分为以下三个阶段:

第一阶段,从1954年至1963年,属探索尝试阶段。在财政支出政策方面,肯定了民族财政具有自治性,并逐步尝试扩张性财政支出政策;在税收政策方面,探索实施照顾民族习俗的有限度自治政策,如对民族自治区在税收管理上给予更大机动权限,可以自主决定减税或者免税等。

第二阶段,从1963年至1979年,是民族地区财政政策稳定发展和完善阶段。在支出方面,实行体现优待、自治和扩张性特征的政策,设置了民族地区机动金、边境建设事业费和少数民族地区生产、生活补助费等;在税收方面,实行集中统一的政策,民族地区可自主制定税收办法。

第三阶段,指在改革开放中,随着民族地区社会经济的发展,民族地区与非民族地区大体等同的阶段。在支出方面,国家对民族地区的政策是先松后紧,在分税制前实行优惠的宽松政策,在分税制以后与非民族地区的政策差别甚微;在税收方面,中央基本没有对民族地区实行特殊的政策,民族地区无权运作对税种的开征停征、税目的增减、税率的调整等,只限于对属于民族地方收入范围内的税收进行有限度的减征和免征。

(二)转移支付

政府转移支付制度是一个国家为了消除地区间的财政不均衡而实施的一项制度,对于少数民族地区来说,这项政策的实施直接关系到当地的经济发展和社会稳定边贸优惠。建国以来,财政转移支付制度作为我国中央政府帮助少数民族地区发展政治、经济、社会文化事业的一项重要经济制度为少数民族地区的加快发展做出了巨大的贡献。

1.财政转移支付的含义

最早提出转移支付概念的是著名经济学家庇古,他在 1928 年出版的《财政学研究》中,首次使用这一概念[1]。庇古之后,转移支付的概念逐渐为人们所接受,并逐渐完善。凯恩斯主义之后,随着国家干预的加强,转移支付在政府财政支出中所占的比例越来越大,其作用也日益为社会所承认。

财政转移支付(Fiscal Transfer Payment)的原意为财政资金转让,是指政府按照一定的形式,将一部分财政资金无偿地转移给居民、企业和其他受益者所形成的财政支出,主要包括政府用于养老金、失业救济金、贫困补助金、财政补贴、债务利息等方面的支出[2],它是目前世界上绝大多数国家政府支出体系中的一个重要组成部分。在西方财政学中,政府支出一般分为购买性支出和转移性支出,前者也称为消耗性支出,是政府用于购买为执行政府职能所需的商品和劳务的支出。从这个角度来看,财政转移支付是在政府支出中与政府购买支出相对应的一种支出。

---

① 善迈、育红、张晓红:《建立政府间转移支付制度的理论与制度分析》,载《北京师范大学学报》1998 年第 5 期。

② 邓子基:《财政学》中国人民大学出版社 2001 年版,第 62 页。

　　财政转移支付有狭义和广义之分。狭义的财政转移支付是指上级政府对下级政府间的转移支付,而广义的财政转移支付还包括了同级政府之间、下级政府对上级政府、国际间资金无偿转移,等等。本文的财政转移支付主要是狭义上的转移支付,尤指中央对地方的财政转移支付。

　　2.财政转移支付的分类

　　总的来说,财政转移支付可分为无条件转移支付和有条件转移支付两大类。

　　1)无条件转移支付。也称一般性转移支付、均衡性转移支付、非选择性转移支付或收入分享。它是上级政府根据不同层次政府间在组织财政收入能力、必要支出需求和各地自然经济和社会条件的差异等因素,统一制定法定标准公式并依此为依据,将本级财政收入无偿转作下级政府的收入来源的补助形式。它不规定转移支付的使用范围和要求,转移支付接受者可按自己的愿意使用,故称无条件转移支付。无条件转移支付的目的是实现不同层次政府间以及同一层次政府间的财政收支平衡,以促进各地区的基本公共服务水平的均等化。

　　2)有条件转移支付。有条件转移支付是相对无条件转移支付而言的,也称专项拨款。它是指上级政府按照特定目的将其财政收入转作下级财政收入来源的补助形式,主要目的是针对下级政府难以承担的或对周边地区有利的以及符合国家产业政策的项目给予支持。它的最大特点在于它是有条件限制的,接受方必须按提供方所规定的方式和用途使用该款项,专款专用是其基本特征。

　　无条件转移支付的目的是实现不同层次政府间以及同一层次政府间的财政收支平衡,以促进各地区的基本公共服务水平的均等化。而有条件转移支付的主要目的是给予下级政府难以承担的或对周边地区有利的以及符合国家产业政策的项目支持。而从前面的作用分析我们可看出,无论是弥合财政纵向缺口还是弥合财政横向缺口都是为了解决不同级政府间和同级政府间在收入能力、支出水平以及最终的公共服务能力上所存在的差异,即解决财政不平衡问题。外部效应内在化也是为了平衡各地区公共品的收益与成本不对称问题。总的说来,这些都是以均衡为目的。而"体现拨款者的宏观意图和战略目标"这一作用却不再是以均衡为目的,而是服务于特定的目标,而这一特定的目标也不是弥合了财政纵向缺口和财政横向缺口以及内在化了外部效应就能达到的。因此,可以看出,无条件转移支付的作用主要偏重于弥合财政纵向与横向缺口以及外部效应内在化,而有条件转移支付则偏重于体现拨款者的宏观意图和战略目标。

3. 财政转移支付的作用

1)弥合财政缺口。财政纵向缺口是指不同级政府间各自的收入与承担的事权所需要的支出之间的不相等,也称财政纵向不平衡,它反映的是一个多级政府间支出职能和收入能力之间的结构性失衡。在一个多级制政府结构中,有些级次的政府富裕些是因为有较广的税基而比其他级次的政府能征收更多的税收。一个有效的、公平的收支体系往往使某些级次政府收入多,而某些级次政府支出多。一般来说,中央政府的收入相对于自己的支出来说是收大于支,而地方一级的政府通常是支大于收。按照效率和公平准则,支出职责在各级政府的划分应该是这样一种分工格局:由于收入分配和稳定经济职能主要由中央政府来承担,因此用在这方面的支出由中央政府负责安排。一般来说,中央政府负责受益面覆盖整个国家的全国性公共产品的提供或生产,如国防、中央行政、司法、立法机关、全国性的气象预报、航空、铁路、邮电、通信等;地方政府负责受益面仅限于某个地区的地方性公共产品的提供或生产,比如,地方的治安、城市消防、市政建设及城市交通、供电、供水、供气等地方性公共产品的提供以及地方性自然垄断行业的生产。

可以看出,地方政府承担了大部分支出责任,而中央政府集中了较多的收入,从而形成了各级政府之间支出责任和自有收入的不均衡,这就是所谓的纵向财政不平衡。当地方政府的收入不能保证合理的支出需要时,就要求通过政府间的财政资金转移支付来弥补地方的财力不足,以保证各级政府都能履行其职责。

财政横向缺口是指同级地方政府在收入能力、支出水平以及最终在公共服务能力上所存在的差异。如果一个国家中只有一级中央政府,税收的征收和公共产品的提供全部由其负责,并在全国范围内实行同一的生产率和提供同一水平的公共产品,那么就不会出现横向的财政不公平。但在一个由多级政府组成的财政体制中,各级政府各自在一定的范围内征收税收和提供公共产品。在这种情况下,由于各地在财政能力、对公共产品的需求以及提供公共产品的成本等方面存在着差异,即使中央政府和地方政府实行同等待遇的横向财政公平原则,也会产生不公平现象。

这种地方政府之间的收入能力、支出水平以及最终在公共服务能力上所存在的差异可以用财政地位来表示,财政地位是指一个地方满足本地公共支出需要的能力,用公式表示就是:

$$P = C/N \qquad 公式(1-1)$$

其中 P 表示该地区的财政地位,C 表示该地区的财政能力,它是该地区按照某个标准税率征税所能获得的收入,例如一个地区的财政能力可以这样表示:

$$C = tB \qquad 公式(1-2)$$

t 表示标准税率,B 表示该地区的税基。

N 表示该地区的财政需要,可表示如下:

$$N = nZ \qquad 公式(1-3)$$

Z 表示该地区的人口指标,n 表示为每单位 Z 提供的标准服务水平的费用。

因此,该地区的财政地位也可以表示为:

$$P = tB/nZ \qquad 公式(1-4)$$

如果将平均财政地位定义为1,若 P 大于1,则表示财政地位强;若 P 小于1,则表示财政地位弱。各地区的财政地位由于各种各样的原因如自然资源、经济发展水平等不同,客观上必然存在着财政地位的差异。同样状况的人应该享受同等的财政待遇。这应该是横向公平所要达到的目标,否则在违背了公平原则的同时也会造成效率的损失。因此,这就在客观上要求中央政府在进行转移支付时必须同时考虑到各地区的收入能力和支出成本的差异,采取一定措施来弥合财政的横向不平衡。

2)外部效应内在化。外部效应是市场机制无法解决的,它分为负外部效应和正外部效应。负外部效应如排放废气废水对农业渔业以及居民健康和居住环境产生坏的影响,因为它们使其他人的福利受到损失;正外部效应如种花使养蜂人受益等,因为它增加了其他人的福利。外部效应的存在导致了边际私人收益和边际社会收益之间的差异,因而产生资源的低效配置。

涉及到转移支付的外部效应在于地方政府提供的地方性公共品。当某个地方政府提供的某些地方性公共品的受益面超出本地区范围而扩散到邻近地区,从而使其他地区的居民在不承担任何费用的情况下获得收益时,便产生了公共产品的外部效应问题。如对空气和污染的控制、对公园和运输设施等的建设,在本地区受过高等教育的学生毕业后到其他地区工作等,都有地方性公共产品的收益外溢问题。正如私人产品的外部效应将导致资源的低效或无效配置一样,公共品的外部效应同样也会造成资源的不合理配置。因为在市场经济中,地方政府作为地区利益的代表,只会考虑本地居民的利益,在对利益部分外溢的地方性公共产品或服务进行成本收益比较时只计算本辖区产生的收益与成本,而对外溢部分不考虑在内。按照社区的边际收益与边际成本相等来决定供应量,这必然导致提供的产量小于最佳产量,从而导致资源的不合理配置。这就要求中央政府通过转移支付给有关地方政府从而让外部效应内在化。

3)体现拨款者的宏观意图和战略目标。中央政府作为众多下级政府的一个核心,担负着对经济全局进行规划调控和指导的任务。当市场机制在发展全局经济方面不能达到既定的福利目标时,政府可以通过一些政府支出进行引导,将其用在政府想要实现的重要战略上,引导民间资本按中央政府的宏观意图流动。例如,随着东西部的差距逐渐加大,在东部进行投资的利润回报率高于西部,在这种情况下,如果政府不进行适当引导,东西部差距将有进一步加大的可能。为此,需要中央政府采取许多相应的政策措施,其中转移支付是缩小地区发展差距,增强不发达地区经济发展能力,增加公共产品供给的重要政策。

另外,当地方政府和中央政府的决策不一致时,中央政府也可通过转移支付来解决。中央政府要从全局角度看问题,使全局利益最大化,而地方政府角度则不一样,它要符合地方利益的最大化。但从全社会来看,这并没有实现资源的最佳配置,而且地方没有自发的动力机制激励其主动按中央政府的意愿进行修正,所以就需要中央政府通过适当政策加以调节,财政转移支付便可以服务于此目标。

4.我国民族地区的财政转移支付制度

新中国成立60年来,国家对民族地方财政一直实行特殊的优惠政策,大体经历了三个阶段①:

1)第一阶段:财政补助时期(1950~1980年)

经过1949~1952年的三年国民经济恢复,中央政府于1952年颁行了《民族区域自治实施纲要》,规定了民族自治地方的财政自治权:"在国家统一的财政制度下,各民族自治地方自治机关有权依照中央人民政府和上级人民政府对财政权限的划分,管理本自治区域内的财政。"

1958年5月,经全国人大常委会批准颁行的《民族自治地方财政管理暂行办法》,是新中国历史上第一个专门规范中央财政对民族自治地方实行财政转移支付的法律文件。该办法在1954年《宪法》和1952年《民族区域自治实施纲要》赋予民族自治地方财政管理权的基础上,较为详尽地规范了自治区、自治州和自治县三级民族自治地方的预算收支划分、财政支出基础数、预算预备费、预算周转金等优惠措施和办法。与以后出台的关于自治地方财政转移支付的法律法规相比,该办法最为突出之处在于明确规定了上级各级财政保证自治地方财政"达到收支平衡",充分体现了中央政府对民族自治地方财政的强有力支持。在公共经济学看来,该办法从根本上解决了我国民族自治地方的纵向财政不平衡问题。即便是从世界各国的财政政策角度来看,该办法对地方财政的支持力度也是十分突出的。但这一办法到1960年就停止执行了。

_____

① 黄勇:《民族地区财政转移支付制度研究》,中央民族大学2005年硕士论文。

1963年12月,国务院批转了《财政部、民族事务委员会关于改进民族自治地方财政管理的规定(草案)》。该草案虽未报经全国人大常委会批准,但已在各民族自治地方试行,因此对民族自治地方的财政关系仍然起到了一定的作用。该草案在自治地方财政"收支平衡"的基础上增加了总额分成的规定,这较前述"暂行办法"而言进一步扩大了民族自治地方的财政收入。这一政策在1966年开始的"文化大革命"中没有得到执行,但其中关于中央财政对民族自治地方"财政三项照顾"的政策在"文革"期间仍未中断。据统计,1964~1979年,中央财政共拨出少数民族地区补助费、民族自治地方机动金和预备费照顾三项合计为34.07亿元。

2)第二阶段:财政补助递增时期(1980~1993年)

国务院于1980年2月颁布了《关于实行"划分收支、分级包干"财政管理体制的通知》(以下简称《通知》)。该《通知》以拨乱反正的精神,重申了"文革"前对民族自治地方的纵向财政转移支付规定:

①民族自治地方仍然实行民族自治地方的财政管理体制,保留原来对民族自治地方财政所作的某些特殊规定。但是,中央对民族自治地方的补助数额,由一年一定改为一定五年不变、实行包干的办法,五年内收入增长的部分全部留给地方。同时,为了照顾民族自治地方发展生产建设和文化事业的需要,中央对民族自治地方的补助数额每年递增10%。

②对于边远地区、少数民族自治地方、老革命根据地和经济基础比较差的地区,为了帮助他们加快发展生产,中央财政根据国家财力的可能,设立支援经济不发达地区的发展资金。此项资金占国家财政支出总额的比例应当逐步达到2%,并由财政部掌握分配,实行专案拨款,有重点地使用。

这里要特别加以指出的是,国务院的上述《通知》在建国60年来我国中央与民族自治地方的财政关系发展历史上,具有十分重要的意义:首先,中央财政对民族自治地方财政在纵向平衡方面的转移支付力度恢复至1958年的水平,并在此基础上继续有所加强;其次,"设立支援经济不发达地区发展资金"的政策设计与规范转移支付体制中的专项转移支付手段已经相当接近;最后,这一《通知》的意义还在于民族自治地方的纵向和横向的财政不平衡问题都得到了中央财政的重视,这在1980年是极其难能可贵的。

1984年10月,《民族区域自治法》颁布实施。在这部当时全面规范我国民族区域自治制度的国家基本法当中,民族自治地方的财政自治权得到了全面规范,主要新增加以下内容:

①民族自治地方的财政收入和财政的支出项目,由国务院按照优待民族自治地方的原则规定(2001年修正案删除);

②民族自治地方的自治机关依照国家财政体制的规定,财政收入多于财政支出的,余额上缴上级财政,上缴数额可以一定几年不变,收入不敷支出的,由上级财政机关补助(2001年修正案删除);

③上级国家机关合理核定或者调整民族自治地方的财政收入支出的基数(2001年修正案删除);

1985年3月,国务院颁布了《关于实行"划分税种、核定收支、分级包干"财政管理体制的规定》(以下简称《规定》)。该《规定》在1980年国务院《通知》执行期满后对中央与地方的财政体制进行了调整,其最突出之处在于两个方面:第一,要求除民族自治地方和视同民族自治区待遇的省以外的一般行政地方"多收入可以多支出,少收入就要少支出,自求收支平衡";第二,为了照顾民族自治地方发展经济和各项文化教育事业的需要,对民族自治区和视同民族自治区待遇的省,按照中央财政核定的定额补助数额,在最近五年内,继续实行每年递增10%的办法。

第二阶段以1980年国务院《通知》和1985年国务院《规定》为代表的中央对民族地区财政照顾每年递增10%的财政转移支付规定自产生起执行了近八年后,于1988年7月被国务院《关于地方实行财政包干办法的决定》(以下简称《决定》)终止,该《决定》虽然保留了5个民族自治区和云南、贵州、青海等多民族省原有的定额补助政策,但取消了每年递增10%的政策;同时要求"要进一步加强全局观点,体谅中央的困难,正确处理中央和地方的利益关系"。

1989年8月,国务院印发了江泽民在国家民委、国务院贫困地区经济开发领导小组《关于少数民族地区扶贫工作有关政策问题的请示》上的批示,明确了对民族自治地方财政的照顾政策,在解决少数贫困县财政问题方面提出:

①核定贫困县上交税收基数,超收全留。以1988年末上交省、自治区和中央的税收为基数,从1989年起到本期财政管理体制结束期内,超收部分全部留县。

②设立少数民族贫困地区温饱基金:从中央财政每年分配给各省、自治区的支援经济不发达地区发展资金专款中调剂一部分,从国家正在组织的发达地区到贫困地区大跨度联合开发的扶贫专项贷款中调剂一部分,少数民族贫困县所在省、自治区、地、州、盟,也应在地方财政中挤出一部分资金,这种财政体制一直延续到1993年底。

3)第三阶段:过渡期财政转移支付,即分税制体制下的民族地区财政转移支付时期(1994年至今)

1993年12月,国务院决定从1994年1月1日起实行分税制财政管理体制。分税制关于中央对地方财政转移支付确定的具体内容为:

①中央财政对地方的税收返还,数额以1993年为基期年进行核定,返还数额逐年递增。

②专项拨款,即中央财政对地方社会和经济建设事业项目有选择地给予拨款,原体制中央对地方的补助继续按规定补助。

分税制实施一年后,1995年又对转移支付办法做了调整和完善:

①变更税收返还递增办法。即各地区"两税"每增长1%,中央财政对该地区的税收返还增长0.3%。

②取消原体制中上解的递增率,以1994年实际上解额为基数,实行每年定额上解。

③实行过渡期转移支付办法。从1995年起,实行了过渡期转移支付办法,同时,对民族地区的转移支付进行单独安排。就是中央每年增加安排一部分资金,采用相对规范的做法,重点解决一些困难地区特别是民族自治地方的财政困难。虽然力度十分有限,却是一个良好的开端。据国家民委

1998 年的统计,中央财政 1995 年在中央收入增量部分中安排了对民族自治地方政策性转移支付额 20.07 亿元,1996 年安排了 34 亿元左右,1997 年安排近 50 亿元,做到了逐年递增。

(三)鼓励民族地区发展边境贸易

国家对民族贸易实行优惠政策,扶持其发展,如 1963 年开始实行利润留成照顾、自有资金照顾和价格补贴照顾的"三项照顾"政策等。为尊重少数民族的风俗习惯和宗教信仰,适应和满足各少数民族生产生活特殊用品的需要,国家不仅确定了涉及服装、鞋帽、家具、绸缎、食品、生产工具、手工艺品、装饰用品、乐器等 16 个大类、4000 余个民族用品品种,而且还采取建立专门生产基地、优先保证生产资金和原材料供应、减免税收、低息贷款、运费补贴等优惠政策。

20 世纪 70 年代末以来,国家在保留对民族地区的财政补贴并设立发展基金等多项优惠政策的同时,鼓励少数民族地区从本地的实际出发,积极开展外引内联,发展边境贸易;支持少数民族地区通过积极稳妥的改革,推动社会经济结构的调整,增强自我发展能力。

1987 年,国家确定,在边疆少数民族地区选择一些条件较好的地方,借鉴国际上设立内陆开发区和边境自由贸易区的做法,加快对外开放步伐。为活跃沿边地区的经济,富裕边民,促进与周边国家的经贸合作,1992 年,国家决定进一步开放内蒙古自治区的满洲里、二连浩特,吉林省的珲春,新疆维吾尔自治区的伊宁、博乐、塔城,广西壮族自治区的凭祥、东兴等少数民族较为集中的内陆边境城市。1993 年,国家选择了呼伦贝尔盟、乌海市、延边朝鲜族自治州、黔东南苗族侗族自治州、临夏回族自治州、格尔木市、伊犁哈萨克自治州等七个民族地区作为改革开放的试点。

20 世纪 80 年代后,广西壮族自治区的北海市被国家列为 14 个沿海开放城市之一,还有一市五县列为国家沿海经济开放区;乌鲁木齐市、南宁市、昆明市、呼和浩特市、银川市、西宁市、贵阳市等少数民族自治区首府和少数民族较多的省的省会城市被国家列为内陆开放城市;国家还先后批准了桂林市、南宁市、乌鲁木齐市、包头市四个民族地区大中城市建立高新技术产业开发区。

1991年,国家结合改革开放的新形势,对民族贸易和民族用品生产的优惠政策进行相应调整,国务院发出《批转国家民委等部门关于加强民族贸易和民族用品生产供应工作意见的通知》(国发[1991]16号)。"八五"期间(1991～1995年),国家对426个民族贸易县的商业、供销、医药企业和2300多家民族用品定点生产企业在信贷、投资、税收和商品供应等方面给予优惠照顾,并设立专项贴息贷款用于民族贸易网点建设和民族用品定点生产企业的技术改造。

1997年,国家出台了新的民族贸易和民族用品生产的优惠政策,国务院发出《关于"九五"期间民族贸易和民族用品生产有关问题的批复》(国函[1997]47号)。其中包括在"九五"期间(1996～2000年)每年由中国人民银行安排1亿元贴息贷款用于民族贸易网点建设和民族用品定点生产企业的技术改造,对县以下(不含县)国有民族贸易企业和基层供销社免征增值税等。

目前,新疆已同世界上70多个国家和地区建立了稳定的经贸关系。1992年至1997年,新疆进出口贸易总额达69.9亿美元,年均增长21.1%。新疆六个开放城市和经济技术开发区、边境经济合作区各方面的建设和招商引资都取得重大成果。新疆已开通15个开放口岸,兰新铁路复线和第二座亚欧大陆桥的贯通,使一个现代化的西北国际大通道初步形成。

广西对外开放以来,外来投资不断增长。"八五"时期(1991～1995年)实际利用外资(含外国政府贷款)32.4亿美元,比"七五"期间(1986～1990年)增长5.6倍。至1997年末,广西累计批准外资项目8505个,合同外资金额137.9亿美元,实际利用外资67.1亿美元。目前,到广西投资的国家和地区已达30多个。

民族贸易由于基础差、底子薄,加之优惠政策的"断奶",从而导致经营范围不断缩小,生存条件越来越差。由于对民族贸易和民族用品生产缺乏有效的宏观调控手段,"条块"关系不顺,有关方面在价格、税收、财政、金融、物资、投资等方面的改革措施出台时,未能充分考虑民族贸易和民族用品生产的特殊性和历史原因,大都采取"一刀切"的方式,致使以往"含金量"比较高的"三项照顾"政策被变相取消。在自有资金照顾方面,1994年民贸企业贷款月息与一般企业同为10.98%,年底返回民贸企业2.4‰。但随着1993年底金融体制改革的进行,特别是从1994年第三季度起,银行便停止向民贸企业返还2.4‰的贴息。在利润留成方面,"利改税"以后,大中型民贸企业改按50%的固定税率计征所得税,只比一般企业低5个百分点。然而,实施增值税之后,民贸企业实际留成比率普遍低于50%。在价格补贴方面,国家规定,对边远地区和贫困地区收购农副产品实行保护价格,对部分主要工业品的供应实行最高限价,对边远地区实行城乡同价,其差价损失由当地财政弥补,或在企业上缴的所得税款中抵扣。随着价格放开,尤其是1987年财政包干后,最高限价和地方补贴名存实亡。如我国最边远最贫困地区之一的新疆和田地区,以往每年400至500万的补贴和照顾,现在已经全部取消[1]。

民族贸易"三项照顾"政策,在计划经济体制条件下对民族贸易的发展起了重要的促进作用。但是,随着我国改革开放的全面推进和社会主义市场经济体制的逐步建立,民族贸易"三项照顾"政策已不能适应少数民族地区经济社会发展形势的要求,部分政策甚至已经失去存在的体制环境。进入21世纪以来,为了顺应新形势发展的需要,加快民族贸易发展,搞活民族地区商品流通,促进少数民族和民族地区经济社会和谐发展,国家出台了新的民族贸易优惠政策,商务部于2008年5月发布《关于加快民族贸易发展的指导意见》(以下简称《指导意见》)。《指导意见》表示,将落实民族贸易优惠政策,多渠道利用各种资金支持民族贸易企业加强网点建设,支持民族贸易企业承担特殊商品经营业务。

商务部表示,有条件的民族贸易县,可以将辖区内边销茶、农资等商品流通交由商务主管部门确定的民族贸易骨干企业承担,为少数民族群众提

---

① 宋全:《论市场经济条件下民族优惠政策的坚持和完善》,《中央民族大学学报》(社会科学版)1999年第2期。

供物美价廉的商品和服务。"十一五"期间,国家继续对民族贸易网点正常流动资金贷款利率实行月息低2.4厘的优惠政策,利息补贴由中央财政和省级财政各负担50%。2006年1月1日起至2008年12月31日止,对民族贸易县内县级和县以下的民族贸易企业和供销社企业销售货物(石油、烟草除外)免征增值税,对国家定点企业生产的边销茶及经销单位销售的边销茶免征增值税。此外,商务部还鼓励多渠道利用各种资金支持民族贸易企业加强网点建设,建设和改造民族地区商品市场和物流中心,搭建民族贸易促进平台,鼓励民族特色商品经营企业进行技术研发与创新。但其能否得到有效的贯彻落实,还有待实践的检验。

(四)其他民族财政优惠政策

1. 对少数民族地区实行优惠的财政政策

国家财政从1955年起就设立"民族地区补助费",1964年又设立"民族地区机动金",并采取提高民族地区财政预备费的设置比例等优惠财政政策,帮助少数民族地区发展经济和提高人民生活水平。据统计,仅上述三项优惠政策,到1998年国家就对少数民族地区累计补助达168亿元。1980年,中央财政又对5个民族自治区及贵州、云南、青海3个少数民族比较集中的省实行定额补助制度,上述三项优惠政策也计入定额补助中继续予以保留。从1980年到1998年,少数民族自治地区获中央财政定额补助1400多亿元。1980年,国家设立支援经济不发达地区发展资金,其中很大一部分用于少数民族地区。1986年,国家设扶贫贴息贷款和以工代赈资金,其中很大一部分用于少数民族地区。1994年,国家实施"分税制"财政管理体制改革,原有对少数民族地区的补助和专项拨款政策全都保持下来。国家在1995年开始实行的过渡期转移支付办法中,对西藏等五个自治区和云南、贵州、青海以及其他省的少数民族自治州专门增设了政策性转移支付内容,对少数民族地区实行政策性倾斜,政策性转移支付额度随着国家财力的增长不断增加。1998年,中央对5个民族自治区和少数民族较为集中的贵州、云南、青海省的一般性转移支付额近29亿元,占全国转移支付总额的48%。

2.扶持少数民族贫困地区摆脱贫困

中华人民共和国成立以来,尽管少数民族人民的生活有了很大改善,但由于自然地理的制约以及社会发展程度低、生产条件差、科技和文化知识不够普及等原因,少数民族较为集中的西部地区与东部沿海地区相比,发展相对落后,有些少数民族地区生产和生活条件还相当困难,还有部分少数民族人民的温饱问题尚未得到解决。中国自 20 世纪 80 年代中期大规模地开展有组织有计划的扶贫工作以来,少数民族和民族地区始终是国家重点扶持对象。在十多年的扶贫开发过程中,少数民族贫困地区除享受一般贫困地区扶贫开发的优惠政策外,还享受国家制定的一系列特殊政策:

1)放宽标准,扩大对少数民族地区的扶持范围。1986 年首次确定国家重点贫困县时,将少数民族自治县列为重点贫困县的标准从全国统一的 1985 年人均收入低于 150 元放宽到 200 元,对牧区和民族地区的一些困难县放宽到 300 元。当时确定的 331 个国家重点扶持贫困县中有少数民族贫困县 141 个,占总数的 42.6%。1994 年开始实施《国家八七扶贫攻坚计划》时,重新调整了国家重点扶贫县对象,在确定的 592 个国家重点扶持贫困县中有 257 个少数民族县,占总数的 43.4%。

2)在扶贫资金和物资的分配上重点向少数民族贫困县倾斜。国家在分配扶贫资金和物资时将 5 个民族自治区全部视同西部省区,予以重点扶持。部分省区在分配扶贫资金时专门切出一部分资金用于扶持少数民族贫困县。据不完全统计,1996 年至 1998 年国家共向 257 个少数民族贫困县投入中央扶贫资金 169.5 亿元,占扶贫资金总数的 45%。

3)对少数民族贫困地区安排专项扶贫资金。从 1983 年到 2002 年,中央政府每年拨出 2 亿元专款用于甘肃和宁夏少数民族比较集中的"三西"(甘肃省的定西、河西地区和宁夏回族自治区的西海固地区)干旱地区的农业建设。从 1990 年起,国家专门设立了"少数民族贫困地区温饱基金",重点扶持全国 143 个少数民族贫困县。

4)积极开展同国际组织在少数民族贫困地区扶贫开发的合作。1995 年以来,世界银行在中国实施了三期扶贫项目,贷款规模总计 6.1 亿美元,覆盖了广西、内蒙古、宁夏及其他省区的43个少数民族贫困县。

5)组织东部省、市同少数民族地区开展扶贫协作。1996年,中央政府决定组织9个沿海发达省、直辖市和4个计划单列市对口帮助西部10个贫困省、自治区,3年来共捐款捐物10.4亿元,实施合作项目2074个,投资近40亿元。

四、近年来民族地区财政保障情况

(一)民族地区经济发展特征

我国民族地区地理位置较偏,自然条件恶劣,经济社会发展水平低,自身发展能力弱,难以依靠自身力量摆脱落后状况,实现跨越式发展①。具体地看,民族地区的经济发展呈现以下几个特征:

1.经济发展水平较低,基础设施落后,自我发展能力弱

据调查,云南、贵州、新疆的7个自治州和地区,有6个自治州和地区的财政自给率在20%以下,有的甚至不到10%。在全国固定资产投资快速增长的2003年,云南省怒江傈僳族自治州的固定资产投资为负增长。

2.教育、卫生等公共服务事业的发展严重滞后

以教育为例,截至2002年底的统计数字,西部地区372个未实现"两基"(基本普及九年义务教育和基本扫除青壮年文盲)的县(市)中,少数民族聚居县占83%。云南有7个人口较少民族的人均受教育年限不到3年,文盲率为15.4%。

3.生态环境脆弱,自然灾害频繁

民族地区大多位于边远山区、草原和荒漠地带。脆弱的生态和有限的环境容量,因人类活动日益遭受破坏,自然灾害更加频繁,反过来危及人们的生存基础。1949～1979年,新疆和田地区被沙漠吞噬的土地达46万亩,该地区的策勒县县城曾三次为风沙所迫而迁移。

---

① 尹志超:《全面小康与民族地区财政制度的完善》,《重庆工商大学学报》(西部论坛)2006年第8期。

4.贫困人口多,生产生活条件差

全国 592 个国贫县,民族地区有 267 个,全国 2800 万贫困人口,民族地区有 1300 多万。我国人口在 10 万以下的少数民族有 22 个,63 万人,其中绝对贫困和低收入人口 39.4 万。人口较少民族聚居的行政村有 640 个,其中较大部分村没有通电、通邮、通公路和通电话。

(二)民族地区财政保障的现状

在上述客观情况下,中央财政近年来不断推出各种优惠政策,为我国少数民族地区的繁荣发展源源不断注入"活力",破解了少数民族地区发展的资金难题,有助于发展少数民族地区的经济,保障少数民族地区社会事业的发展。

来自西藏财政厅的数据表明,目前西藏财政支出的 93% 到 94% 都来自中央的转移支付,这意味着西藏财政每花 10 元钱,至少有 9 元是中央政府的转移支付。不仅西藏如此,我国众多少数民族地区近年来都从中央财政安排的转移支付资金中获得了发展的"动力"。2000 年到 2007 年,中央财政累计安排民族地区转移支付 717.3 亿元,这些资金有效缓解了少数民族地区发展的资金短缺难题。

为配合西部大开发战略,进一步支持民族地区发展,中央财政从 2000 年起,对少数民族地区专门实行民族地区转移支付,用于解决少数民族地区的特殊困难。考虑民族地区的特殊支出因素,中央财政还通过一般性转移支付对民族地区实行优惠政策,2000 年到 2007 年,中央财政累计安排 8 个民族省区一般性转移支付 2096.83 亿元。

统计数字显示,2006 年,我国 5 个少数民族自治区和云南、贵州、青海 3 个多民族省份的生产总值总计达到 20519 亿元,与 2002 年的 10518 亿元相比,按可比价计算增长了 63.5%,年均增长 13.2%。少数民族地区经济的快速增长得益于中央财政推出的一系列经济扶持政策。我国明确规定,对少数民族地区经济发展实行税收优惠政策,其中对少数民族地区新办的企业,经主管税务机关批准后,可减征或者免征所得税 3 年。同时,一些少数民族地区还可享受西部大开发相关的优惠政策。

为推动少数民族地区"三农"发展,财政部、中国人民银行、农业部等部门,还因地制宜制定扶持政策,重点支持民族地区特需商品生产、特色农业、节水农业和生态农业的发展,服务少数民族特殊需要,促进农牧民持续增收。国务院扶贫办、国家环境保护部、国家税务总局、国家工商总局、全国供销总社等,还大力支持民族地区扶贫开发、环境保护、民贸企业发展、边销茶生产等。

长期以来,民族地区教育、科技、文化、卫生等社会事业发展滞后的问题突出,严重制约着民族地区全面协调可持续发展;加快社会事业发展,已经成了国家支持民族地区的重点。考虑到民族地区经济社会发展中面临的特殊困难,中央财政在社会保障、扶贫、教育、文化、卫生、生态环境保护、干部异地安置、干部职工办公取暖、基层政权建设以及生产发展和基础设施建设等方面都给予了倾斜照顾。2000 年到 2007 年,中央财政累计安排 8 个民族省市自治区专项转移支付 5971.37 亿元。

此外,中央财政还通过调整工资转移支付和艰苦边远地区津贴对民族地区给予照顾。在分配农村中小学教师工资转移支付时,民族地区的转移支付系数高出同档次非民族地区 5 个百分点。

(三)民族地区的分税制财政体制的现状与改善办法

1.现行分税制存在的主要问题

1994 年分税制改革及其后几年的顺利运作,使中央财政收支状况有了初步好转。但同时由于税制改革设计上的某些缺陷,再加上历史、体制等因素的影响,民族地区财政收支状况不仅没有明显改善,反而有进一步恶化的趋势。根据 1996 年的统计数字,8 个民族省区的 659 个县中,财政赤字县达 514 个,比重高达 78%,拖欠职工工资两个月以上的县有 412 个,比重为 62.52%。其中四川省 61 个民族自治县中,有 46 个出现财政赤字,赤字面高达 75.4%,比全省县级赤字面高出 26.6 个百分点;两个藏族自治州的 31 个县中,有 26 个县出现赤字,赤字面高达 83.9%①。

---

① 曾显春、陈晓丽:《分税制下的民族地区财政问题》,《四川财政》1998 年第 6 期。

由于财政入不敷出,无力进行必要的经济建设,8个民族省区中生产性支出占财政支出总额超过20%的只有2个省区,最高也只有26%。地方经济建设支出太少,加上中央无力进行大规模的资金投入,民族地区经济陷入了"经济落后—财源短缺—投入不足—经济更落后"的恶性循环中。具体表现在:

1)民族地区财政自给率趋于下降,财政的依赖性和不稳定性加大。

分税制后,增值税、消费税等主要税种收入直接归入中央财政,而靠体制划定的纳入到民族地区的财政收入与其财政支出极不相称,收支差额进一步拉大。加之在目前民族地区普遍经济落后不可能迅速增大财源的情况下,民族地区的财政运行就会过多地依靠中央财政的税收返还,而使民族地区财政难以形成"造血"功能,尤其是在目前中央财政税收返还制度尚未科学和规范时,又会加大民族地区财政的不稳定性,不利于民族于地区经济发展。

2)新税制的实施在某种程度上削弱了民族地区的财力。

就目前我国民族地区经济发展现状来看,有相当一部分地区主要是从事生产或批发的中小型各类企业起着经济发展的主力军作用。而实行新税制后,如增值税条例中关于小规模纳税人不准使用增值税专用发票,这不仅限制了民族地区小型企业的经济活动,而且加重了这些企业的税收负担,结果使本来承受能力就弱的民族地区经济雪上加霜,进而影响了民族地区财政收入规模的合理增长。

3)分税制改革没有充分体现《民族区域自治法》的有关规定精神。

根据我国历次改革财政管理体制的惯例,每当变革一次财政管理体制时.无不把民族地区财政问题加以特殊考虑,从而制定出优惠性的民族地区财政管理体制。但这次分税制对民族地区财政管理体制并没有像以往的财政管理体制改革那样做出明确的特殊的规定,而且民族地区实行分税制如何与《民族区域自治法》相协调,这是实行分税制后面临的现实难题,不解决这个难题,就会加大在民族地区实施分税制的困难。

2. 进一步完善民族地区分税制的思考

在国家财力不充裕、转移支付规模较小的情况下,我们建议改进和完善现行财政管理体制,确保民族自治地区财政具有向当地提供与全国大体均等的社会公共服务的能力。改进现行分税制体制对收入的划分办法,给予民族自治地区特殊的政策,减少民族自治地区创造的财政收入的输出。因此,进一步完善民族地区分税制必须考虑①:

1)分税制要充分体现民族地区的财政自主权。

建国 60 多年来,党和国家非常重视少数民族和民族地区,对于民族地区的特殊情况采取了很多特殊的倾斜政策和照顾措施,从而对促进民族地区社会经济的发展和改变民族地区的落后面貌起到了巨大的作用。特别是在历次财政管理体制改革中,中央给民族地区的优惠政策,增强了民族地区的财政实力。究其原因,最根本的就是通过中央财政对民族地区财政的扶持,使民族地区充分享有财政自主权。在分税制下,同样要体现这一原则。即按照《宪法》和《民族区域自治法》的有关规定,使民族地区在财政管理上充分享有自治权,这既体现了民族地区财政自主权与我国《宪法》和《民族区域自治法》的协调一致性,又说明民族地区实施分税制更能为民族地区财政经济的发展提供稳定和规范的制度保证。

多年的财政管理体制改革的实践证明,能否按照《宪法》和《民族区域自治法》的有关精神来建立和完善民族地区的财政管理体制,不仅影响到民族地区社会经济发展的规模和速度,而且也关系到《宪法》和(民族区域自治法》的有关精神在民族地区财政管理体制改革中能否得到充分体现。我国 1958 年制定的第一个从立法形式产生的《民族自治地方财政管理暂行办法》,就是根据《宪法》和《民族区域法》的精神制定的,这个法规既体现了国家财政预算"统一领导,分级管理"的原则,又在具体规定了各级民族自治地方享有大于其他同级地区财政的管理权限。因此,在目前实施的分税制过程中,也应该很好地体现我国的根本大法《宪法》和《民族区域自治法》的

① 曾康华:《分税制与民族地区财政》,《吉首大学学报》(社会科学版)1996 年第 4 期。

有关精神,如果仅仅把民族地区当作一般地区来对待,给予一般性的财政补助和税收返还是不够的,还应当根据我国民族地区自治的这一特点,做出具体的、特殊的规定,只有这样,才能完善民族地区分税制财政管理体制。

2)采用因素测算法,建立起科学的对民族地区的财政补助制度。

分税制的补助制度是体现中央财政通过转移支付手段向民族地区进行补贴而起到扶持民族地区财政作用的重要制度。当今世界各发达资本主义国家的中央政府或联邦政府无不把转移支付作为宏观调控的强有力手段来实施,而中央政府或联邦政府在向各地区实施转移支付数额时通常是采用国际上通行的因素测定法来确定。所谓因素测定法,就是找出对地方财政有影响的各种主要因素,如人口数量、土地面积、人均耕地、人均 GNP、地理条件、自然资源和社会发展现状等因素,按其影响该地区程度的大小确定积分标准。一般来说某一因素影响大,其积分就高;反之则低。各个地区都按这一标准计算其分数,并依次确定财政支出水平。凡是地方财政存在收支差额的,由中央财政给予补助。由于用这种方法考虑的因素比较多,测定指标又多于平均或人均占有指标,所以确定的标准就比较客观。这样核定的补助数额比较科学合理,有利于避免中央政府与地方政府讨价还价的现象,提高财政管理的科学化程度,也有利于增强民族地区的财力。因为这种方法会把民族因素的特殊性加以重点考虑,这样计算的补助数额必然高于其他一般地区。从现行的分税制看,共享税的分成和税收返还没有体现出对民族地区的照顾。在民族地区增值税的分享比例同样是 25%,而且税收返还额递增率都按全国增值税和消费税的平均增长率 1:0.3 系数确定。在分税制试点时、对共享收入还规定了两类分成比例,即一般地区实行中央和地方"五五"分成,民族地区实行"二八"分成。因此,建立和完善中央对民族地区补助制度势在必行,对民族地区的税收分成比例和税收返还递增率应适当高出一般地区;中央的一般性补助应由民族地区政府自主统筹安排使用;民族地区财政为了保证满足民族地区政府职能的基本开支需要,办在民族地区的中央所属企业的所得税也应适当留给民族地区一部分。

3)建立与完善对民族地区专项补助制度。

实行分税制的一个十分重要的内容就是建立中央对地方的专项补助制度,并发挥专项补助的积极作用。一方面,中央对民族地区的专项补助成为国家实施宏观调控的有力手段。从民族地区的实际经济情况来看,存在产业结构不合理现象,交通、通信、能源等基础设施建设严重滞后,已成为民族地区改革开放,开发建设的严重障碍。中央对民族地区的专项补助,应主要用于交通、能源、邮电以及大型农田水利建设和农牧业开发、教育、科研等方面,力争在较短的时间内,通过国家的扶持,并充分发挥民族地区的优势,使民族地区的产业结构调整和基础设施建设上一个新台阶。另一方面,中央对民族地区的专项补助还应发挥特殊的作用,因为新中国成立以来,国家根据民族地区的特殊支出需要,长期设立少数民族机动金、边境建设事业补助费、边疆基本建设补助投资等专项拨款,都发挥了很好的特殊作用。因此,实施分税制后,这些专项拨款制度应继续保留,并不断加以完善。

(四)民族地区转移支付制度的现状与改善办法

1.民族地区转移支付制度的现状

建国以来,财政转移支付制度作为我国中央政府帮助少数民族地区发展政治、经济、社会文化事业的一项重要经济制度为少数民族地区的加快发展做出了巨大的贡献。有资料表明,少数民族地区50多年来的固定资产投资,有近50%来自于中央政府[①]。

自1952年《民族区域自治实施纲要》颁布以来,中央在《宪法》、《民族区域自治法》和各行政法规中都有关于民族地方财政转移支付制度的规定,少数民族地区是财政转移支付政策的主要受益者。不论是在建国初期,还是后来的各个建设时期,少数民族地区都从中央财政获得了巨大支持,得以维持地方政府的正常运转,加强地方建设,为当地人民提供基本的公共服务,效果是十分显著的。如新疆维吾尔自治区,从1950年至2001年,全社会固定资产投资累计完成5015.15亿元,其中中央投资达2662.23亿元,占

---

① 阿斯哈尔·吐尔逊:《对我国少数民族地区财政转移支付制度的再思考》,《新疆财经学院》2006年第6期。

同期全社会投资的 53.1%。从新疆维吾尔自治区成立的 1955 年到 2000
年,中央政府支付给新疆的各项财政补助累计达 877.41 亿元,中央财政对
少数民族地区的帮助可见一斑①。但是,总的来说,少数民族地区的社会经
济发展仍然处于落后状态,与发达地区相比,仍然存在着巨大的差距,其原
因是多方面的,中央财政对少数民族地区的转移支付力度欠缺是其中之一。

　　分析几十年来少数民族地区财政转移支付的实施情况,可以发现,中央
对少数民族地区的财政支付在总体上呈现出下降趋势,直接表现为少数民
族地区财政赤字不断加大,地方可用财力越来越有限。改革开放后,由于实
行的财政包干制,没有充分考虑少数民族地区财政的困难和特殊性,要求少
数民族地区与其他地区一样自求财政平衡,使得少数民族地区的财政状况
进一步恶化。到 1988 年,少数民族自治地区总赤字已达到 121.71 亿。针
对这种情况,1989 年,国务院批转了国家民委、国务院贫困地区开发领导小
组《关于少数民族地区扶贫工作有关政策问题的请示》,少数民族地区的财
政状况引起了中央的重视,通过一些政策的调整,财政赤字增长势头有所遏
止,到 1993 年为 159.62 亿。但是,1994 年实行分税制后,少数民族地区的
财政赤字又开始了新一轮的剧增,当年即达到了 315.47 亿元,1998 年达到
469.23 亿元②。

　　2. 进一步完善我国民族地区财政制度

　　根据民族地区政府财力总量比较小的现状,完善地方政府间的财政体
制需要整体考虑,不断地进行制度创新,使各级政府更好地履行在经济发展
中的职能。从贯彻党和国家的民族政策角度考虑,要对少数民族地区在财
政税收方面给予必要的倾斜,以促进民族地区各项事业的发展。从客观需
要来看,民族地区各项行政事业支出水平比一般地区高,如同一个公文需要
多种文字印发,同样一个会议要加倍拉长。同时,民族地区工作的政策性
强、难度较大。根据少数民族和民族地区的特殊情况,在进一步完善财税体

---

① 　国务院新闻办公室:《新疆的历史与发展》白皮书。
② 　李宁:《建立规范的财政转移支付制度加快民族地区社会经济发展》,《湖湘论坛》2003 年
第 6 期。

制的过程中,应注意处理好以下几方面的问题:

1)调整中央政府与民族地区政府的事权与财权。

财政分配关系是财权与事权关系的统一结合体,财权与事权相应、相称是规范分税制财政管理体制的前提条件,是全市财政体系的核心,是行使事权取得财力与财权的依据,而财权又是行使事权的物质基础。由此可见,事权合理界定、明确分工是完善财政体制的首要工作。从建立市场经济体制的要求出发,政府在经济方面的事权应按照"两权分离"、"政企分开"的原则,实现政府职能转变,把政府在经济方面的事权集中在对宏观经济进行调控方面,同时承担起基础设施和基础产业的建设任务。中央政府应侧重承担全国性交通、邮电、大江大河水利设施、能源、原材料工业建设任务;以高科技为基础的重大新兴产业的建设;全国重大基础科研事业以及全国性重要自然资源和环境保护设施建设等。地方财政侧重承担地区教育、科研、城镇住宅、公用事业和公共设施建设等。在中央政府与地方政府之间划分事权、分割财权,要考虑少数民族地区的实际情况,使之区别于一般地区,适当扩大民族地区地方政府的财权。

在财权财力的科学划分上,需要考虑以下几个因素:一是维护地方各级政府正常运转的财力。分税制应注重弥补民族地区财政上的差距,确保公共服务的最低标准。二是注意维护地方的税收自主权。西方国家州地两级政府均拥有地方税的自主权,税制、税率、征管都可以根据当地的情况决定,但我国目前所实行的分税制不分东西南北,税制、税率整齐划一,采取一刀切的办法,这对拥有13亿人口的大国来说过于简单,对老少边穷地区的发展也是不利的。这样做的结果必然是差距越拉越大。三是设法解决县级财政赤字。民族地区绝大多数县级财政赤字已严重阻碍了经济的发展。县级财政作为独立的一级财政,可以通过发行地方债券的办法来达到收支平衡。

2)逐步建立合理的转移支付制度。

转移支付主要有两种形式:一是一般性补助,用于满足各地方政府的一般财力需要,不规定具体的用途和要求。从财政资金的流向来看,分为补助和上解两种;从补助性质来看,分为原包干体制补助(或上解)和税收返还两块。二是专项补助,根据一定的条件和目的拨付给地方政府用于特定支出。1994年财税改革的一个重要任务,就是要在国家财源相对集中的情况下,通过转移支付,以体制性补助或令项补助的方式对财力进行再分配,在全局上体现公平与效率的统一,实现国土利用的均衡化和各族人民的共同繁荣发展。

转移支付是一项涉及面广、政策性强、影响因素复杂的系统土程,为保证其科学性和规范化,从全面推行之初要有规范的政策标准,并相应建立转移支付预算,实施有效的监督管理。在确定转移支付标准和数量时,近期应以维持各级政府机关和事业单位正常运转为前提。从长远看,转移支付的财力计算依据是按照各级政府事权划分的范围,以保证全面实现政府职能。

建立合理的转移支付制度需要以完善财政转移支付制度为核心,加大对民族地区的财政支持。应调高民族地区的转移支付返还基数,提高政策性转移支付补助系数,建立一套有利于民族地区与东部地区平衡发展的财政转移支付制度。针对民族地区公共服务水平落后的状况,国家应在资金上给予大力扶持。建议设立民族地区教育和卫生专项补助,支持民族地区教育、卫生事业的发展。对民族地区的基础设施建设继续加大投资力度,向下延伸到县、乡,使少数民族群众可以享受到经济发展的成果。

总之,财税体制改革的完善和配套,要从贯彻党和国家的民族政策角度考虑,对少数民族地区在财政税收方面给予必要的倾斜,为民族地区加快由计划经济体制向市场经济体制转轨提供强大的财源基础,以促进我国少数民族和民族地区尽快迈入全面小康社会。

(五)其他财政政策的情况

1.适当赋予民族自治地区融资的权力

民族自治地区经济和社会发展的现实情况,决定了民族地区财政困难的局面将是长期性的,即使中央建立规范的财政转移支付制度,对民族自治地区而言,也不可能在短时期内实现财政经济状况的根本性好转。为了增加民族自治地区财政的发展能力,提高民族自治地区的积累率,建议中央赋予民族自治地区一定的举债权。

2.赋予民族地区更大的对外开放自主权

国家经济发展战略重点逐步西移,民族自治地区面临着资金短缺、技术落后、人才缺乏、劳动力素质低等特殊困难。为此,国家只给予财政上的照顾和支援是不够的,还应加快民族自治地区改革开放步伐,从民族自治地区的特点和需要出发,给予民族自治地区在对外开放及对外经贸方面执行与广东、福建两个试验区、经济开发区、沿海开放城市、经济特区的一整套特殊政策和灵活措施,寻求更加适合于加快民族自治地区财政经济发展的新路子。具体来说,目前国家应赋予民族自治地区以下几方面对外开放和对外经贸方面的优惠和照顾政策①:

1)允许和鼓励中外金融机构和金融企业到民族自治地区开展投资业务,建立营业机构。扩大民族自治地区对外商投资企业的审批权,鼓励民族自治地区发展外商投资企业。

2)对民族自治地区的进出口企业,应区别于其他发达地区。对民族自治地区的进出口企业,审批权限要下放,审批标准要降低,对出口本地区企业生产的产品应由自治区自行审批;对进口加工复出口的产品,应由自治区自行确定进出口配额,自行发放进出口许可证;对直接用于本地区工农业生严的产品,也应由民族自治地区自行审批。

3)允许民族自治地区设立保税区,带动民族自治地区经济的发展。

4)民族自治地方1993年起承担的20%出口退税由中央财政负担。民族自治地区的经济开放程度大都比较低,外向型经济在整个经济中所占的分量大大低于全国平均水平,对外贸易出口退税能力一般都比较脆弱。为减轻民族自治地区财政负担,民族自治地区1993年起承担的20%出口退税不应作为一般上解处理,而应改由中央财政负担。

---

① 《修订〈民族区域自治法〉完善和调整民族地区财政体制与政策》,《经济研究参考》2001年第9期。

第二章 民族地区基础教育发展与国家财政支持保障

　　经济社会发展实践表明,教育是发展经济、减少和改变贫困的根本途径。民族地区教育的发展,不仅是民族地区改变贫困与解决地区经济发展不平衡问题的手段和关键,而且是关系到全面建设小康社会,协调经济与社会、城市与农村、民族地区与全国发展的重大举措。与1949年以前相比,新中国少数民族教育取得了举世瞩目的成就,少数民族受教育程度总体水平得到显著提高。但是,由于种种原因,和全国平均水平相比,民族教育总体上仍较为落后,制约着中国教育事业的和谐发展。长期以来,我国的社会资源要素和国家的财政资源配置,呈现出极不平衡的态势,大城市与发达地区投入多,民族地区和欠发达地区投入少且效率低,造成城乡差距的进一步扩大,地区间的不平衡进一步拉大。教育特别是基础教育已成为民族地区社会经济发展的瓶颈,因此,必须大力发展民族地区教育。

第一节 公共产品理论与民族地区基础教育

一、教育产品的特性及对个人教育消费的影响

(一)教育产品的特性

　　教育是具有正外部效应的私人产品,各国政府都参与这一产品的供给。西方国家,在私立学校与教会学校提供教育服务的同时,政府的公立学校在整个教育体系中占据重要位置。我国的教育产品,过去全部都由政府部门

提供,市场化改革的今天,民办教育得到了发展,但总体上说,教育特别上基础教育产品仍然以政府提供为主。

现代社会许多人把教育看成是人力资本投入,从而认为教育应该主要由私人提供,但这不能改变教育的正外部效应的产品性质。因此,各国政府都必须通过财政支出来实现教育产品的供给。政府(公共部门)之所以能参与各种教育产品的供给,乃是因为教育产品的特性。

下面简单介绍以下教育产品的特性:

1. 教育产品的正外部性

外部性是指一个人(个人、家庭、企业或其他经济主体)的行为对他人产生的利益或成本影响。正外部性又称外部经济或外部效应,作为具有正外部效应的私人产品的教育,通常的市场是无法充分提供的,它会使整个社会因受教育者文化程度的提高而受益。

2. 教育产品是有益产品

无论从道义上还是从社会发展来看,人们不能因贫困而无法获得教育机会。所以说教育要使被教育者均能收益,不论其贫困与否。

3. 教育产品是特殊产品

公共部门提供的教育产品服务的过程,是实现国民收入再分配的过程,有助于实行社会公平目标。

4. 教育产品由政府供给

贷款等资本市场在提供教育服务方面,存在失灵的可能,从而要求公共部门对教育产品的需求者给予帮助。

一般情况下,教育通常分为义务教育与非义务教育,义务教育的年限与各国经济发展水平密切关联,受经济水平的制约,各国都规定了义务教育的年限,而很难提供无限的义务教育服务。义务教育阶段,教育经费由政府提供;非义务教育阶段,各国的差异很大。我国目前实行的是九年义务教育制,非义务教育的高等教育也主要由政府提供,适当收取一定费用。

(二)政府(公共部门)教育支出对个人教育消费的影响

政府(公共部门)对教育消费的支出大致有三种形式:学费补助、收入补助、定额补助。不同的支出形式会对个人的教育消费产生不同的影响。

学费补助是指公共部门将补助发给学校,学校就可以减少对学生的收费,使得更多的学生能够获得受教育的机会。

如图 2-1,AB 是个人对教育和其他产品消费的预算约束线,I 是与之相切的无差异曲线,个人所消费的教育数量为 OD。当学校获得政府资助后,减少了学费,个人的预算约束线向外移动到 AC,与无差异曲线 I'相切与 E'点,对应的个人教育消费增加到 OD'。所以说个人消费水平提高了。

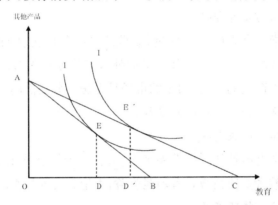

图 2-1 学费补助对个人教育消费的影响

资料来源:杨志勇、张馨:《公共经济学》,清华大学出版社 2005 年版,第 122 页。

收入补助是指公共部门通过增加低收入家庭的收入水平,从而相应提高其教育消费能力的支出。如图 2-2,获得补助后的预算约束线外移到 FC,相应的教育消费能力上升到 OD'。

定额补助目的是让居民享受到一定数额的免费教育。

如图 2-3,实施定额补助后,预算约束线从 AB 外移到 AGC。AG 是免费教育,即定额补助。在接受免费教育情况下,居民不必放弃对其他产品的消费。这种方式只增加了居民的教育消费,不增加其他产品的消费,个人的教育消费从 OD 增加到 OD'。

需要指出的是,收入补助与定额补助在许多情况下是等价的。但如果

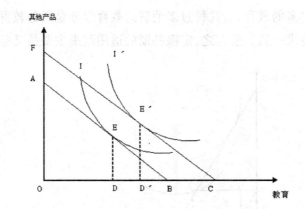

图 2 - 2　收入补助对个人教育消费的影响

资料来源:杨志勇、张馨:《公共经济学》,清华大学出版

社 2005 年版,第 122 页。

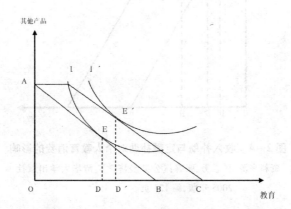

图 2 - 3　定额补助对个人教育消费的影响

资料来源:杨志勇、张馨:《公共经济学》,清华大学出版

社 2005 年版,第 122 页。

定额补助提供得过多,个人的福利水平反而下降。

如图 2 - 4,若采取收入补助的形式,个人福利能够达到无差异曲线 I′的水平;但是由于采取的是定额补助,个人福利水平只能达到 I″的水平。个人被迫消费了过多的教育,若这种过多消费的教育服务是义务教育的话,就正好与社会的要求一致。换言之,定额补助的适用范围主要是义务教育。

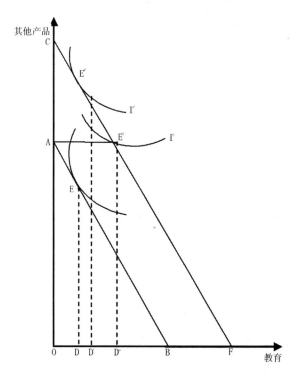

图2-4 收入补助与定额补助对个人教育消费的影响

资料来源:杨志勇、张馨:《公共经济学》,清华大学出版社2005年版,第123页。

二、发展民族地区基础教育的意义

《国务院关于基础教育改革与发展的决定》(国发[2001]21号)对基础教育的重要性作了明确阐述:"基础教育是科教兴国的奠基工程,对提高民族素质、培养各级各类人才,促进社会主义现代化建设具有全局性、基础性和先导作用。保持教育适度超前发展,必须把基础教育摆在优先地位并作为基础设施建设和教育事业发展的重点领域,切实予以保障。"[1]

(一)发展民族地区的基础教育、培养与开发人力资源是民族地区经济发展的重要导向

21 世纪是知识经济占主导地位的时期,知识经济时代作为世界发展的潮流、国家发展的趋势,它已经且必将越来越多地影响少数民族地区的思想观念、经济发展、社会生活、文化教育等方方面面。适应知识经济时代的需要,关键在于人才的培养。知识经济不仅需要各方面高、精、尖的专业人才,而且也需要大量的能够把科学知识转化为技术、转化为生产力的技术型、应用型人才。从目前少数民族地区经济发展和产业结构来看,在今后一个相当长的时期,主要需求的将是技术型、实用型和准技术型人才。人力资源本身具有主观能动性,是生产力各要素中最积极活跃的因素。人力资源实力雄厚的地区,在区域政治、经济竞争中占有优势。因此,发展民族地区的基础教育,培养人力资源就成为民族地区经济发展的重要导向。

(二)发展民族地区的基础教育、是提高民族地区人口素质的主要渠道

基础教育是整个国民教育的基础,对社会文明的发展有促进作用,从而使广大的社会群众收益。民族地区相对比较落后,这就决定了基础教育的必要性。毫无疑问,全面提高边少数民族地区人口素质,是当地社会经济发展迫切需要解决的问题。民族地区的基础教育进步了,必然能带动整个国家的教育乃至经济水平的整体发展。

(三)发展民族地区的基础教育是公共财政制度的客观要求与内容体现

由于基础教育具有公共产品的性质,若由市场机制来主导供给会影响到社会公平,所以应该由政府主导提供,从而达到政府提供公共服务均等化的根本目标,这是由公共财政的基本特征和其属性决定的。

因此,大力发展民族地区的基础教育事业有着深远的意义,是一定时期内政府应加强重视的重要职责。只有重视民族地区的基础教育事业,才能

---

[1] 中国财政学会民族地区财政研究专业委员会:《2005／06 年度中国民族地区财政报告》,中国财政经济出版社 2007 年版,第 180 页。

进一步推进民族地区基础教育的改革,使基础教育更好地为民族地区的经济建设服务,促进社会经济的全面发展。

三、民族地区基础教育的公共产品特性

(一)基础教育产品由政府提供,但却存在着其需求量大与政府供给不足的矛盾

基础教育之所以被称为公共产品,是因为其具有正外部效应,即外部经济,指市场主体的活动会使其他主体收益。其正外部性表现在,接受基础教育者在学到技能知识的同时,一方面自身获得的增加其自身收入的能力;另一方面,也促进了整个社会劳动技能和生产效率及社会文明的提高。所以说,个人收益的同时整个社会也随之受益。

随着生产力水平的不断发展,随着社会对劳动者基本知识和技术要求的逐渐提高,基础教育产品所提供的整个社会的受益程度还要高于接受教育服务者个人的受益程度,对提高整个社会的劳动生产率、提高社会文明程度及促进科技水平发展起着最广泛的作用。这类产品应该整个政府体制来共同提供,由中央政府主导提供,地方政府积极参与。

新中国成立后,在党和国家的关怀下,民族地区纷纷建立中小学,越来越多的少数民族青少年享受到了受教育的权利,但由于我国少数民族分布广泛,对于基础教育产品的需求还很大,有很多的少数民族地区的适龄儿童由于种种原因无法接受教育,这是由于民族地区教育基础相对薄弱,政府供给不足造成的。改革开放以后,基础教育实行由地方负责,但民族地区地方财政困难,教育经费很难到位,经费不足的问题一直存在着。具体表现在:第一,中小学危房改造资金缺口大;第二,"普九"欠款无力偿还;第三,财政预算内公用经费不足。

(二)基础教育事业的发展能力反映国家(地区)经济的发展状况,同时又受其发展程度的制约

公共产品的提供与政府当时的资金提供能力有关,而其又取决于经济和财政的发展水平,及财政支出在该项开支项目上的分配份额。基础教育

事业的发展能力反映了国家(地区)经济发展状况。以前我国要解决的是经济上的脱贫奔小康,实际是一种与当时社会条件相适应的、欠全面的、非均衡的小康型社会建设,所以在教育方面的投入是相对不足的,整个教育事业的发展能力相对有限。如今我国的综合国力逐渐增强,又提出了建立学习型社会的宏伟目标,基础教育事业的发展能力随着整个社会经济的发展而迅速增长。

由于我国民族地区经济发展相对落后,尤其在一部分农村和老、少、边、穷地区,学校办学条件很差、办学经费严重不足、师资力量维持在较低水平。民族地区同时受其自然地理环境、人口分布状况等因素限制,经济水平十分落后,从而又制约了其基础教育事业的发展,主要是出现了民族地区基础教育发展的不平衡:一是不同地区间发展不平衡;二是不同民族间发展不平衡。民族地区基础教育发展的不平衡增加了民族教育工作的复杂性。政府应对于教育滞后的民族或地区给予特殊关注、重点扶持,以防止差距扩大而影响到其发展。

(三)发展基础教育能改善社会公平状况,但由于投入不足,一定程度上制约公平的实现

社会公平包括收入平等和机会平等。其中,机会平等是深层次的平等,其在很大程度上决定了收入分配的平等与否。人类从一开始就注定了会有很多方面的不平等,随之逐步转换成为分配领域的平等。在改善调节社会公平,尤其是机会平等方面,教育的作用是不可忽视的。

接受教育可提高个人素质,增加个人的知识,从而利用知识创造出更多的财富。随着生产力水平的提高和知识经济时代的到来,个人的知识结构和素质差异更是逐渐成为形成收入差异和财富差异的极其重要的因素。基础教育所提供的知识层次最基础,所以对改善社会公平状况的功能最大。

但是由于政府对民族地区的基础教育投入相对不足,相对于政府和社会教育资源充足的发达地区,现行体制不利于民族贫困地区教育资源的筹集,不符合基础教育大众化、民主化的基本宗旨。民族地区的儿童与其他一般地区的儿童相比,很多无法及时的接受到同等质量的基础教育甚至失去上学的机会,许多适龄儿童特别是女童甚至不能接受最低水平的基础教育,这就造成了他们从起点就不公平,由此以往,差距就会进一步拉大,从而恶性循环出新一轮而且是更大的初始不平等,最终造成社会的不公平。

(四)"均等化"是基础教育的公共服务原则,否则会造成社会文明发展的不均衡

基础教育最直观的功能和个人接受基础教育的主要目的是提高个人收益的能力,个人可按效率原则进行目标设计,这样才有利于社会的健康发展。

但是就政府提供基础教育产品来说,若其公共服务不能使全体公民受惠,会造成社会文明发展的不均衡,主要表现在:第一,由于消费者选择能力的差异,效率差的地区及社会弱势群体中容易产生失学、辍学儿童;第二,会造成优等教育资源和优等生源在地区间不合理的相对集中等;第三,基础教育若仅成为促进个人收入能力的手段,最终会形成一个只注重自我,追求个人发展而忽视社会责任的社会群体。因此,基础教育应以每个孩子都能享受的均衡水平的教育服务为基本目标。

(五)基础教育阶段应倡导素质教育,但目前还没摆脱应试教育模式

应试教育曾为我国培养了一大批有文化的劳动者,对推动社会发展起过很重要的作用。但是,随着社会生产力的发展及市场经济体制的确立,应试教育的弊端,如教育与经济、学校与社会、教学与实践脱节等日益突出,已很难适应现代经济发展的需要。因此,着眼于受教育者及社会长远发展的要求,全面提高学生基本素质,注重培养受教育者的态度、能力的素质教育应运而生。

相对于应试教育,素质教育更加符合教育发展规律。它是更高层次、更好水平、更高质量的教育,以实现培养全面多样化的人才为目标。《中国教育改革和发展纲要》提出:"中小学要由'应试教育'转向全面提高国民素质的轨道。"提倡素质教育,提高公民道德水平,科学文化和身心、劳动技能素质,从而满足人民群众和社会的切实需要。

由于民族地区基础教育水平还很落后,所以目前还没有摆脱应试型模式。这种模式与素质教育相比,层次低、质量差,严重脱离民族地区实际,忽视当地经济发展对实用人才的需求,培养出来的学生既缺乏劳动的思想准备,又缺乏基本的劳动生产技能,难以适应社会生产的需要,更谈不上帮助家庭脱贫致富,最终导致了民族地区发展进程缓慢。

(六)市场机制是最有效的资源配置机制,但在基础教育事业中只能起补充作用,效率与公平难以兼顾

发展基础教育事业的根本目标在于使每一个国民都能均等的接受基础教育,从而提高国民素质,对教育资源的配置要求平均原则,而市场机制则要求效率原则。虽然市场机制能有效的实现资源配置,但市场机制对公共产品资源配置的调节作用是有限甚至无效的。教育资源相对紧缺,所以需要在政府的调控下由社会力量来补充政府供给的不足,从而符合绝大多数人的利益需要。在效率和公平难以兼顾的情况下,市场机制难以实现基础教育阶段的教育资源的平均配置,因此,基础教育事业进入市场只能作为一种补充。

政府提供教育产品的根本绩效目标是增进公平、提高效率。公平与效率是政府提供教育产品的内在要求,这要求政府必须努力实现有效用的投入产出意义上的效率和权力对等公平。政府对基础教育进行大规模投入是保障社会成员总体素质得到快速提升的必要前提。所以说在目前民族地区基础教育基础薄弱的情况下,要得到教育发展的经济保证,不仅要依靠市场机制,更主要的还是要将贫困地区置于整个国家的发展全局,充分利用中央政府的宏观调控能力来获得在教育投资体制上的支持,从而满足多数人的利益,实现社会公平。

综上所述,民族地区的基础教育产品是这样一种公共产品:它是由政府提供的,存在着需求量大与政府供给不足的矛盾,同时基础教育事业的发展能力反映了国家(地区)经济的发展状况,又受其发展程度的制约。发展基础教育能够改善社会公平状况,但由于投入不足,一定程度上又制约公平的实现。基础教育阶段应积极倡导素质教育,逐渐摆脱应试教育模式。在民族地区基础教育中,市场机制是最有效的资源配置机制,但为了兼顾效率与公平,市场机制在基础教育事业中只能起补充作用。

第二节　民族地区基础教育发展
与政府基础教育的投入

一、民族地区基础教育发展的历程及成就

新中国成立以后,民族地区基础教育作为国家教育事业的重要组成部分,受到了党和政府的高度重视。为扶持民族地区基础教育事业的发展,国家先后出台了一系列政策与措施。民族基础教育的蓬勃发展为少数民族地区经济的振兴、文化的繁荣、人民素质的提高做出了极大的贡献。

(一)国家对少数民族教育事业的政策支持

国家一直非常重视少数民族教育事业的发展,党和政府不断制定各种扶持政策,采取各种积极措施,大力支持少数民族教育事业的发展。

1. 对民族基础教育的法制保障

建国以来,国务院、国家教育部门陆续制定和公布了一系列关于民族教育的行政法规和规章。一些民族自治地方也颁布了若干民族教育地方法规。而且,在《民族区域自治法》《城市民族工作条例》以及其他法律、法规中都对民族教育作了原则性规定。如:我国《宪法》明确规定,民族自治地方的自治机关自主管理本地方的教育事业。1984年的《民族区域自治法》进一步明确了自治机关可以根据有关规定,自主决定地方的教育规划及各级各类学校的设置、学制、办学形式、教学内容、教学用语和招生政策。已颁布实施的《教育法》《教师法》《职业教育法》《义务教育法》《中国教育改革和发展纲要》等教育领域的重要法规条文,对民族教育相关内容也均有明确规定。这些法规条文的制定实施,为民族地区根据各地实际,因地制宜地举办具有地方特色、民族特点的基础教育提供了政策指引和法律保障。

2. 对民族基础教育的组织领导支持

1952年,政务院颁发《关于建立民族教育行政机构的决定》,在教育部

设民族教育司,各地教育行政部门相应增设民族教育行政机构,负责管理少数民族教育事业。1949年,中央民族事务委员会成立,民委设有专门管理民族教育事务的机构,即文教司所属的教育组。1965年,文教司分为文化司和教育司,民族教育事务的管理由教育司负责。此后,教育部民族教育司与民委教育司共同负责对民族教育事业的管理与指导工作。1998年,国务院办公厅印发国家民族事务委员会职能配置内设机构和人员编制规定的通知规定:教育司的职责是在国家教育改革发展的总体规划下,研究民族教育改革发展的重大问题,参与研究制定与民族教育的有关政策法规和规划,提出民族教育发展的特殊意见和建议,配合教育主管部门承办对民族地区的教育援助和国家对民族教育扶持的有关事宜。

这些机构的设置和安排,把民族基础教育工作作为我国教育工作和少数民族事务中一项长期的任务确立了,为民族教育事业的发展提供了组织领导支持。

3. 对民族教育工作制定发展战略与规划

国家为了了解民族地区的教育状况,制定新时期下党的民族教育发展方针政策,于建国后不久的1951年召开了第一次民族教育工作会议。此次会议首次确定了少数民族教育的方针任务:少数民族教育必须以新民主主义内容,即民族的、科学的、大众的教育,并应采取适合于各民族人民方针和进步的民族形式;少数民族教育目前应以培养少数民族干部为首要任务,以满足各民族政治、经济、文化教育建设的需要,同时应当加强小学教育和成人业余教育,提高少数民族的文化水平,并应当努力解决少数民族各级学校的师资问题。

此后,1956年、1981年、1992年和2002年,国家又分别召开了四次民族教育工作会议。2002年的第五次全国民族教育工作会议前,国务院印发了《关于深化改革加快民族教育发展的决定》(以下简称《决定》)。《决定》全面总结了改革开放以来民族教育工作的经验,分析了在新形势下民族教育工作面临的困难和问题,深刻阐述了民族教育在提高少数民族科学文化素质,推进民族地区经济、社会全面进步,增强民族团结,维护国家统一中的重要作用,明确了"十五"期间及至 2010 年民族教育改革与发展的指导思想、目标任务、方针原则和政策措施,对于进一步深化改革加快发展民族教育事业,具有重大的现实意义。第五次民族教育工作会议强调:发展民族教育要从实际出发,充分考虑民族特点和地区特点,确定各地区的各级各类教育事业的发展规模、速度以及教育结构和办学形式,把提高劳动者素质,培养初、中级技术人才,全面提高教育质量,增强办学效益,为当地的经济和社会发展服务。要大力加强基础教育,积极创造条件,基本普及九年义务教育,基本扫除青壮年文盲(以下简称"两基"),促进各类教育健康、协调发展;坚持以地方自力更生为主,国家大力扶持,发达地区和有关高等学校大力支援相结合;坚持规模、结构、质量和效益相统一。

民族教育工作会议的召开,为民族教育及时总结了经验,制定了新时期的发展方略,有效地促进了民族基础教育的健康发展。

4. 对民族语言教学、双语教学和民族文字教材建设支持

党和政府在民族教育领域实施的语言文字政策法规,是尊重少数民族的语言习惯和保障民族语言使用平等权利的重要体现。我国《民族区域自治法》规定:招收少数民族学生为主的学校,有条件的应当采用少数民族文字的课本,并用少数民族语言讲课;小学高年级或中学,设汉语课程,推广全国通用的普通话;《义务教育法》规定:学校应当推广全国通用的普通话;招收少数民族学生为主的学校,可以用少数民族通用的语言文字教学。

2002 年,国务院印发的《关于深化改革加快民族教育发展的决定》中,提出:"在民族中小学逐步形成少数民族语和汉语教学的课程体系,有条件的地区应开设一门外语课。国家对"双语"教学的研究、教材开发和出版给予重点扶持。要尊重和保障少数民族使用本民族语文接受教育的权利,加强民族文字教材建设;编译具有当地特色的民族文字教材,不断提高教材的编译质量。要把民族文字教材建设所需经费列入教育经费预算,资助民族文字教材的编译、审定和出版,确保民族文字教材的足额供应。"

民族学校的教学语言文字政策的具体实施,主要由各省(区)遵照《宪法》《民族区域自治法》的有关规定和提高民族教育质量、有利于各民族的

科学文化交流的原则,根据多数群众的意愿和当地语言文化环境决定。提倡汉族青年学习少数民族语言及其他方面的文化。在这些政策的指导下,许多民族地区根据自己的实际情况,积极推行双语教学。随着教育改革的深入,民族学校的教学语言文字政策得到了较好的实施。

5.对民族教育的对口支援和协作

建国后,为了帮助民族地区教育的发展,在党和政府的领导下广泛开展了内地省、市对民族地区教育的对口支援协作。改革开放后内地对民族地区教育的支援有了更进一步的发展。1992 年,原国家教委、国家民委开始组织内地发达省、市对口支援民族贫困地区教育工作。1992 年 10 月下发的《关于对全国 143 个少数民族贫困县实施教育扶贫的意见》,确定了互相帮扶的对口省份。1997 年 4 月,根据中央扶贫工作会议精神,为便于统一组织协调,原国家教委、国家民委决定将教育对口支援工作纳入地方政府经济、科技扶贫计划,开展全面扶贫,并重新调整了对口支援的省份,扩大了支援的范围。

教育对口支援工作的主要任务是:(1)在资金、物资、教学仪器设备、图书资料等方面支援贫困地区,帮助贫困地区改善基础教育、职业教育、扫盲和成人技术培训的办学条件和管理手段,救助失学儿童;(2)派遣教师和教育管理干部到贫困地区讲学和指导工作,为贫困地区县级教育的综合规划和各类教育发展计划提供咨询和帮助,输送教育改革、教育管理的经验和信息,提高贫困地区教育资源配置效益;(3)为贫困地区培养和培训师资、管理干部、实用科技和企业管理人员;(4)合作兴办投资少、效益好、有市场竞争力的校办产业,开展信息交流和技术转让,帮助贫困地区教育增强自我发展能力。

国家特别关注西藏教育事业的发展。20 世纪 50 年代起,大批内地教育行政干部与教师在国家组织下支援西藏。改革开放后,1983 年,中央决定在内地为西藏办学培养人才,从此,全国对口支援西藏教育的工作全面召开。教育援藏人数大量增加,除了为西藏提供资金、仪器设备、图书资料、培训教师与教育行政干部外,中央还拨款在内地举办西藏班、西藏中学、西藏小学,为西藏培养了大量人才,对西藏社会发展做出了极大贡献。

(二)民族基础教育成效显著

60 年来,民族基础教育取得了巨大成就,积累了丰富的经验。

1. 办学规模逐步扩大

新中国的成立,使不少民族从原来的奴隶制、封建制社会一跃进入社会主义社会,在党和政府的关怀下,民族地区纷纷建立中小学,越来越多的民族青少年享受到了受教育的权利。

到 2004 年底,全国各级各类学校中少数民族在校学生总数为 2135.13 万人,比建国初期增长 23 倍,比 1980 年增长 124%,比 1997 年增长 29%。其中,普通高等学校的少数民族在校生数为 80.73 万人,占学生总数的比重5.70%;普通中学的少数民族在校生数为 676.11 万人,占学生总数的比重7.78%;普通小学少数民族在校生数为 1097.15 万人,占学生总数的比重9.76%。全国各级各类学校中少数民族专任教师数已达 102.57 万人,比上年略有上升。①

民族地区"两基"攻坚取得新进展,截至 2007 年底,西部 372 个"两基"(基本扫除青壮年文盲、基本普及九年义务教育)攻坚县(市、区)中有 330个实现了"两基"目标,约占总数的 88.7%,全国民族自治地方 699 个县级行政区划单位中有 622 个县(市、区、旗)实现了"两基"目标,占民族自治地方县级行政单位的 94.71%。各民族地区的义务教育成就显著。2003 年底,内蒙古学龄儿童入学率 99.4%,初中毛入学率 95.3%;广西学龄儿童入学率 98.20%;新疆学龄儿童入学率 98.3%,初中入学率 83.8%;宁夏学龄儿童入学率 97.5%,普九人口覆盖率 68.3%。我国基础教育最薄弱的西藏也取得了巨大成就。截至 2007 年底,西藏已普及九年义务教育,基本扫除青壮年文盲,西藏 74 个县(市、区)中,"普六"县共 74 个,"普六"人口覆盖率 100%,扫盲县 70 个,"普九"县 63 个,小学适龄儿童入学率达到了

---

① 中国财政学会民族地区财政研究专业委员会:《中国民族地区财政报告》,中国财政经济出版社 2007 年版,第 187－188 页。同时根据国家民委网站相关数据计算。

98.2%,初中入学率达到了90.79%,青壮年文盲率下降到4.76%。①

2. 办学形式逐步完善

我国少数民族分布广泛,所居住的地理环境与生活方式、社会习俗各有不同,基础教育的办学形式需要灵活多变,以符合当地实际。1952年,第一次全国民族教育工作会议报告指出:"少数民族必须采取民族形式,照顾民族特点,才能很好的和各民族实际结合起来","少数民族教育的内容和形式问题,课程教材问题。既要照顾民族特点,又不能忽视整个国家教育的统一性"。当时根据民族地区的特殊情况,在民族地区设立中小学,在边远山区、牧区办了一批寄宿制中小学。1992年,《关于加强民族教育工作的若干问题》再次提出民族教育要尊重民族特点,走出符合自己特色的办学路子。在一部分教育基础差的山区和牧区应重点扶持,办好寄宿制民族中小学或民族班。目前,各地根据实际情况采取了多种办学方式,除了寄宿制学校、民族班(校)外,还有女童班、早晚班、隔日制学校、半日制学校等。实践证明,适合民族地区特点的办学形式,有利于牧区、山区义务教育的普及;有利于提高学龄儿童的入学率和巩固率;有利于集中力量办学、提高教育质量;有利于对少数民族人才的培养。

作为学校正规教育的有效补充手段,远程教育在民族地区得到了迅速发展。远程教育凭借现代通信技术,突破了传统教育在时间与空间上的局限性,使交通不便、地形险恶及人口分散的民族地区,可以通过音像教材、远距离广播电视教学及互联网络,为学生提供形象生动的高质量教学,进行教师的培训等活动,有效解决了民族地区师资力量不足、教学水平不高等困难。2002年,国务院《关于深化改革加快民族教育发展的决定》(以下简称《决定》)指出:要重点支持现代远程教育网络建设,建立县级远程教育教学点和乡级电视、数据收视点,有条件的地区和学校启动校园网络或局域网建设,培养培训教师和管理人员。

---

① 朱玉福:《改革开放30年来少数民族义务教育事业发展综述》,《贵州师范大学学报》(社会科学版)2008年第5期。

3. 少数民族师资队伍的迅速发展

培养合格的师资力量,是办好民族基础教育的必要保障,国家对此十分重视,在1951年第一次全国民族教育工作会议上,提出了培养少数民族师资的试行方案。1980年《关于加强民族教育工作会议的意见》中再次强调,各自治区和少数民族较多的省,一定要建立并办好一批民族师范院校。这些院校应主要招收少数民族学生和有志于投身民族教育事业的汉族学生。一般院校也应该办民族师范班,招收少数民族学生入学。2002年,国务院《决定》也指出:"要把教师队伍建设作为民族教育发展的重点,教育投入要保证教师队伍建设的需要。少数民族和西部地区教师队伍建设要把培养、培训'双语'教师作为重点,建设一支合格的'双语型'教师队伍。进一步深化教师教育制度改革,提高师范院校教师队伍的教学和科研水平,加强县级教师培训基地的建设。加强校长培训,提高民族地区学校的管理水平。拓宽教师来源渠道,鼓励非师范院校毕业生和东、中部地区高校毕业生到少数民族和西部地区任教。"目前,我国培养民族师范人才的基地已经形成一定规模。

国家还通过提高民族地区教师待遇、适当增加民族地区中小学教师编制和安排内地教师支援民族地区基础教育等政策,促进民族地区教师队伍建设。除组织"教育对口支援"和"西部大学生志愿者计划"外,教育部组织开展了少数民族地区双语教师特别是汉语教师的培养培训工作,该计划涉及20个省、自治区和直辖市的近百万名中小学教师。由团中央、教育部于1998年发起"中国青年志愿者研究生支教团"行动计划,截至2008年,该项目共选派了3529名青年志愿者赴西部20个省(区)78个县的300多所中小学开展服务。2006年,教育部、财政部、原人事部、中编办启动了"农村义务教育阶段学校教师特设岗位计划",招募高校毕业生到西部地区"两基"攻坚县农村学校任教,中央已下拨专项资金2.45亿元,有1.6万多名大学毕业生充实到西部地区260多个县的2850所农村小学。民族地区义务教育阶段已经基本结束师资紧缺的时代,已初步形成一支以少数民族为主体、结构较为合理、能够基本满足义务教育发展需要的教师队伍。①

4. 少数民族语文教学和民族文字教材建设积极推进

实施双语教学,加强少数民族文字建设,是民族教育工作重要的组成部分。

语言是民族共同体的一个重要特征,在民族教育领域实施双语教学,表明了党和国家尊重少数民族的语言习惯,重视民族语言使用的平等权利,是各民族语言文字一律平等的重要体现。双语教学政策的实施,从少数民族地区的社会实际出发,较好地解决了教育过程中的文化差异和文化多样性等问题,有效地为少数民族培养了大批适合社会需要的民汉兼通型人才,促进了少数民族地区各级各类教育的发展,也为传承和弘扬少数民族传统文化提供了重要的途径。

民族文字教材是民族学校组织双语教学活动、顺利完成教学任务、实现教育目的的必要条件。建国后,国家开始着手民族文字教材建设,制定了民族语文教学大纲,出版了配套教科书,建立了民族文字教材的编写、审定与出版管理体制。50 多年来,在坚持科学性、统一性、民族性相结合的原则上,我国民族文字教材建设取得了很大成绩。

截至 2006 年底,全国已有 13 个省、自治区 21 个民族的 1 万余所学校使用少数民族语言或双语授课,在校生达到 600 多万人,使用的少数民族语言达 60 余种、文字 20 多种;有 10 个省、自治区建立了相应的民族文字教材编译、出版机构,每年编译出版的少数民族文字教材达 3500 多种,总印数达 1 亿多册。其中,截至 2006 年底,西藏自治区实施藏语、汉语"双语"教学的小学有 880 所、教学点 1351 个,中学 118 所;从小学到高中,藏语文作为必修课程开设;各级升学考试,藏语文均作为考试科目,成绩计入总分;仅 2005 年秋季,西藏共新编藏文教材 11 种,新译教材 25 种,总字数达 350 万字。1999 年,新疆仅有 20 余所中学开设双语教学班,学生 2000 多人;到

① 朱玉福:《改革开放 30 年来少数民族义务教育事业发展综述》,《贵州师范大学学报》(社会科学版)2008 年第 5 期。

2006 年,新疆的双语班总数已增加到近 5000 个,就读学生近 15 万人。①

二、民族地区基础教育的综合度量及其解释

教育的发展程度通常可以采用教育存量指标和教育分布指标来衡量,为了全面的了解农村尤其是民族地区基础教育发展的综合情况,还必须了解未完成基础教育的劳动者的教育情况,即分析教育的贫困程度。我国规定国家实行九年制义务教育,因此,我们可以将是否完整接受九年制义务教育作为评判农村教育水平的一个指标,未接受完整的九年制义务教育意味着教育呈现贫困状态。要系统地分析我国农村及民族地区的教育状况,需要从教育的发展程度、教育分布状况和教育贫困程度综合加以考察。

(一)基础教育的综合度量的相关指标

1. 人均受教育年限

人均受教育年限作为主要的教育存量指标反映了一个地区教育的发展程度,人均受教育年限的地区差别反映了一个地区之间的不平等程度:

$$AYS = \sum_{i=1}^{6} P_i Y_i$$

式中:AYS 为人均受教育年限,i 为以受教育程度为标准而分组的组数,i = 1,2,3,4,5,6,分别代表文盲、小学、初中、高中、中专、大专及以上学历;Y 为受教育程度年限,定义文盲半文盲受 2 年教育,小学 6 年,初中 9 年,高中 12 年,中专 13 年,大专及以上 16 年;P 为权重系数,为各组人数所占比重。

2. 教育基尼系数

基尼系数是衡量一个国家(地区)收入分配状况或对社会财富占有状况的经济发展指标,也可以被用来反映区域内教育分布的平等程度。如果以累积人口百分比(OQ)作为横坐标,以累积加权人均受教育年限百分比

① 中国财政学会民族地区财政研究专业委员会:《中国民族地区财政报告》,中国财政经济出版社 2007 年版,第 190 页。

(OS)作为纵坐标,可以得到人均受教育年限分布的 Lorrenz 曲线,根据每段折线所构成的梯形面积。可计算反映不同区域内教育分布的平等程度的 G 值,即:

$$G = SA/(SA + SB)$$

由于 $OS = OQ = 1$,所以

$SA + SB = 1/2$,即 $G = 2SA$

$$G = 1 - \sum_{i=1}^{5}(Q_{i+1} - Q_i)(S_{i-1} + S_i)$$

为了综合衡量农村知识贫困程度,需要选择合适的衡量指标,现有研究教育状况选用的指标主要有:文盲半文盲率、初中以下比率、教育差距率、教育基尼系数,但他们各自都不能综合衡量教育贫困的程度。其中文盲半文盲率、初中以下比率能衡量教育贫困的人口规模,但不能衡量未完成义务教育的人口的内部结构变化;教育差距率反映未完成义务教育贫困人口到贫困线的平均教育差距程度和相对教育差距程度,但不能反映未完成义务教育的人口的规模,也无法反映教育人口中教育差距的分布情况;基尼系数法用 Lorrenz 曲线和基尼系数说明教育的不平等程度,但不能反映教育贫困人口的规模情况。

（二）民族地区基础教育的综合度量

农村劳动力是农村经济的主力军,是财富创造的主体,农村劳动力受教育状况与农村经济发展、农民收入增加有密切关联。一方面,我国经济社会长期的二元结构,不仅造成城乡经济发展的不平衡,而且形成了城乡之间受教育程度与人力资本之间的巨大差异。另一方面,改革开放后,各地农村经济呈现出不平衡的发展态势,进而造成农村教育发展的区域不平衡,这种不平衡将可能对未来经济发展产生重大影响。由于民族地区主要分布在西部不发达地区和中部欠发达地区,主要以农村为主。鉴于数据资料分析的方便,这里我们采用国家统计局农调队的劳动力抽样调查数据资料,以省际农村劳动力为对象,对我国东、中、西部农村教育发展的特征加以考察,分析结论应该具有价值。

　　我国民族地区农村的教育总体发展水平比较低,平均受教育年限基本上在7~8年之间,平均受教育程度集中在初中阶段,受教育人口主要集中在小学和中学。改革开放以来,经济发展水平不同地区的农村教育都得到一定的发展,农村劳动力的平均受教育年限有所提高。

　　就教育发展程度和分布特征而言,我国农村劳动者总体受教育水平比较低,劳动者的平均受教育水平与农村经济发展水平存在正相关关系。我们按经济发展水平将全国分为东部、中部和西部①,分别计算三个地区农村劳动者平均受教育水平(受教育年限),由图2-5可以看出,因为经济发展程度的不同,三个地区农村劳动力受教育水平显著不同,经济发展较好的东部地区,农村劳动力平均受教育水平最高,中部次之,西部地区经济较为落后,农村劳动力受教育水平也最低;随着农村经济的发展,三个地区的农村

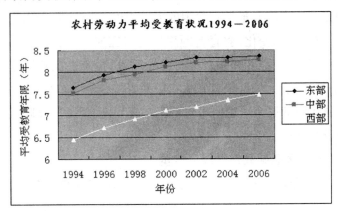

图2-5　1994~2006年农村劳动力平均受教育状况

资料来源:据《中国农村统计年鉴》1994~2006各年数据整理计算,中国统计出版社。

劳动力受教育水平均呈现出上升的趋势,而且西部地区由于教育基础较为

---

　　①　地区之间的划分是按照2006年农村居民人均纯收入来划分,4000元以上为东部地区,包括上海、北京、浙江、天津、江苏、广东、福建、山东、辽宁,3000~4000元为中部地区,包括河北、吉林、黑龙江、江西、湖北、湖南、内蒙古、河南、海南、山西、四川,3000元以下为西部欠发达地区,包括除台湾外的其余省份。

薄弱,上升幅度更大,趋势更为明显。

从教育分布的平等程度来看,大体上呈 U 型特征,东部和西部教育基尼系数相对较高,中部则相对较低。一般来说,随着社会经济的发展,地区的分化,可能会扩大地区之间教育不平等程度。从我国农村经济发展的趋势来看,东、中、西部农村地区之间的经济差距有扩大趋势,但平均受教育年限和教育分布的差别并不像这些地区收入差别表现的那么大。

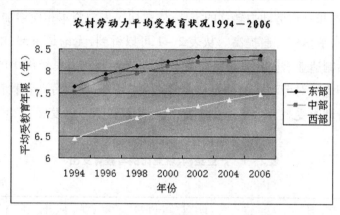

图 2-6 1994~2006 年教育分布平等程度

资料来源:据《中国农村统计年鉴》1994~2006 各年数据整理计算,中
国统计出版社。

(三)民族地区基础教育发展的原因分析

在我国目前的经济和体制背景下,农村居民的教育实际上是农村居民对自身人力资本投资的一个理性选择过程,选择的依据则是一定制度约束下的成本与收益的平衡。

从静态特征来看,中国的二元结构导致农村教育的总体落后。中国长期存在的二元社会经济结构、城乡分割的制度安排,对农村教育也产生了巨大影响,形成了一些特点。一方面,农村的办学经费大部分来自农民,在城乡居民收入不对等的条件下,农民相对负担较重,农村居民教育成本相对其收入来说显得较高。另一方面,二元的制度安排下,国家放松了对农村居民接受教育的法律监督,农村大量辍学青少年的出现就反映了义务教育法执行的不力。可见,二元化的经济结构和社会制度结构,使教育供求关系发生扭曲,政府投入不足导致教育产品的供给不足,农村居民较重的负担又减少了其教育需求,导致了农村教育的整体落后。

从动态特征来看,一方面经济结构的转换推动了农村教育的发展。国民经济结构的转变和技术进步,增加了劳动者技能和知识的需求,出于农村经济的发展和农村劳动力转移的需要,农村居民人力资本相应增加,劳动者的受教育水平得到普遍提高。从表2-1可以看到,无论是东部、中部还是西部,包括制造业、建筑业、商业等在内的非农产业在国民经济中的地位越来越高,相应的对劳动者的技能和知识的需求增加,导致劳动者教育投资增加,农村劳动力受教育水平逐步增加,农村教育得到一定发展。

表2-1 产业结构、就业比例与教育支出

单位:%

项 目	年 份	全国平均	东 部	中 部	西 部
非农产业占GDP的比例	1993	0.84	0.84	0.78	0.76
	2003	0.88	0.92	0.85	0.82
	2006	0.876	0.93	0.83	0.83
农村就业人员非农产业就业比例	1993	0.26	0.38	0.25	0.19
	2003	0.36	0.49	0.34	0.32
	2006	0.40	0.56	0.34	0.30
农村文化教育支出占农民纯收入的比例	1993	0.06	0.07	0.07	0.05
	2003	0.09	0.09	0.08	0.08
	2006	0.081	0.084	0.085	0.074

资料来源:《中国农村统计年鉴》《中国统计年鉴》《中国劳动统计年鉴》相关年份,中国统计出版社。

另一方面,经济结构转换的路径导致农村教育发展的地区特征明显。由于我国工业化的制度安排、路径选择是在国家行政力量的支配下进行的,

一定程度上造成了产业结构失衡。改革开放以来,东部地区由于地处沿海开放区域以及享受一些优惠政策,乡镇企业和加工工业迅速发展,工业结构逐步轻型化,减少了对资本的需求,劳动密集型产业快速发展。中部地区由于历史原因,资本密集型产业仍占重要地位。这样的产业布局,导致东部要求吸收更多的低层次劳动力,而中部地区的产业则对劳动者受教育水平或人力资本有着相对较高的要求,这种状况这进一步影响了劳动力转移的结构。由表2-2可见,劳动密集型产业对人力资本的要求相对不高,因此,东部地区初中及以下劳动力的需求量是供给量的1.2倍,供给不足;中部地区资本密集型产业对劳动者素质要求较高,所以中部地区对大专以上劳动力需求大于供给。

表2-2　不同受教育程度劳动力需求与供给的比率

	东　部	中　部	西　部
初中及以下	1.202	0.582	0.681
高中	0.880	0.700	0.557
大专以上	0.736	1.399	0.526

资料来源:根据中国劳动力市场(www.lm.gov.cn)2004年重点城市数据整理而成。

　　经济结构转换的路径对农村教育的影响需要从两个方面来分析。一方面从平均受教育年限和教育贫困的地区差距来看,东部地区的战略选择符合产业发展的一般规律,得到迅速发展,结构转化的速度较快;中部地区现有重工业基础仍然存在,因而东、中部地区农业向非农产业转换的程度相对比西部高,导致居民教育投资差异,东部、中部地区劳动者的受教育水平和教育贫困状况普遍比西部欠发达地区要好。同时,经济结构转换的产业结构特征实际上影响了教育的投资收益预期和教育的机会成本,东部地区初中以下劳动力就业的机会较多,因而受教育的机会成本比较高;中部地区接受大专以上教育的收益比较高,但又受自身承担教育成本能力的限制,所以尽管不同经济发展水平的地区居民收入差别较大,但东部和中部地区的教育发展水平差别并不像收入差别那么大。另一方面,从教育的分布来看,各地区农村劳动力教育的分组,从内部因素考察,农村劳动力分组的教育结构显示,中部的基尼系数较低是由于资本密集型产业发展需要具有一定文化程度的技术工作,因而教育分组人口比东、西部更集中于中学阶段。尽管东部地区和西部地区的教育分布的公平度相差无几,但其来源完全不同,西部的基尼系数偏高是由于西部产业结构转换的程度较低使小学以下劳动力比例明显偏高;东部地区基尼系数偏高则是由于乡镇企业等非农产业的发展使对各种教育程度的劳动力的需求相对分散。

表 2 - 3　2006 年农村劳动力分组的教育结构

单位:%

	东部	中部	西部
小学以下	25.1	29.9	48.9
中学	67.2	67.1	48.9
大专及以上	7.7	3.0	2.2

资料来源:《中国农村统计年鉴》,中国统计出版社 2007 年版。

三、政府对民族地区基础教育的投入

(一)政府基础教育投入经费政策

1. 经费来源的单一阶段(1949～1980 年)

新中国成立后,中央实行高度集中的计划经济体制,相应地建立起了高度集中的财政体制。当时的各项经费包括教育经费均由国家财政统一列支,教育经费列入国家预算,实行统一领导,中央、省(直辖市、自治区)、县分级管理的体制。各地方政府根据当地需要拟定教育发展计划,逐级上报,最终由中央政府进行统一调整和平衡。与计划经济体制相适应,这一阶段教育经费政策的主要特征为经费来源的一元化。国家作为教育的唯一举办者和所有者,政府财政统包一切教育事业经费。这种教育经费政策对建国

初期政府集中有限财力保证国家教育的发展,取得了明显效果。然而,随着经济的发展和教育规模的日益扩大,教育投资方式、投资内容及投资环境日趋复杂,原有教育投资体制的弊端日益显露。因此,为了保证教育事业的健康发展,就有必要全面改革教育投资体制。

2. 经费来源的转型阶段(1980~1985年)

1980年,中国财政体制进行了重大改革,国家预算管理由"统收统支"改为"划分收支、分级包干"的"分灶吃饭"体制。在这一体制下,各省、市(自治区)的教育事业费由各级人民政府自主安排,不再实行财政部门和教育部门联合下达教育事业费支出指标的管理办法。与此相适应,财政用于教育的支出,也分别由中央和地方分担。

这一阶段教育经费投入的特征为经费来源由一元化向多元化转型,即基础教育一直实行的是政府投入为主、多渠道筹措基础教育经费为辅的方式,其中城市的基础教育经费由国家承担,从中央和地方的财政支出;农村的基础教育投入则由三方面构成,即国家财政拨款、农民集资和学校自筹资金。多渠道筹措基础教育经费的政策初露端倪。这一时期教育政策的调整既考虑中央和地方管理权限的问题,又逐渐开始关注国家、企业与个人的关系。

3. 经费来源的多元化形成阶段(1985~1995年)

1985年,《中共中央关于教育体制改革的决定》提出了中国教育体制全面改革的战略目标,并明确了将发展基础教育的责任交给地方,有计划有步骤地实施九年义务教育,实行基础教育由地方负责、分级管理的原则。为了从根本上改变落后的基础教育状况,政府于1986年4月开始正式实施《中华人民共和国义务教育法》,并将义务教育实行"地方负责、分级管理"的体制以法律的形式规定下来。这一阶段农村经济的发展使义务教育的投入大大增加,但这仍然取决于民间的积极性,没有形成制度性的经费来源。1993年2月13日,中共中央、国务院颁布了《中国教育改革和发展纲要》(以下简称《纲要》)。《纲要》指出,增加教育投资是真正贯彻和落实教育战略地位的根本性措施,各级政府、社会各方面和个人都要努力增加对教育的投入,确保教育事业的优先发展。1994 年 6 月召开的全国教育工作会议,进一步强调了我国基础教育的发展目标和政策重点,要求各级党委和政府树立教育投资是战略性投资的观念,合理调整投资结构,在安排财政预算时,优先保证教育的需求。1995 年 3 月 18 日通过的《中华人民共和国教育法》则以法律的形式确立了"财、税、费、产、社、基"的经费体制,即以政府财政拨款为主,辅之以教育税费、非义务教育阶段收取学费、义务教育阶段学生杂费、校办产业收入、社会捐资、集资和设立教育基金等多种渠道筹措基础教育经费。

这一阶段基础教育经费投入的主要特征是初步形成了以国家财政拨款为主,辅之以征收用于教育的税费、校办产业收入、社会捐款、集资和设立教育基金等多种渠道筹措教育经费的新教育财政体制,基础教育经费来源主体多元化格局初步形成。

4. 经费来源的多元化完善阶段(1995 至今)

随着财政、税收体制改革的推进,1995 年以后,我国一直采取多渠道的教育投资体制,这一制度的确立强化了地方政府投入教育的职能,大大增加了教育的投入,为义务教育的普及和基础教育的发展做出了贡献。但是,随着中央和地方财政关系的调整、农村经济形势的变化以及地区间发展差距的扩大,这一体制的缺陷逐渐显现出来。由于各地基础教育吸纳民间资金的能力不同,学生家长承受力也不同,许多贫困地区的家长由于经济负担过重而不愿让孩子接受基础教育;基础教育经费来源不稳定,导致教师工作大面积拖欠。另外,中央和省级财政投入比例过小,扶助贫困地区能力很弱,这些都导致地区之间教育投入差距越来越大,严重影响各地基础教育均衡发展。为缓解基础教育财政面临的困难,中央财政加大了对义务教育贫困地区的教育转移支付力度。1999 年,第三次全国教育工作会议提出:"政府的教育拨款主要用于保证普及义务教育和承担普通高等教育的大部分经费,地方各级政府要确保义务教育的资金投入并做到专款专用。在非义务教育阶段,要适当增加学费在培养成本中的比例,逐步建立符合社会主义市场经济体制和政府公共财政体制的财政教育拨款政策和成本分担机制。"

2001 年,全国教育工作会议明确提出基础教育管理体制"实行在国务院领导下,由地方政府负责、分级管理、以县为主的体制"。对农村义务教育管理体制的调整和完善,关键是要实现两个转变,即把农村义务教育的责任从主要由农民负担转移到主要由政府负担;把政府对农村义务教育的责任从以乡为主转移到以县为主。2002 年 4 月 14 日,国务院下发了《国务院办公厅关于完善农村义务教育管理体制的通知》,规定:"县级人民政府对农村义务教育负有主要责任,省、地(市)、乡等地方各级人民政府承担相应责任,中央政府给予必要支持。"

这一阶段的主要特征是多种渠道筹措教育经费的政策进一步完善,主要表现在:逐步建立了基础教育经费由地方财政拨款、中央和省级财政转移支付和专项资助共同分担的制度;从体制上逐步扭转财政性教育经费不足的状况,实行保证普及义务教育经费和教师待遇的县级政府统筹制度。

从建国以来我国基础教育经费政策的历次变动可以看出,教育投入经费政策的每一次变动都是为了适应社会经济变化而做出的一种调整或者变革。经济管理体制决定着教育投资在中央与地方各级政府之间以及国家、企业与个人之间的负担比例和管理权限,所以经济管理体制在许多方面决定和制约着教育投资体制。有什么样的经济运行模式,就要有什么样的教育投资体制与之相适应。

(二)民族地区基础教育投入存在的问题

1.基础教育投入不足

长期以来,我国民族地区对基础教育投资严重不足,主要表现在中小危房改造资金缺口大、"普九"欠债多、财政预算内公用经费不足等方面。以四川省为例①,该省民族地区义务教育发展正面临着巨大资金需求困难。

尽管四川省民族地区基础教育正加速发展,但由于其义务教育基础较差、欠账较多,加之长期处于超负荷低水平的运行中,于是积累下了许多难

---

① 中国财政学会民族地区财政研究专业委员会:《中国民族地区财政报告》,中国财政经济出版社 2007 年版,第 287—288 页。

以解决的问题。

首先,计划目标基本达成,但未来资金短缺问题仍然突出。四川省从2001年开始实施《四川省民族地区教育发展十年行动计划》,力图从改善办学条件、加强师资队伍建设、大力发展寄宿制学校、提高学生生活补助和建设远程教育网络等五个方面促进民族地区教育发展。到2006年累计投入各种资金20亿元,新建和改扩建学校项目1650个,总建筑面积205平方米。完成了民族地区23个县的"普九"、17个县的"扫盲"和12个县的"普初"。截至2008年,四川省民族地区各级类学校在校学生达121.6万人,已全部实现了"普初"和基本扫除青壮年文盲,51个县(市)已有48个县(市)实现了"普九",全面实现免费义务教育。目前,四川省"十年行动计划"目标基本实现,但未来在基础建设、寄宿制中小学生生活补助、教学仪器设备、师资队伍培养等方面存在的资金短缺问题并没有根本缓解,民族地区教育资金形势依然严峻。

其次,特殊的自然和人文条件造成办学成本较高。民族地区地广人稀、居住分散、交通不便。如四川省甘孜州地处我省西北部,人口90多万,土地面积达15万余平方公里,占全省近1/3,每平方公里仅5.8人。有的高原牧业县平均每30公里才有1名适龄儿童;有的中学辐射半径达5000平方公里以上。这就造成了教育点多面广、战线长的不利情况。所以民族地区的高等教育要得到发展,必须首先建设寄宿制学校。只有集中办学,才能有效整合教育资源,保障教育质量。而寄宿制学校由于必须兼顾师生学习、生活两方面的需求,是教育成本最高的办学形式。另外,由于四川省民族地区地处边远、自然环境恶劣,州内地震、泥石流、滑坡等自然灾害频繁,这就要求建筑质量标准相应较高,于是导致了学校的基建成本较高。与内地相比,在民族地区相同标准的工程项目,造价可能高出内地2~3倍,主要是额外增加了远距离采购成本、运输成本、土地整理成本、人工的成本以及防震减灾成本等。除此以外,根据《宪法》和《民族区域自治法》,少数民族的语言文字依法得到保护和发展,所以学校教育要实行汉语和民族自治语言并行,这样既可增加民族儿童的语言认同感,又能提高入学率。但是,两种语言文字、两套教材和教学团队的双语教学形式无疑也将大大增加办学成本。

再次,由于民族地区"普九"时间仓促、前期扶持力度有限,"普九"时基础薄弱、配套设施差,累积下来的债务负担沉重,所以,"普九"还需要相当长的一段时间来进行巩固。按照教育发展规律及内地"普九"经验,普及初中完成后,一般应有10年左右巩固提高期,"普九"攻坚才有坚实基础。

最后,公用经费短缺问题突出。2004年四川省对农村中小学生平均公用经费核定为20元和40元,有的学校一年公用经费仅2万~3万元。

与此同时,民族地区财力脆弱,特别是农村税费改革后,县级财政收入水平根本无法保障高等教育资金需要。近年来,中央和省级政府虽然加大了民族地区的高等教育转移支付力度,但与实际需要相比,还有很大的缺口。

2. 经费投入和管理不规范

其主要表现:

1)财政转移支付制度有待进一步改革和完善。

为缓解区域间义务教育投入和发展的不平衡,支持贫困地区义务教育的发展,中央和省级建立了财政转移支付制度,包括一般性转移支付和义务教育专项转移支付。一般性转移支付项目中教育支出占有较大比重。一般性转移支付包括税收返还与过渡时期转移支付两部分,前者基本上没有起到转移支付的作用,保持了原有利益格局;后者则是为了平衡各省区间公共服务水平的差距。但是由于前者数量大而后者数量小,对缩小各省区公共服务水平差距作用甚微。同样,包括在一般转移支付中的教育转移支付,对缩小各省区间公共增长率服务水平的差距基本起不了什么作用。专项转移支付中包括专项的教育转移支付,像用于自然灾害后的校舍修复经费以及用于师范教育、职业教育等方面的专项经费,都属于专项的教育转移支付。我国现行的义务教育财政转移支付制度中,专项转移支付数额很小,难以发挥平衡作用。

2)预算内教育经费的使用有待改革。

我国政府预算中的教育预算是混在文教科学卫生事业费和社会文教基

建费的预算中的,没有实行预算单列。因此,当各级政府和代表大会对政府预算进行审批时,很难对教育经费预算有一个清晰的概念,这样不利于保障充足的教育经费供应。尽管《中华人民共和国教育法》规定:"各级人民政府的教育经费支出,按照事权和财权相统一的原则,在财政预算中单独列项。"1994 年 6 月,中共中央和国务院召开的全国教育工作会议又指出,要实行"教育经费预算单列","教育经费预算应由各级教育部门每年提出,由各级政府列入预算,批准后认真实施",但是这一政策并没有得到很好的贯彻执行。

3)财政预算外资金的使用难于规范。

财政预算外资金包括各级政府征收用于教育的税费;企业办学经费;校办产业、勤工俭学和社会服务收入中用于教育的经费;社会团体和公民个人办学经费;社会捐(集)资经费;学费、杂费及其他教育经费。基础教育的财政预算外经费主要来自于教育的税费和学杂费,其征收和管理主要由学校根据有关规定实施。

调查发现教育费附加征管不力、欠征、欠拨现象严重。一方面,教育费附加不能及时足额征收,欠征问题比较严重;另一方面,教育费附加在下拨过程中层层滞留、欠拨问题比较突出。这一问题的存在,除了受企业效益不好、农民人均收入水平不高影响外,还与征收体制不顺、认识不到位有很大关系。一些地方财力困难,就拿教育费附加周转,降低了资金的使用效益,形成了"征不足、管不顺、用不好"的问题。

第三节 发展民族地区基础教育的对策

一、发展民族地区基础教育的措施

长期以来,我国的社会资源和财政资源配置主要向东南沿海和大城市倾斜,而少数民族地区公共服务领域,尤其是基础教育投入严重不足,造成城乡差距进一步扩大。而全面协调可持续的科学发展观,要求经济和社会、城市与农村的协调发展,因此,要努力调整财政支出结构,向农村倾斜教育投入,解决其基础教育的"瓶颈问题"。

(一)大力发展经济,以财政收入支持教育发展

民族地区财政部门应抓住西部大开发的有利时机,立足资源优势,按照分类指导、效益优先的原则,积极协同有关部门做好财源建设项目的筛选和论证、上报和评审等前期工作,并代表政府对项目的进行实施全程监督与管理,以争取国家、省政府的更多资金投入。通过发展农牧业、工矿业、乡镇企业和非公有制经济,发展第三产业以及外向型经济,充分挖掘财源,形成财政增收,支持基础教育的发展。目前,多数民族地区已经基本实现了"普九",但是水平不高,许多硬件设施不具达标条件,因此,应该继续加大对其财政投入的力度,从而巩固和提高"普九"水平。并且,在基础设施建设的投入方面,除校舍建设和危房改造外,还应加大对教学设备的投入力度,努力使教学条件和设备适应现代化教育事业的发展。

(二)提高认识,加强领导

政府对民族教育的重视,是民族教育发展的保证,领导部门应把民族教育当成少数民族素质的提高、民族地区兴旺发达的最基本问题来抓。提高人们对教育的重视程度,形成"人人关心教育,时时想着教育,处处让着教育,事事有利于教育"的良好的社会风气和工作原则。同时,将各个方面各个层次的行政领导都造就成"教育领导",对为教育事业做出突出贡献的领导干部进行表彰奖励,将教育作为考察领导干部政绩的重要内容。广泛动员群众为教育发展献计献策,采用适宜推广的思路、建议并付诸实施。鼓励社会力量及民办职业技术教育,对其给予特别扶持,促进其发展。

(三)树立正确的民族教育理念,优化结构,创新体制

传统的民族教育观念已经不再适应民族教育的发展,应该勇于打破陈旧的老观念,树立能够促进民族教育改革和发展的新型的民族教育理念。集民族性、适应性、先进性为一体的民族教育观念,既具有民族特色又适应现代社会发展的较先进的教育理念,应该成为民族地区基础教育改革和发展的基本内涵。通过建立热爱教育理论研究的科研队伍,不间断地进行相

关学术交流,研究和学习国外优秀的民族教育经验等多种途径,努力树立正确的民族教育观,建立完善的民族教育理论体系。

加大民族地区非义务教育的开放力度,吸引和鼓励各种类型的社会力量参与到民族地区教育事业的发展中来,将有利于改善经济落后和基础教育资源有限的现状。应支持民族地区各大中城市和经济发达地区的社会力量到民族地区合法、合规办学;吸引民族地区内外的民间资金为基础教育的发展服务,并给予其适当合理的回报。积极调整中小学布局,优化配置基础教育资源,不断提高民族教育投入的经济效益和社会效益。

(四)支持散居地区建立民族学校,加快寄宿制学校的建设

民族地区的自然地理条件、人口分布、经济发展状况以及文化教育的发展水平等诸多因素,都对其办学形式起制约作用。因此,民族基础教育的办学形式必须从当地实际出发,遵循多样化有效性的原则,即坚持"五结合、五为主"的原则:正规学制与非正规学制相结合,以正规学制为主;公办与民办结合,以公办为主;集中与分散结合,以集中为主;寄宿与走读集合,以寄宿为主;普通学校(班)与民族学校(班)结合,以普通学校(班)为主。

民族地区基础教育最为有效的办学方式就是建设寄宿制学校。民族地区多在边区、山区和农牧区,其特殊的自然地理条件常成为办学的难点。举办以集中为主、公办为主和全日制为主的寄宿制民族中小学,便能够保证一定的教学质量。以甘肃省甘南藏族州为例,近 20 年来,已建成寄宿制学校百余所,中小学总数超过全州中小学总数的 15%;寄宿制在校生人数占全州中小学生总数的近 20%,通过办寄宿制学校普遍提高了牧区儿童的入学率、升学率和普及率。[①] 但是,寄宿制学校在民族地区学校中所占的比例还很小,与少数民族地区特别是地理条件较恶劣地区对寄宿制教育的迫切需求极不协调,严重制约了基础教育的发展。这就迫切需要加快寄宿制学校建设的步伐,但民族地区州、县的财政收入少、赤字大,大都是依靠转移支付

---

① 中国财政学会民族地区财政研究专业委员会:《中国民族地区财政报告》,中国财政经济出版社 2007 年版,第 235 页。

才能支持的"吃饭财政",无力供给寄宿学校的建设投入。所以,中央财政、地区财政应借鉴西藏自治区建立寄宿制学校的经验,从财政支出中列出专项资金,加大对民族地区教育的投入力度,支持寄宿制中小学校的建设,并提高对寄宿制在校生"三包"和生活补贴的经费标准,解决民族地区教育发展的"瓶颈"问题。

(五)加强教师队伍建设,提高教师素质

把师德建设放在教师队伍建设的首位,认真组织实施以新理念、新课程、新技术和师德教育为重点的新一轮教师全员培训,建设一支师德素质过硬、学科结构合理、教学能力较强、适应全面推进素质教育要求的教师队伍,是发展民族地区基础教育事业的治本工程。尊师重教,从社会角度全面提升教师地位,培养尊重知识、尊重教师的良好社会风气,特别是要提高民族地区教师的经济地位,使人们把到民族地区任教当作共荣的事业,这是加强师资培养的前提。加强教师教育制度的创新,推进教师教育的一体化建设进程,立足现实,面向未来。加强民族师范工作,师范类学校各级领导应树立正确的具有适应性的办学观,以培养合格的中小学教师为己任;完善以师范院校为主体、其他高等学校共同参与、培养与培训相衔接的开放的教师教育体系。依托大学、教育学院等院校,加强对教师的培养培训,将教师教育逐步纳入高等教育体系,全面提升教师教育层次。在课程设置上加大专业教育与专业训练的比重,加强教育学、心理学、各科教学法等学科的教学。突出民族师范院校的"民族性"特点,抓好双语教学,为民族中小学培养具有双语教学能力的师资。坚持师范性和学术性的统一,全方位衡量师范院校教学质量。培养全能的师范生,多方位提升素质。把师德教育放在师范生培养的首位,加强社会主义教育和人生观教育,提高其职业道德水平,增强其热爱并献身教育事业的自觉性。从身体素质、心理素质、政治思想素质、科学文化素质、能力素质以及风度仪表等各个方面全面提升师范生素养,不仅让其掌握扎实的专业理论知识,还使其要具备实际操作能力,做到理论与实践紧密结合,以形成独立解决教育实际问题的能力,更好地为民族地区的教育事业服务。从民族地区的实际出发,实行定向招生定向分配。

逐步增加教师教育经费投入,设立专项资金。

(六)完善"双语"教学,实施"三语"教学模式

"双语"的内涵,一般是指个人或集团使用两种或两种以上语言的交际现象。我国的双语现象主要有三种情况:一是汉族使用汉语,又兼用其他一种少数民族语言;少数民族既使用本民族语言,又兼用汉语;少数民族使用本民族语言,又兼用其他一种少数民族语言。我国实行民族平等与语言平等政策,各民族都有使用和发展本民族语言文字的自由。因此,本文所指的"双语",就是各少数民族除使用本民族语言外,还要兼用汉语。所谓"双语"教学,是指在一定的教学阶段内进行母语和第二语言的教学,使学生学会两种语言。我国的"双语"教学主要是指 53 个有语言、21 个有文字的少数民族学习汉语文。① 民族地区学校的双语教学,不仅涉及教材、教法、课程,还涉及到教学用语、学制、办学形式以及教育体系等一系列的复杂问题,它广泛涉及到了民族学、语言学、教育学和心理学等诸多学科内容。完善"双语"教学,成为当前推动民族教育发展的一项重要工作。

首先,培育具有双语教学能力的师资力量。切实加强民族地区中小学"双语型"教师队伍建设,拓宽"双语"教师培训渠道,组建一批素质较高、数量充足、基本稳定的"双语型"教师队伍。加大民族地区中小学校长和教师培训工作的力度,努力提高其工作能力和教育教学水平,促使双语教学工作保质保量的进行。

其次,探索实施有效的"双语"教学模式。深化"双语"教学改革实验,建立和完善"双语"教育评价体系,努力提高学生"双语"交流能力和综合运用能力,积极做好"小班化教育"实验,研究制定"小班化教育"实施办法,促进民族地区教育教学整体水平的大幅度提升。

最后,完善双语教材的编制工作。在双语教学教材的建设工作上,西部民族地区取得了一定的成绩,在有语言文字的藏族、蒙古族和哈萨克族中都

①　中国财政学会民族地区财政研究专业委员会:《中国民族地区财政报告》,中国财政经济出版社 2007 年版,第 236 页。

有了本民族的双语教材。但是现行的双语教材中还存在诸多问题,例如所编写的教材往往是编译汉语得多,本民族的作品少,存在着"表面民族化"的现象。对这些不同程度上影响和制约双语教学工作的问题,必须进行深入的研究。

随着改革开放的不断深入和世界经济发展的一体化,民族地区的语言教学也不应仅仅限于双语教学的层面上,应在有条件的民族地区学校开设英语课程并逐渐普及,实施"三语"教学。应逐渐加大民族师范培训中的英语课程培训量,为民族地区基础教育系统培养合格的英语教学,推动"三语"教学的发展。

(七)积极推进素质教育

把全面推进素质教育作为基础教育改革与发展的核心目标和中心工作。坚持以人为本,尊重学生身心发展规律和教育规律,重视培养学生的创新精神和实践能力,为学生全面发展和终身发展奠定基础。采取有效措施,努力建设推进素质教育的长效机制,形成政府主管、教育主抓、社会共同参与的全面推进素质教育的合力和环境。

加强和改进中小学德育工作,把理想信念教育、爱国主义教育、公民道德教育和基本素质教育贯穿于中小学教育始终。创新和改进德育工作方式方法,促进学校、社会、家庭教育的有机结合,切实增强德育的实效性和感染力。加强和改进学校体育工作,切实提高学生体质和健康水平。加强学生心理健康教育和青春期健康教育,优化学校艺术教育环境。倡导和组织学生参加生产劳动和社会实践活动。

(八)实现城乡教育均衡协调发展

以建设社会主义新农村为导向,改革课程设置、教学内容和教学方法,坚持为农村经济建设服务的同时,兼顾升学的办学方向,切实从单纯的升学目标转移到提高农民素质、全面为当地经济和社会发展服务的教育改革方向上来。调整农村学校布局,合理划分学区,打破乡镇界限,努力提高教育资源的利用效益。加强农村教师培养与培训,拓宽教师来源渠道,继续组织实施高校毕业生和城镇骨干教师到农村任教工作。设立农村教师岗位专项资金,对在艰苦、贫困地区乡村长期任教且表现突出的教师实行奖励制度,大力发展农村教育。

(九)大力发展职业教育

坚持内涵发展为主的原则,兼顾完善体系、服务经济、与其他各类教育相协调等需要,确定发展重点。在层次结构上,以建好民族地区高等职业技术教育机构为重点;在总体规模上,以适度扩张中等职业教育为重点;在建设内容上,以提高专业装备水平和"双师型"师资比重为重点;在制度创新上,以建立多元投入的混合型办学体制和运行机制为重点;在质量和效益上,以提供满足市场主体需要的优质服务方式、效果为重点。

多渠道筹措教育经费,加大对职业教育的投入。设立职业教育专项经费,逐步提高城市教育费附加用于职业教育的比例,鼓励支持民间投资职业教育,重点做好职业学校实训基地建设、充实教学设备、资助贫困生等项工作。

建设完善乡镇成人教育机构,提高为"三农"服务的能力。乡镇农民(成人)文化技术学校的建设,应着眼于为"三农"服务的需要,首先为学校安排好与市场经济建设相协调的管理体制、办学体制和运行机制,建立健全科学合理的激励和约束机制,为学校从实际出发确定正确的办学方向、确保办学实效提供制度保障。再与农村和城市中小学布局调整结合起来,与各级各类教育机构的人事制度改革相结合,与广大教师自身发展前途相结合,注重闲置教育资源的优化配置,力争使乡镇农民(成人)文化技术学校的建设,成为实现民族地区教育结构、规模、质量和效益相协调的促动力量。

(十)加强教育信息化建设,提高现代信息技术的应用水平

加快民族地区的教育信息资源网络建设,构建民族地区"双语"平台资源中心和教育信息资源网络中心,实现民族地区教育资源共享;加大对少数民族音像教材及教学资源库建设的投入,建设民族地区中小学数字化教学资源,为教育改革和发展服务。

加强信息技术教育科研,实现信息技术与学科课程的有机整合;加强中小学信息技术教师队伍建设,提高全体教师运用信息技术开展教育教学的

能力;加强教育技术装备建设,不断提高中小学实验室、图书室、卫生室及其他专用功能教室的装备水平。

全面普及中小学信息技术教育,推进现代信息技术教育教学方式方法的改革,努力探索和建立信息技术课程考试评价方法,提高信息技术课程教学质量;积极发展和应用现代远程教育,充分发挥远程教育在民族地区学校教学等方面的功能作用,更好地为民族地区教育发展和经济建设服务。

(十一)尊重并发挥民族宗教人士的作用

民族地区的少数民族大多数都具有宗教信仰,充分尊重并发挥少数民族宗教界上层人士的威望,借助他们的支持、帮助办教育是一条成功的经验。调动他们为提高民族地区适龄儿童入学率、改善办学条件等方面的积极性,可以极大地推动民族地区基础教育事业的发展。

二、支持民族地区发展基础教育的财政措施

(一)充分利用西部开发和民族教育条例的相关政策,争取国家、省对民族地区基础教育发展的政策倾斜

建立与公共财政体制相适应的教育财政制度,将教育列入公共财政支持的重点领域,调整各级政府财政支持结构,严格执行教育投入有关规定,逐年提高预算内教育经费占财政支出的比例,并对财力确有困难的县市给予一定的补贴。

1. 在项目、资金安排上向民族地区倾斜

中央的各类教育项目的资金应首先考虑安排民族地区。国家设立的青少年学生校外活动中心建设项目也要优先安排民族地区。国际组织教育贷款、海外和港澳同胞教育捐款的分配,重点向少数民族地区倾斜。中央扶贫资金(少数民族发展基金)和省、自治区安排的扶贫开发资金及少数民族专项补助资金中,增加安排民族教育的比重,重点用于发展民族地区基础教育。省安排的各类教育和科技开发等方面专款,亦向民族地区倾斜。

2. 加大对民族地区基础教育的转移支付力度

加大中央、省、自治区等各级财政对少数民族地区基础教育的转移支付

力度,调整财政支出结构,确保民族地区预算内教育经费占财政支出的比例逐步有所提高。中央、省、自治区等各级财政还应逐步设立民族教育专项事业费,用于民族地区基础教育的宏观调控,同时加强审计监督,提高资金的使用效率。

(二)积极拓宽教育经费来源

在加大政府投入力度的同时,努力拓宽经费来源渠道,鼓励企业、个人和社会各界捐资助学、投资办学,合理调整非义务教育阶段学费在培养成本中的比例;大力开展勤工俭学活动,积极发展校办产业,加快学校劳动实践场所建设等,为民族地区基础教育的长足发展创造有利条件,走出一条教育与经济、科技有机结合、相互促进、良性循环的发展道路。

(三)合理划分各级政府间的财权和事权,明确基础教育支出责任

按照公共财政关于政府间财权分配关系的理论,公共产品的受益范围是全体国民,财政支出责任应属于中央财政;受益范围是区域公民,财政支出责任应属于地方财政。① 但对于具有效益外溢性和规模经济的地方性公共产品,应由中央政府和地方政府共同提供。对于基础教育,其受益范围并不仅局限于某个地区,提供基础教育的责任应由中央和地方共同承担,并由中央承担主要责任。

在合理界定政府的财政支出范围和财政支出责任的基础上,按照公共财政要求调整优化地方财政支出结构,并以实行部门预算、国库集中收付和政府采购等财政管理改革为配套举措,改革支出供给方式,合理确定支出定额,规范财政资金分配秩序,逐步建立公共财政支出体制,解决财政支出的"越位"和"缺位"现象。改善以往过分强调依靠地方政府投资办教育的作用,避免对地区间客观存在的发展差异与不平衡的忽视,充分利用中央政府的宏观调控能力来获得在教育投资体制上的支持,改变县乡独撑基础教育支出的局面,降低县乡财政教育支出的相对成本。

---

① 杨志勇、张馨:《公共经济学》,清华大学出版社 2006 年版,第 375 页。

(四)完善现行财政管理体制与政策实施,大力发展基础教育

应继续从根本上改变基础教育支出以民族地区县乡财政支持的局面,打破这种"分级办学、分级管理"的不合理模式,减轻基层财政负担的同时大力发展基础教育。首先,应进一步完善中央对地方财政转移支付制度,丰富完善基础教育一般性转移支付形式,强化对义务教育的资金支持。其次,要进一步完善省以下财政体制,为基层财政提供持续、稳定的资金来源,同时强化各级政府在基础教育中的责任,明晰各级财政的收入划分以及转移支付制度,可通过地方税收划分或增加一般性转移支付以及增加教育专项转移支付的方式,扩大基层财政稳定、可持续的基础教育资金来源。

(五)发挥财政教育投入的主渠道作用,继续增加教育投入总量

由于民族地区的自然地理条件、人口分布、经济发展状况以及文化教育的发展水平等诸多特殊因素,使得其中小学教育机构成本相对较高。为有力地促进我国经济和社会的持续健康发展,必须做好基础教育工作。对于基础教育,基本经费来源应由政府给予保障,并适当提高基础教育经费占整个教育经费的比重。"十年树木,百年树人","国运兴衰,系于教育"。民族地区要以建设社会主义新农村为导向,加快发展农村教育,促进城乡教育均衡协调发展。对于民族地区贫困家庭的子女,中央政府应坚持推行优惠政策,继续减轻其负担,大力发展基础教育,以使未来城市与农村的孩子在相同的起跑线上开始竞争,早日打破城乡分割的二元经济结构。

调整专项资金的结构和投向,加大对民族地区基础教育的转移支付补助力度,建立国家对民族地区的特殊转移支付补助,增设"民族地区教育发展资金",在专项配套资金的分配及其配套比例的确定上,应充分体现对民族地区的重点倾斜政策。

第三章 民族地区农村卫生事业
与国家财政支持保障

  农业、农村、农民问题始终是关系到党和国家全局的根本问题,是贯彻落实党的十七大全面建设小康社会的重点和难点。农村卫生工作直接关系到广大农民群众的身体健康,关系到农村经济和社会的协调发展,关系到农民生活质量的提高和农村精神文明建设,是我国卫生工作的重点,也是党和政府农村工作的重要组成部分。

  改革开放以来,为适应社会主义市场经济发展要求,政府职能发生了相应变化,政府的职能逐步向经济调节、市场监管、社会管理、公共服务方面转变。在农村卫生领域,向农民提供公共卫生、防病治病、医疗保险等方面的服务,都具有"公共产品"或"准公共产品"的特性,直接关系到广大农民的身体健康和生命安全,是政府和各级财政的重要任务。为此,政府需要进一步明确职责,合理界定服务范围,通过经济、法律、行政等手段,对农村公共卫生、医疗服务、医疗保险、食品药品监督等领域加大投入并实施管理。作为政府重要组成部分的财政部门,应当按照满足社会公共需要、矫正"市场失灵"的原则,努力构建统筹城乡发展的公共财政框架,为农村卫生领域政府职能的行使提供财力保障。

  近年来,在各级政府的关怀下,由于各级卫生部门的努力和财政部门的支持,西部农村公共卫生事业取得了长足进展。主要表现在:乡镇卫生院综合服务能力有较大提升,农村卫生服务网络得到恢复和发展,进行了新型农村合作医疗制度的有益探索,农民缺医少药现象得到了一定程度的缓解。但是由于我国体制改革主要是在经济领域进行的,各项社会事业,特别是卫生方面的改革,严重滞后于经济体制改革,主要表现为:城市卫生资源相对集中;农村卫生项目涉及范围广,落实不到位;乡镇卫生院及村卫生室无力承担农民基本医疗服务和应对农村突发卫生事件;农民因病致贫现象仍然存在,相当多的农村人口无力享受基本医疗服务。造成这种局面的原因是多方面的,但主要是农民增收缓慢、政府职能缺位、财政投入不足。

为了改变这种状况,中央下发了《关于卫生改革和发展的决定》,并明确了卫生工作"以农村为重点,以预防为主"的方针。在市场经济条件下,政府在农村公共卫生领域的指导思想应为:城乡统筹、协调发展,深化改革、创新体制,防治结合、以防为主,服务群众、加大投入。根据上述指导思想和原则,各级财政部门一定要积极调整财政支出结构,制定对农村卫生领域的政策,逐步加大对农村卫生的投入。

财政在农村卫生的投入应重点放在以下领域:农村疾病控制中心建设、乡镇卫生院建设、农村卫生监督体系建设、地方病防治、农民健康教育、农村卫生人才培养。

在现行卫生经济政策方面,结合西部情况,要重点研究和解决在新型农村合作医疗试点问题,为农村全面推进新型农村合作医疗制度做好准备。理顺乡镇卫生院管理体制,进一步优化卫生资源配置以及农村市场用药安全问题。

总之,财政部门应适应市场经济条件下政府在西部农村公共卫生领域职能的转变,及时调整和制定农村公共卫生财政政策,找准加大投入领域和方向,促进农村公共卫生体系的建立,为西部全面建设小康社会做出贡献。

第一节 西部农村卫生事业发展的现状

改革开放30年来,西部的经济建设取得了令人瞩目的成就。目前,西部省区经济快速发展,人民的物质生活有了快速发展。在农村卫生领域,西部各级政府、卫生部门、财政部门和社会各方面共同努力,农村卫生和医疗工作总体上有了较快发展。

按照党和政府新时期卫生工作的方针,各地不断加强农村卫生机构建设,强化乡村卫生服务,探索农村合作医疗等农民健康保障办法,农村卫生服务网络得到了巩固和发展,农村地区缺医少药的状况得到较明显改善,农村卫生事业得到较快发展,农民群众的健康水平不断提高。

以青海为例,大力推进农村卫生事业发展,保障广大农民群众的身体健康就成为政府及有关部门的一项重要工作。多年来,在省委、省政府的领导下,各级卫生部门、财政部门密切配合,使全省农村卫生工作取得了长足的进展,广大农民的健康状况有了较大改观,为全面建设小康社会创造了有利条件。

表 3 - 1　青海卫生事业发展情况表

项　目	1990	1995	2000	2002	2005
一、卫生机构数(个)	**8676**	**7661**	**10764**	**13291**	**10719**
医院	789	876	966	1068	1172
卫生院	2035	2069	2061	2057	2088
门诊部、所	5142	3942	196	100	65
诊所、医务所、社区卫生服务站			6856	9535	10611
专科防治所、站	45	44	45	36	32
妇幼保健所、站	138	142	135	162	167
二、卫生机构床位数(万张)	**18.21**	**19.23**	**19.86**	**19.73**	**19.99**
医院	16.36	17.54	18.34	18.75	20.22
门诊部、所	1.10	0.84	0.51	0.09	0.11
平均每千人医院、卫生院床位数(张)	1.89	1.93	1.93	1.94	1.94
三、卫生机构人员数(万人)	**27.06**	**31.31**	**33.50**	**33.40**	**33.80**
卫生技术人员	22.28	25.50	26.84	26.48	28.9
医生	9.94	10.57	11.11	10.17	11.11
护士	2.16	3.19	3.84	6.90	7.7
四、平均每千人口医生数	**1.15**	**1.16**	**1.17**	**1.06**	**1.14**
五、孕产妇死亡率(1/10万)		55.70	54.15	54.09	44.8

资料来源:青海省卫生厅1990年、1995年、2000年、2002年、2005年财务决算资料。

通过《青海卫生事业发展情况表》(表3-1)大体上可以看出西部医疗卫生事业发展的现状及特点。

一、乡镇卫生院综合服务能力有较大提升

1990年以来,全省各地以农村卫生三项建设为契机,加大对乡镇卫生院的投入,努力改善乡镇卫生院的基础设施。截至2000年,在省里每年安排1400万元农村卫生三项建设专项资金的基础上,全省共投入三项建设资金10.3亿元,80%的乡镇卫生院、县防疫站、县妇幼保健院实现了"一无三配套"。

近年来,通过开展农村卫生"三项建设"、引进国际合作项目、实施城市医疗机构对口支援乡镇卫生院、重点乡镇卫生院建设和探索多种形式的农村合作制度等工作,青海乡镇卫生院的整体运行状况发生了较大变化。据对全省1971所乡镇卫生院的调查显示,运转良好677所,占34.4%;维持发展965所,占48.9%;濒临倒闭和已经倒闭329所,占16.7%。也就是说全省乡镇卫生院1/3运转良好,1/2维持发展,1/6面临倒闭和已经倒闭,同1994年的运行状况3个1/3相比有明显变化。

二、推行乡村卫生服务管理,进一步巩固了农村卫生服务网络

1997年开始,青海巩义、林州市和武陟县等地积极推进乡村卫生服务管理,由乡镇卫生院对村级卫生组织和乡村医生实行指导,并就工资制度、聘任制度、业务工作、财务制度、药品进销、考核奖惩、人员调配、职称评定等强化管理,进一步巩固了农村卫生服务网络,强化了乡村两级卫生组织的综合服务功能,净化了农村医药市场,满足了广大人民群众防病治病的需要,保证了各项卫生政策在农村的有效贯彻落实。截至目前,全省共有1161个乡镇采取不同形式强化了乡村卫生管理工作,占全省乡镇总数的56.4%。

三、进行合作医疗制度探索,逐步解决农民的医疗保障问题

1990年以来,青海各地按照政府组织、民办公助、自愿量力、因地制宜、

民主监督的原则,积极发展农村合作医疗制度。

总体上看,改革开放以来农村卫生事业是有较大发展的,变化是比较明显的。但是与城市卫生事业发展水平相比,与广大农民对医疗卫生事业的需求相比,与城乡协调发展的战略要求相比,农村卫生事业是落后的,农村卫生事业存在的问题和矛盾是突出的,农村卫生事业发展和改革中的问题是亟待解决的。

第二节　西部农村卫生事业存在的主要问题

一、西部农村卫生事业存在的主要问题

农村卫生事业存在的问题主要表现在以下几个方面:

(一)农村公共卫生项目多、范围广,但落实不到位

农村公共卫生的具体内容包括:农村防疫和免疫接种;传染病(如肺结核、艾滋病、SARS 等)和地方病的预防、监控和医治;对食品、药品、公共环境卫生的监督管制;卫生宣传、健康教育等。随着社会经济的发展,农村公共卫生的概念也有所延伸,现行的农村公共卫生包括有传染性疾病的预防和控制、慢性非传染性疾病的预防控制、突发性意外伤害和事故的救治等。由于财政投入相对不足,资金使用结构上向农村公共卫生倾斜不够,使得农村防保机构人员工资难保,专业队伍建设困难重重,县乡卫生防疫机构作为农村公共卫生体系的龙头很难发挥作用,公共卫生业务开展极为困难;乡防保机构经费由乡财政支付,难以保证。县、乡、村三级预防保健网络在设备更新、基本建设、仪器购买、业务培训等方面,举步维艰、发展困难。

(二)资金短缺,经营困难

乡镇卫生院病源减少、资金短缺、经营困难,无力承担农民的基本医疗服务和突发公共卫生事件的救治任务。近年来,由于农村多层次办医政策的实施,作为公立的乡镇卫生院改制跟不上,缺乏活力,服务水平和服务态度不适应,使乡镇卫生院的病源流失严重。如安阳市乡镇卫生院 2000 ~

2005 年平均日门诊量为 47 人次,床位使用率为 36.51%,净资产为 134.73 万元,资产负债率为 44.27%,收支结余连续三年为负数(年平均为 - 4.61 万元)。另外,由于乡镇卫生院工作人员人满为患,人员素质低、增加快,加上乡镇政府财政拨款不到位,现行财政补助政策不落实,使乡镇卫生院设备无法更新、人员工资难以按标准足额发放。医务人员外出学习一方面因资金紧张出不去,另一方面自费学成后又因卫生院经济状况不景气而调离原单位;新分配的大中专毕业生因工资收入低,且不能按时发放而不愿进来;医疗技术停滞不前,经营状况每况愈下,致使部分卫生院多年来收不抵支,处于倒闭和半倒闭状态,难以承担农民的基本医疗服务和突发公共卫生事件的救治任务。

(三)乡镇卫生院缺乏病源

大部分农民小病不出村,有钱的农民大病到县城,进一步加剧了乡镇卫生院缺乏病源的现象。随着农村经济的发展,农民文化水平的提高,健康意识的增强,学医和从医已经成为农村中就业的一条途径,农民子弟自费学医,开办诊所在一些地方逐渐成为一条出路,个体诊所数量显著增加。由于市场竞争和自身发展的需要,个体诊所的医疗条件和技术不同程度得到改善,为农民就医提供了方便。另一方面,随着县乡村道路的畅通,公共汽车增多,交通条件改善,为经济状况宽裕的农民到县城享受较好的医疗服务提供了方便,不少地方农民小病不出村、大病到县城,因而使长期以来作为农村医疗体系中心环节的乡镇卫生院出现门庭冷落局面。

(四)因病致贫、因病返贫现象突出

农民因病致贫、因病返贫现象突出,相当大比例人口无力享受基本医疗服务的现象依然存在。在农村,由于各方面条件的限制,农民依靠种植业的收入仅仅能够解决温饱问题;外出打工因城市下岗工人的增多,实际收入增长困难,每年用于改善生活条件的实际支付能力始终没有发生大的变化。部分农民由于经济紧张、资金短缺,小病不看酿大病,大病无钱看不起,缺乏有效的健康保障制度,因病致贫、因病返贫,无力享受基本医疗服务的现象依然存在。据统计,在西部农村中有 37% 的患病农民应就诊而未就诊,

65%的患病农民应住院而未住院,贫困户中因病致贫、因病返贫的比例达40%以上,成为影响农村经济发展和农民脱贫致富的主要制约因素。

(五)原有的合作医疗网络早已被打破,新型合作医疗制度尚未形成

随着上世纪80年代农村土地承包责任制的实施和农村集体经济的逐步解体,农村原有的合作医疗因缺少经济支柱受到前所未有的冲击。合作医疗资金的短缺,农村生产承包责任制实施后农民小农经济意识的复苏,使农村原有合作医疗网络被迅速打破。近期推广实施的新型合作医疗制度由于处于试点阶段,起步难、普及面小,使大多数农民患病就医尤其是患大病就医,基本上没有保障。

(六)农村市场活跃,食品、药品供应充足,但其质量令人担忧

近年来,随着我国社会主义市场经济体制的形成与完善,农村市场逐步走向活跃,使农村食品、药品的供应货源充足。但是由于各方面因素的影响和各种条件的限制,现有的食品、药品监督队伍大多集中在城市,乡村中缺少必要的监督主体。另外由于监督资金的短缺,导致现有的监督队伍对农村食品和药品的监督管理不力,甚至出现缺位,致使伪劣食品和药品充斥市场,使农民群众的食品和药品质量难以得到保障,农民的日常生活和健康受到一定影响。

二、西部农村卫生工作中存在问题原因分析

西部农村卫生工作中出现的问题,一方面和农村经济社会发展缓慢有关,另一方面也和政府及有关部门近几年来对农村卫生工作重视不够、投入不足有关,这些原因主要表现为如下方面:

(一)城乡公共卫生体系发展不平衡

目前,占20%的县以上城市人口享有80%的医疗卫生资源,而占近80%乡村人口,只拥有20%的卫生总资源。一些医疗高新设备、高素质医疗人才集中在城市。计划经济时期,农村有强制性的合作医疗制度,合作医疗费用直接从集体收入代扣代缴,还有大量的"赤脚医生"。经济体制改革以后,随着人民公社的解体,农村的合作医疗也变成了一种自愿性的民办公

助制度,在很多地区已经不复存在,医疗专业人才不愿到农村工作,这些都加剧了农民缺医少药的问题。根据卫生服务调查,农村居民中能够得到某种医疗保障的人口只有12.56%。

(二)农村卫生经费投入严重不足

应当说,改革开放以来,公共事业的许多领域取得了长足的发展,但是,西部农村公共卫生事业的发展却严重滞后,甚至在一些领域还出现了倒退的现象。公共卫生事业发展的资金来源主要是各级政府的财政预算,这些年来公共卫生事业发展缓慢与财政支持的力度不够不无关系。虽然从绝对额上来看,近20年来各级财政的卫生支出(含政府的卫生经费如卫生事业费、中医事业费、药品监督管理事业费和公费医疗经费,卫生基本建设投资以及卫生科研经费等)已经有了很大的增长,但与经济增长规模和人民群众的需求相比,财政用于卫生事业的支出相对不足,对于农村的卫生投入更是如此。

2003年,青海全省财政投入医疗卫生支出总计为30.19亿元,占地方财政支出的比重为4.21%。2004年,全省财政医疗卫生支出总计33.74亿元,占财政支出的比重为3.83%。2005年,全省财政医疗卫生支出总计41.8亿元,占财政支出的比重为3.75%。在2005年全省医疗卫生经费支出41.8亿元中,省级支出8.67亿元,市级支出10.48亿元,县级支出21.83亿元,乡镇级支出0.83亿元。这说明两个问题,一是卫生经费虽然绝对额有所增加,但占财政支出的比重却徘徊不前;二是乡镇一级的财政对卫生投入明显偏低,只占全省卫生经费的5.2%。

据统计,2005年,青海全省县、乡财政拨款只占县医院(含中医院)、乡镇卫生院实际支出的6%和10%,属于政府财政确保的卫生防疫、疾病控制、卫生监督和妇幼保健等社会公共卫生投入也严重不足。2005年,全省各级财政对卫生防疫和妇幼保健机构的拨款,分别占卫生防疫和妇幼保健机构实际支出的38.4%和20%。由于长期投入不足,在人员工资没有保障的情况下,大部分乡镇卫生院无力进行设备更新和基础设施建设,房屋简陋、设备陈旧。据全省1971所乡镇卫生院统计,平均每个卫生院有X光机

0.87 台,B 超 0.69 台,洗胃机 0.54 台,生化分析仪 0.54 台,多功能产床 0.50 张,新生儿抢救台 0.16 个。平均每个卫生院有救护车 0.39 辆。一些卫生院的医疗设备是 20 世纪六七十年代购买的,多数已损坏失修。危房面积 443912 平方米,占建筑面积的 9.12%。

更值得关注的是,随着税费改革的实施,西部农村卫生工作将面临更加严峻的挑战。一是取消乡统筹和面向农民征收的各种行政事业性收费及政府性基金、集资后,收支矛盾更为突出。在乡级财政预算缺口大,其他硬性支出不能减的情况下,有可能进一步减少乡镇对卫生的投入。尤其是在乡镇卫生院经费下放乡级财政管理的地区,不但会减少对卫生院的专项补助,还有可能削减原来对卫生院的差额补助拨款。二是村提留改为农业税附加后,村提留公益金将不复存在,村内兴办集体公益事业所需资金,将实行"一事一议"。三是对"农村卫生医疗事业应当随着卫生医疗体制改革的深化,实行有偿服务,政府适当补助"的政策理解和执行易产生误解,将有可能出现乡村两级卫生医疗事业失去政府和集体扶持,完全滑向有偿服务的局面,农村的预防保健工作和贫困农民的基本医疗保障将面临更加严重的困难。

(三) 乡镇卫生院改革滞后,难以满足农民群众基本的医疗服务需求

乡镇卫生院作为政府举办的最基层的非营利性医疗机构,近年来,陷入了"靠政府投入不足、靠市场机制不活"的两难境地,经营机制不适应新的形势,收不抵支,部分处于倒闭和半倒闭状态。在目前技术落后、设备陈旧、资金短缺、运转困难的情况下,如果政府的投资政策不能得到真正的落实,专项建设资金难以真正到位,乡镇卫生院很难在短期内起死回生,难以为农民群众提供基本的医疗服务,难以满足农民群众基本的医疗服务需求。

此外,县乡政府对乡镇卫生院管理体制没有理顺。据对西部 1971 所乡镇卫生院管理体制调查中发现,县管卫生院 638 所,占 32.3%;县乡共管卫生院 1065 所,占 54.1%;乡办乡管卫生院 268 所,占 13.6%。

同时,在农村卫生资源得不到有效利用的情况下,一些地方的计划生育技术服务机构,利用政策优势和不正当竞争手段,违规从事母婴保健医疗技术服务,甚至涉足一般医疗服务市场,造成了新的资源浪费。

(四)农村卫生机构中技术人员学历水平普遍偏低

乡村卫生机构条件差、待遇低,大中专医学院校毕业生普遍不愿进入乡镇卫生部门,致使农村卫生队伍缺乏高素质人才现象长期存在。

(五)医疗卫生费用上涨过快,农民不堪重负

近年来医药费用迅速上涨,其上升速度远远超过农民收入水平的提高速度。西部农村人口众多、土地有限,改革开放初期联产承包责任制等体制作用释放出了的效益,随着农资价格上涨、农村修房盖屋等因素,已消耗完毕,农村、农业发展,农民增收的潜力十分有限。医药费的上涨速度却十分迅速,农民收入的增长幅度远远赶不上农村医疗卫生费用的增长幅度,过高的医疗费用农民难以承担。

(六)缺少必要的医疗救助

农民群众患病治疗缺少必要的医疗救助,新型合作医疗制度亟待推广和完善。农村原有合作医疗制度解体后,农民看病就医问题日益突出,贫困农民患病缺少必要的救助措施,小病小治、大病难治,甚至有的人患了大病只好等死。

(七)农村食品、药品质量和医疗市场管理、监督有待加强

近年来,农村市场经济的发展为农村食品、药品的供应提供了良好的机遇,为个体商贩、个体手工作坊生产的食品提供了市场。个体诊所的增多,农民健康意识的增强,使药品在农村的销量增加,为无证行医、非法行医提供了可能,也为不法药商和个体诊所的医生提供了钻营的机会,为伪劣药品的销售提供了市场。在农村非法行医、无照行医的违法人员和乡间游医、巫医混杂一起,扰乱了农村医疗市场。因此,强化农村食品、药品市场和医疗市场的监督和管理已成为当务之急,这也是为农民造福的重要举措。

第三节 政府在西部农村卫生领域的职责

《中共中央、国务院关于卫生改革与发展的决定》明确指出:"我国卫生

事业是政府实行一定福利政策的社会公益事业。"并将新时期卫生工作方针确定为:"以农村为重点,预防为主,中西医并重,依靠科技与教育,动员全社会参与,为人民健康服务,为社会主义现代化建设服务。"党的十六大报告明确提出:"建立适应新形势要求的卫生服务体系和医疗保健体系,着力改善农村医疗卫生状况,提高城乡居民的医疗保健水平。"《中共中央、国务院关于进一步加强农村卫生工作的决定》再次强调:"农村卫生工作是我国卫生工作的重点,关系到保护农村生产力、振兴农村经济、维护农村社会发展和稳定的大局,对提高全民族素质具有重要意义。"并将农村卫生工作的目标确定为:"根据全面建设小康社会和社会主义现代化建设第三步战略目标的总体要求,到2010年,在全国农村基本建立起适应社会主义市场经济体制要求和农村经济社会发展水平的农村卫生服务体系和农村合作医疗制度。主要包括:建立基本设施齐全的农村卫生服务网络,建立具有较高专业素质的农村卫生服务队伍,建立精干高效的农村卫生管理体制,建立以大病统筹为主的新型合作医疗制度和医疗救助制度,使农民人人享有初级卫生保健,主要健康指标达到发展中国家的先进水平。"根据党中央国务院关于农村卫生工作的改革和发展目标要求,政府在农村卫生工作中,应当适应社会主义市场经济体制的要求,适应现阶段农村经济社会发展水平,确立正确的指导思想,并处理好几个重要关系。

一、西部农村卫生工作的指导思想和基本原则

(一)农村卫生工作的指导思想

1.城乡统筹,协调发展

目前农村卫生工作中存在的问题,很大程度上与前些年卫生工作重城轻乡指导思想有关。在全面建设小康社会的历史阶段,农业、农村、农民问题始终是党和国家发展与改革的重点,也应当成为卫生工作的重点。农村卫生工作要改变目前的状况,必须把十六届三中全会关于统筹城乡发展、统筹区域发展、统筹经济社会发展、统筹人与自然发展的指导思想真正落实到整个卫生工作中,落实到城乡卫生工作的总体格局中,真正把农村卫生工作

当成整个卫生工作的重点,真正把农村卫生工作投入当成卫生工作的投资重点,真正把卫生工作的人力、物力、财力布局重点放到农村,缩小农村医疗卫生工作水平与城市的差距。

2.转变观念,加大投入

在市场经济条件下,农村医疗卫生事业属于公共产品和准公共产品,既有政府应当提供公共服务的一面,又有一定的市场特性。其中关于基本的医疗服务体系、基本的疾病防治体系、基本的卫生设施和基本的防疫医疗队伍建设等,必须靠政府财政投入来保证。各级政府必须转变观念,增强责任感和紧迫感,怀着对农村、对农民的深厚情感,千方百计筹措资金,保证财政对农村卫生投资比例逐渐增加,扩大对公共卫生事业的投入,加快农村公共卫生体系和防疫医疗体系建设,以便较快解决农村公共卫生服务供应短缺问题。

3.深化改革,创新体制

农村卫生事业发展,既有投入不足问题,也有体制不适应问题。必须通过深化改革,建立与社会主义市场经济相适应的新体制。县级卫生行政部门是农村卫生体制的领导机构,乡镇卫生院是农村医疗卫生事业的支撑,这两方面如何结合起来,是体制创新的重点。乡镇卫生院不能简单地归划乡镇政府管理,这已为许多地方实践所证明。我们认为应当进行乡镇卫生院作为公立县级医院的乡镇分院体制试点,使县域公立医疗机构形成以县医院为中心的连锁体系,人员可以互派互调或轮换,手术可以协作进行,药品全县统一采购配送,使县乡医院形成一个完整的医疗体系。只要县级卫生行政部门管理好县医院,就可以保证乡镇卫生院的健康运转。总之,一定要通过体制创新,使县乡卫生体系充满活力。

4.服务群众,培育市场

农村卫生体系的服务对象是广大农民,只有政府的政策、投入、办法得到农民群众的理解、拥护和支持,才有可能得到有效落实。目前推出的以大病统筹为重点的新合作医疗制度,就必须立足于群众拥护、寄希望于群众长久的参与和支持。从逻辑上分析,农民现在确实急需解决大病医疗帮助。

但是对于一个有 1000 人左右的行政村来说,即使是全村人全部参与新合作医疗,每年收缴合作医疗费只有 10000 元左右,在现行医疗价格和医药价格水平下,往往还不够救治 1~2 个大病患者,即使加上政府每人每年 20~30 元,也只能医治 3~5 个大病患者。绝大多数群众缴了合作医疗费,许多年都得不到任何合作医疗的好处将是一个普遍现象,群众是否会自觉坚持若干年缴纳合作医疗费,是一个值得怀疑的问题。我们进行农村医疗卫生体制创新,必须认真对待农民群众的态度这样一个实实在在的问题。基于这一思想认识,应该认真研究农村卫生体系市场化运作的特征和可行性,政府应把工作重点放在对农村医疗卫生市场的规范和培育方面。提高对市场的驾驭和管理水平,顺应市场发展趋势,充分发挥市场在配置资源方面的基础性作用,逐步完善新型农村卫生体系,这应作为政府开展工作的重要指导思想之一。

5. 防治结合,以治养防

随着人口增多、人员流动性加大,特别是环境污染、生态破坏等现象日益严重,农村防疫工作的地位和重要性越来越突出。无论是 2003 年抵御"非典",还是 2004 年抵御"禽流感",都充分表明在农村建立健全卫生防疫体系的极端重要性,防疫体系成为政府需要健全和保证的社会公共卫生事业。但是防治工作不是年年、月月、天天都要进行的,所以,政府也没有必要在每个乡村都建立专门的防疫机构,供养专门的防疫人员。因此,实行防治结合、防治并重、防治一体、以治养防就成为政府建立农村公共卫生体系的基本思路。以政府投入为主形成的医疗机构,平时以治病救人为主,有特殊需要时履行预防疾病、预防传染病等公共职能,通过治病救人,保证医疗卫生和防疫队伍的稳定。通过政府对防疫事业投入,可以提高治病救人和防疫总体水平,提高防治资源利用效率。

(二)西部农村卫生工作的基本原则

1. 精兵简政,降低成本

农村卫生新体系重建过程一定要高度重视精兵简政,切实降低运行成本。目前农村就业岗位十分贫乏,希望进入乡、村公共卫生管理体系,得到财政经费和公共医疗费供养的人非常多,越是经济不发达的地区越是向公共卫生机构塞人。如果在新体系构建过程稍不注意,就会使非常有限的公共卫生资金大多成为供养人头的经费,造成新的编制扩张、冗员充斥、成本上升、效率低下。财政对农村公共卫生投入十分有限,农民群众参加合作医疗缴费也少得可怜,所以必须严格控制新增机构和编制,一般应在原有国家公立乡镇卫生院基础上,建立以兼职为主的公共卫生管理机构和干部队伍,尽可能减少公共卫生费用用于供养人员的比例,提高农村公共卫生的财政投资效益,实现农民缴费的专款专用和救治效益。

2. 因地制宜,逐步推进

西部地区地理环境差别很大,发展不平衡,即是在一个市、一个县,由于经济发展水平不同,卫生设施建设投入水平等也往往有较大差异。政府对农村公共卫生事业投入不应一刀切,应适当扩大财政转移支付力度,对公共卫生投入适当加大比例。同时,对于同一个市、同一个县来说,也应当对公共卫生的现状进行调查,对于经济发展比较落后、财政实力不强、公共卫生条件差的应加大投入。同时,对于一些贫困县、贫困乡、贫困村,在实行新合作医疗制度时,也不应一刀切,一下子推开,可以分步实施、积累经验、逐步推广。

3. 三级互动,多方供给

农村公共卫生体系涉及县、乡、村三级,在县医院就医的往往是农村的大病、重病、疑难病患者,因此,县医院也是农村卫生体系建设的重点,过去形成的乡镇卫生院是中心环节的认识,随着县乡村交通条件改善和农民收入水平提高正在发生改变。因此,在整个农村卫生体系建设中,要实行县乡村三级医疗网一体互动、共同发展、共同提高的新思路。县级医院应扩大规模、改善设施、降低价位,为农民提供良好服务,同时,加强县医院与乡镇卫生院的联系,加强乡镇卫生院的力量,对村一级注册诊所要在政策上进行扶持,规范药品批发管理,形成完善医药网络。同时,除了政府扶持的县乡公立医疗机构之外,私人医疗机构、股份制医疗机构也都应鼓动和支持发展,特别是针对一些地方职业病、地方病、常见病、多发病而出现的富有特色的专业医院、专业门诊,要给予支持和保护,努力形成富有地方特色的农村社会化医疗体系,吸引社会资本进入农村医疗卫生领域,实现医疗卫生服务公办为主、多方供给的全新格局。

4. 中西医并重,育人为本

在农村发展医疗卫生事业,更应坚持中西医结合的方针。依靠中草药治病,依靠土单验方治病在农村有悠久历史传统,在广大农民中有深刻文化积淀。大多数中医中草药价格较低,适应农民收入消费水平。所以农村卫生体系应当把中医包括在内,要支持乡镇卫生院发展中医,支持村卫生所借助中医中药发展。要把弘扬中医中药工作的重点也放到农村,使培养中医中药人才与培养西医西药人才并重,在医学院校招生中要加大中医药招生比例,面向农村乡镇卫生院可以搞一些定向培养中医生,适当降低中医学生录取分数线,也可以招一定比例不考英语的中医中药专业学生,加大中医中药专业人才培养力度,并采取多种政策措施鼓励中医中药专业学生到农村去、到乡镇卫生院去,为广大农民提供医疗服务。

5. 覆盖边远地区农村人口,资助困难群体

农村卫生事业发展,应坚持普遍关注广大农村所有人口,重点帮扶贫困地区农民。要把面上的医疗卫生服务与医疗救助结合起来。医疗救助制度是卫生保障制度的一个组成部分,政府在农村卫生事业中的作用既要"覆盖农村人口",更要"资助困难群体",要把对贫困地区、贫困人群的卫生扶贫作为促进农村卫生保障工作的重点内容之一。这是完成"人人享有卫生保障"的需要,更是发展生产、摆脱"因病致贫"、"因病返贫"的需要。过去实施的扶贫计划,侧重于经济上的扶贫。应当把经济扶贫与卫生扶贫合理结合起来,首先解决贫困地区的卫生设施建设与"缺医少药"问题,并且在扶贫专款及有关扶持资金中划出一部分,专门解决贫困地区的医疗扶贫问题。对于区域内、地区内的农村贫困人口,要实施医疗救助计划。应当把卫生扶贫纳入社会保障尤其是社会救助体系。

6. 弥补市场失灵,防止政府缺位

农村卫生体制是社会主义市场经济的重要组成部分。市场经济具有产

权明晰、交易自由、市场主体平等、经济运行社会化、政府干预适度化、管理法制化等特点。但是由于西部卫生服务领域的特殊性,仅靠市场机制达不到资源的最优配置,即市场失灵。从计划经济转向市场经济,人们希望政府能够办市场办不好的事情,如果政府不能弥补市场失灵,反而降低社会效率,这种现象又被称为市场经济条件下的政府缺位。在医疗卫生领域,目前政府缺位比较突出的有三个方面。一是医疗机构的补偿制度。政府对医疗机构实行财政补偿,有利于减少医患之间利益失衡所带来的诱导需求。但是现行的补偿政策还不完善,医疗机构需要通过"以药补医"维持生存,在某种程度上加大了利益不对称所带来的不良影响,政府作用严重缺位。二是药品的定价政策。现在很多药品改革措施常常针对医疗卫生机构,如医药分开核算、药品招标采购等,结果却是药品分开核算没有意义,药品招标采购"一招就死",因为药品问题的关键是虚高定价,这不是仅对医院改革就能从根本上解决问题的。三是合作医疗问题。合作医疗失去集体经济支撑,政府应针对家庭承包条件下农户自给自足生产和生活方式,鼓励群众自愿拿钱参与合作医疗。

针对市场经济中政府在西部农村医疗卫生领域作用缺位的问题,第一,为解决和弥补市场失灵,政府应加强对农村公共卫生服务的投入,创造有利条件,校正外部条件。第二,要针对贫困和弱势群体进行投资,减少弱势群体和贫困人口的疾病负担,促进社会和健康的公平。农村是我国弱势群体最集中的地区,政府理应加大对农民最低生活保障和医疗救助的资金投入。第三,要对医疗卫生服务市场进行调节,干预农村医疗服务的市场失灵和缺陷,规范农村医疗服务市场和医疗行为。

7.划清政府和市场行为边界,明确营利性和非营利性机构

医疗卫生服务按产品属性可分为纯公共产品、准公共产品和私人产品。从需求面来讲,在私人产品中有一部分属于非基本需求,有一部分属于基本需求;从交换方式来讲,对于非基本的私人产品,可以由营利性医疗机构来提供,农民独立购买,按市场的原则进行交换。对于基本医疗,合理的政策思路应当是由非营利性机构提供,农民自己购买,政府向弱势人群提供补

贴,按市场原则交换,即政府给农民钱由农民自主购买医疗卫生服务,而不是政府把钱直接投向医疗机构。当然,对于非营利性医疗机构,政府还要拿出一部分资金,对其进行基本建设投入;对于一些卫生防疫等纯公共产品,则应由政府直接购买向农民提供。

二、政府在西部农村卫生领域的职责

基于社会主义市场经济条件下政府在农村卫生事业发展中的指导思想和应处理好的几个关系,政府在西部农村卫生领域的主要职责应体现在以下三个方面:加强县疾控中心和乡镇卫生院建设,提供必要的硬环境;强化农村卫生监督、药品采购、人才培养,规范必要的软环境;努力发展农村新型合作医疗、医疗救助,大力加强农村社会保障制度建设。吃透这几个方面在市场经济大背景下对政府的要求,对于明确财政投入和补助的方式、力度和注意事项是必要的。

(一)硬环境建设

1. 疾病控制中心建设

主要是贯彻预防为主的方针,加强农村疾病预防控制体系建设,提高处理农村重大疫情和公共卫生突发事件的能力。这是政府作为执政者和社会管理者必须承担的重要任务。多年来,一些传统的传染病、地方病、肝炎、结核病、职业病在农村频繁发生,有些曾一度被较好控制的疾病,近期又有所抬头,有的还有新的发展和蔓延。一些严重影响农民身体健康的艾滋病、非典型肺炎、禽流感、严重污染性中毒等疫情,对农民身体健康构成巨大威胁。这就要求政府必须坚定不移把重大疾病防治任务承担起来,加快各级特别是县级疾病控制中心建设,完善乡镇防保队伍。

2. 加强乡镇卫生院建设

农村卫生事业要发展,就需要进行基本建设。例如县医院规模扩大;乡镇卫生院基本建设;常用医疗设施购置;地方常用职业病、地方病防治设备;巡回医疗车辆等,这些都属于农村卫生事业的基本建设。乡镇卫生院是联系县、乡、村卫生体系的纽带,是新型农村合作医疗的最主要承担者和载体。

因此,乡镇卫生院建设是农村卫生基本建设的中心环节。通过乡镇卫生院建设,可以带动和促进村级卫生建设,连通县级卫生建设,促进农村卫生一体化管理。

3.加强村级卫生室建设

村卫生室是农村卫生体系的最基层单位,村级卫生室建设对促进农村卫生体系建设发挥着越来越重要的作用。从全省艾滋病防治工作进展情况看,村卫生室发挥着不可替代的重要作用。在新型农村使用医疗试点过程中,村卫生室也发挥着积极的作用。随着农村经济的发展和社会的进步,小病不出村、就近就诊吃药也是一种发展趋势。因此,政府在发展农村卫生事业中,要大力加强农村卫生室建设。农村卫生室与县、乡卫生院不同,可采取更为灵活的机制,鼓励在国家规范要求范围内,发展个人诊所等,政府予以必要的政策指导和扶持。

(二)软环境建设

1.加强农村卫生监督

农村卫生、药品、食品监督,是政府在农村卫生领域的一个薄弱环节。由于农村卫生监督不到位,使农村医疗卫生市场混乱,假冒伪劣药品、食品充斥市场,对广大农民的生命安全和身体健康形成严重的隐患。因此,充分发挥政府在农村卫生监督上的作用,十分迫切和必要。农村卫生监督的重要任务是监督基层卫生部门、机构和个体行医人员对党和国家的卫生政策的执行情况,县、乡、村卫生机构执行国家药品价格、医疗价格、诊疗规范情况,医护人员医德医风情况,加强农村医疗卫生及药品、食品市场的监管。要大力推行农村药品集中采购,打击倒买倒卖伪劣药品,保护广大农民的身体健康和生命安全。

2.加强农村健康教育

在农村进行持久的健康教育,提高农民自我健康意识,增加农民疾病预防和卫生保健知识,引导农民形成良好卫生习惯,这是农村卫生工作的重要内容,也是体现预防为主的重要方面。要借助电视等现代传媒,拍摄和播放现代公益广告,大力普及现代科学知识和生理卫生知识,把治病、治贫和治愚结合起来,引导农民破除迷信,摒弃陋习,养成科学、文明、健康的生活方式。这应当成为政府在农村卫生工作中的重要职能和长久职责。农村卫生健全教育要适应农村的现有状况,经济发展条件和农民特点,有针对性的开展这项工作,切实转变农村卫生工作中,重治疗轻预防,重医疗轻宣传的观念,把农村健康教育当作新时期农村卫生工作的一个重点,抓紧、抓好、抓实。

3.加快农村医疗卫生人才队伍培养

医疗卫生,人才为本。只有大量培养适应农村卫生事业发展需要,受系统教育后积极回到农村的医疗卫生人才,使县乡村三级卫生体系拥有大量的不同层次医务人员,才是农村卫生事业的根本依靠力量。政府要加大医科大学、医学专科学校、卫校培养人才力度,尤其是要在培养能够回到农村的医务人员方面创新机制,吸引更多农民子女到卫校、医专等学校就读。建立健全乡镇卫生人员职能、分配、培训等方面制度。要在生活待遇、职称评定、用人机制等方面,为培养农村医疗卫生人才提供政策支持,鼓励城市医疗机构中心人员到农村挂职锻炼,提供中短期服务。

4.培育市场,优化环境

以市场经济为导向的农村卫生改革,要求政府改变卫生资源配置的直接干预,逐步让市场起主导作用。政府的主要职责应逐步转变为创造有效率的市场环境,通过评价市场的有效性,评价政府履行职责的有效性。对于农村医疗机构(如县医院、乡镇卫生院),政府建立监督机制比直接参与医院的经营与管理更为重要。如果政府既管理医院又经营医院,医院会替政府背上社会包袱,预算软约束的问题不能得到纠正。在市场经济国家中,政府是医疗机构的"服务者",在保障基本公平的情况下,政府的角色主要是促进竞争,不再承担向医院补充财政资源的义务,也不再对医院的人、财、物有控制的权利。一方面消除医院的预算软约束的局面,同时使医院对自身要素的配置有充分的决定权。我们现阶段虽然不能一步到位把公立医院推向市场,但总体上必须向扩大医院自主权方面的改革,政府应当从对医院的全面直接控制转变为监督为主,为医院创造公平良好的市场环境。

5. 发布信息,稳定社会

我国抵御"非典"和"禽流感"的实践充分表明,政府在疾病防治过程中发布信息具有极端重要性。对于传染病是这样,对于地方性疾病也是这样。农民较容易相信流言,农民也最相信政府的声音。凡是在一定区域内具有全局性的医疗卫生事件和疫情,政府都要及时发布信息,解决农村信息不畅、消息闭塞问题,引导农民采取有效预防措施,同时起到安定民心、稳定社会的作用。

(三)加强涉及卫生的社会保障制度建设

1. 积极推进新型农村合作医疗制度

以大病统筹为主的新型农村合作医疗制度,是近几年根据农村经济和医疗卫生事业发展实际探索的农村卫生工作新途径。建立这一制度的出发点是解决目前农村存在的因病致贫、因病返贫的现象。解决这一问题的根本出路,是在政府主导下,由农民自愿参加,建立一个解决农民看病就医的长效机制。

2. 加强农村贫困人口的医疗救助工作

西部是个农村大省,目前尚有一部分贫困县和贫困人口。对农村贫困人口的医疗救助,是政府在农村卫生领域义不容辞的责任,对农村贫困人口的医疗救助应坚持量力而行、循序渐进、由低到高、逐步展开的原则进行。当前最适当的办法是政府出资,为贫困农民交费,使其参加新型农村合作医疗并享受相应的待遇。

第四节 加强西部农村卫生工作的对策和建议

一、探索建立多种形式的农民医疗保障制度

为解决西部农民的医疗保障问题,2003年在各地进行的新型农村合作医疗试点是解决卫生公平性、缩小城乡差距、减少农民因病致贫问题的治本之策。但是这项制度运行一年来,已发现存在诸多问题,亟待研究和解决。

第一,新型农村合作医疗究竟属于何种性质?是农民间的合作组织?还是一种社会保险制度?如果属于农民间的合作组织,就只能坚持自愿参加。如果属于社会保险制度,自然可以依法强制执行。但在实际操作运行中,由于政府的强力参与以及合作医疗基金来源主要是政府资助,因此,它更像是政府对农民这个弱势群体的普遍医疗救助制度。如果这项改革的属性不明确,进一步完善过程将失去努力方向。

第二,推广和普及农村合作医疗,政策强调必须坚持农民自愿参加的原则,实际上,我们对基层乡村干部的调查普遍反映,农民对参加合作医疗的积极性并不高,如果仅仅是自愿参加的话,参保率不会达到30%。由于各级政府将推动和建立农村合作医疗制度看作是政府的职责,在政府的强力介入和推动下,青海参加合作医疗试点的农民达77%。从西部试点县情况看,大多采取的是政府签订层层目标责任制,将农民参加合作医疗人数和比例作为目标分解到乡政府、村委会,为完成目标数,政府采取了大规模不惜成本的运动式的宣传发动和筹资方式,甚至部分县乡采取了非农民自愿的方式,造成了不良后果。这种搞运动式的运作虽然在短期内达到了农民参保率较高的效果,但政府运行成本太高。同时,要将新型合作医疗制度长期坚持下来,单靠运动方式是难以解决根本问题的。另外,合作医疗制度建立后,面对庞大的农民群体,对基金的管理、基金的支付等管理成本太高。

第三,谁为农村合作医疗基金超支买单。由于从政策制定、资金筹集、机构设置到基金管理等各个方面均为政府操办,如合作医疗基金出现缺口,政府必然承担兜底的责任。现行的中央财政出10元,地方政府出10元,农民个人出10元的设计,与农民大病或然率和医疗费用并没有科学定量关系,资金缺口可能性很大。

第四,建立合作医疗制度的理论依据是"互助共济,风险共担",所谓的"风险共担"实际上不存在,"互助共济"在实际操作过程中,也难以支撑。目前,政府为调动农民参保的积极性,让农民个人缴纳部分的10元钱,大部分进入了家庭个人账户,这在全国有一定的普遍性,西部大多在8元左右,个别地方达到9元。面对医药和医疗价格不断攀升的市场机制,单靠农民缴费部分达到"互助共济"的目的,作用微乎其微。

第五,由于筹资水平低,目前各地推行的合作医疗基本上走的是"低水平,广覆盖"的路子,具体表现为:合作医疗基金起付标准低,补助比例低,最高支付标准低。如西部试点县最高支付标准为5000元,个别地方甚至低于5000元,大病住院报销比例不足30%。总的来讲,保障水平偏低,难以从根本上解决农民因病返贫、因病致贫问题,农民患大病将仍然无力承担医疗费用。

在中国这样一个农业人口大国建立农村合作医疗制度,涉及8亿农民的切实利益,针对上述存在的问题,应允许各地根据社会经济发展水平和群众意愿,因地制宜地探索不同保障水平、不同保障形式的农民健康保障办法,让农民自主选择。政府应把主要投入和主要精力放在乡镇基本医疗设施建设上和引导、规范、管理农村医疗卫生市场方面。为此建议:对目前正在进行的农村新型合作医疗制度试点和推广,应允许鼓励各地探索其他多种合作医疗途径。不能认为目前形成的以大病统筹为主要模式的合作医疗制度已经成熟,各地还需认真做好试点工作,在经济、文化差异较大地区,有可能探索出新的更有效途径。就目前试点情况看,由于强制农民参加合作医疗没有相应的政策依据,政府强力推进不仅成本太高,又容易引起农民不满,好事变坏事。既然政府拿出大量的资金解决农民的医疗保障问题,从一定程度上看,这项制度实际是政府对农民这个弱势群体的普遍医疗救助制度,政府资助资金不应与农民是否参加和缴费挂钩,而应采取对缴费的和未缴费的农民,提供不同的保障形式,这样才更符合广大农民的利益,即对自愿参加并足额缴费的农民相应采取较高的保障形式;对不愿缴费的农民,采取较低的保障形式,实现政府对待农民的平等。

第六,探讨研究引入商业保险机制进入农村卫生领域。现代商业保险是我国近几年迅速形成的新产业,保险公司市场意识比较强,队伍素质比较高,管理制度比较完善,业务操作比较规范,而且已经有较强经济实力。从长远看,引入商业保险进入农民大病保险领域有较强操作性、可行性、持久性。可以参照城镇医疗保险中大额医疗保险的办法,由政府作为农民的利益代表,与商业保险公司谈判、签约,为所有农民提供大病医疗保险。采取这种办法既可以解决合作医疗基金超支的风险,又有利于降低政府管理成本,还可以做强做大我国国有保险企业。目前,西部的省直城镇医疗保险中大额医疗保险由商业保险公司承办且运行状况良好。对参与农村合作医疗,商业保险公司也表现了极大的兴趣。

二、调整乡镇卫生院职能,使乡镇卫生院由医疗为主向防治结合转变

在卫生服务领域,一般而言,医疗服务的产品不属于"公共物品",市场机制可以发挥一定的作用,而且这一领域不是由政府包揽,往往是政府和市场兼而有之。而基本属于"公共物品"的公共卫生服务产品,则应由政府创办的公共医疗机构承担责任。

乡镇卫生院大多是政府举办的非营利性卫生机构,在整个农村卫生工作中起着举足轻重的作用。由于其管理体制大多仍然隶属于乡镇政府,财政体制多为差额供给单位,乡镇政府投入非常有限。为了维持其正常运转,只能通过开展医疗服务来提高收入,不可避免地使其过分追求经济效益而忽视或淡化社会效益。对一些公共产品类的服务,由于不能通过提供服务得到补偿,使其不愿提供或减少提供免费的公共卫生服务,这直接导致一些曾经得到较好控制或者相对稳定的疾病,如性病、结核病、血吸虫病等又重新抬头,且有蔓延之势。

为发挥乡镇卫生院在农村公共卫生中的作用,逐步解决政府在农村公共卫生的"缺位"和"越位"问题,应逐步强化乡镇卫生院实施农村公共卫生项目的职能,使政府举办的最基层的非营利性医疗机构——乡镇卫生院,逐步成为实施农村公共卫生项目的主体,成为政府农村卫生政策贯彻落实的载体。将卫生院的医疗服务功能,合理引导,逐步推向市场,利用市场竞争机制,调整和完善乡村医疗服务体系,通过乡镇卫生院建设专项资金的注入,使乡镇卫生院逐步成为政府举办的、最基层的、非营利性的公共卫生服务管理机构。在加强农村公共卫生工作的同时,利用市场竞争机制,搞好农民最基本的医疗服务。

三、理顺乡镇卫生院管理体制,进一步优化卫生资源配置

为解决部分地区将乡镇卫生院的人、财、物下放乡镇政府管理后出现的一系列问题,各级政府应尽快理顺乡镇卫生院的管理体制,明确乡镇卫生院的人、财、物由县级卫生行政部门统一管理,鼓励各地探索县医院与乡镇卫生院经营管理一体化,实现县乡国有卫生机构连锁运转的新途径。实现全县范围内特别是城乡之间医疗卫生人员统一调配、经费统一使用。加强县级政府对农村卫生工作的宏观调控和微观管理能力,确保各项卫生政策在基层得到有效落实。要积极通过乡镇卫生院内部运行机制的改革,激发乡镇卫生院的发展活力,不能把复杂的改革内容简单化,把丰富的改革内容单一化,把应该由政府承担的公共卫生责任完全交给市场。对于撤乡并镇后,多出来的卫生院主要转向社区卫生服务,也可以在保留一所公立卫生院的前提下,根据当地卫生资源状况,对多出来的卫生院实行关停并转或尝试拍卖。

四、实行农村卫生机构全行业管理

根据区域卫生规划原则,合理确定各级各类卫生机构的布局和规模。对现有卫生资源的功能和结构进行优化调整,继续推行和规范乡村卫生服务管理一体化,加强对村级卫生组织的指导和监管。鼓励实行纵向或横向业务技术合作,或组建医疗卫生联合体,使县、乡、村三级卫生机构在功能上明确定位,在业务上优势互补,在资源上协调共享,坚决纠正相互争夺市场、分割资源,重医疗、轻防保的无序竞争状态,提高资源利用效率。

五、强化农村食品和药品质量监督,保证农民生活和用药安全

结合农村食品和药品供应市场多、范围广、伪劣食品和药品供应渠道多、监督队伍人员少、距离远的特点,政府应保证农村食品、药品监督专项资金足额安排,进一步明确监督主体,强化农村食品和药品质量的管理与监督,保证农民生活和用药的安全。

六. 财政在农村公共卫生领域的投入政策

根据财政对农村公共卫生领域的上述指导思想和原则,实现政府上述各项职责,需要加大财政投入,需要进行制度创新,需要抓紧培养人才,需要加强医疗卫生系统管理。其中对财政部门来说,最突出的任务就是要解决扩大投入和制度创新问题,通过制定有效经济政策,保证有足够资金投向农村公共卫生事业,保证财政投入资金有效使用,真正用到农民身上。基于上述认识,财政部门在支持农村卫生事业发展方面面临的任务可以归纳为"四个调整"、"五个确保"。

第一,调整各级财政支出结构,扩大向农村卫生事业投入比例。对国家和各级政府来说,抓紧缩小农村卫生事业发展水平与城市差距,当前已经十分紧迫。各级财政要把农村卫生工作作为社会事业发展的投资重点,逐年增加农村卫生投入,增长的幅度要保证不低于同期财政经常性支出的增长幅度。要落实十六届三中全会精神,调整公共财政支出结构,每年增加的卫生经费,要全部用于农村卫生事业发展。

第二,调整中央财政转移支付结构,扩大向中西部地区农村卫生事业投入的比例。现在中西部地区与沿海地区在财力上差距十分明显,中西部地区农村卫生投入严重不足、卫生体系瘫痪现象比较普遍,而这些地区县乡财政难以为继已有较长时间。改善中西部地区农村医疗卫生条件,需要中央财政加大支持力度,应当在中央财政每年转移支付中,单列出向农村卫生事业投入的比例并逐年有所提高,以便为中西部医疗基础设施建设提供资金保证。

第三,调整国债投资结构,加大向农村公共卫生机构基本建设投资力度。我国实施积极财政政策以来,发行国债支持基础设施建设取得了显著成效。但前几年的国债支持项目,主要是事关国家基本建设的交通、能源、环保、城建等领域,没有把卫生事业特别是农村卫生事业发展当作国债投资对象。现在,在能源交通等基本建设领域可以说"好项目已经不多了",迫切需要调整国债投资结构,调整国债投资的方向。今后在继续发行国债拉动经济社会发展的过程中,应当加大向农村社会事业发展投资力度,加大向农村公共卫生领域投资力度,争取每年发行国债的1/10投向农村公共卫生事业,支持县乡疫病防治基本建设项目,改善农村医疗基本条件。

第四,调整中央和省市县乡5级财政对农村卫生事业发展投入分担机制,强化中央和省级财政责任,减轻县和乡级负担。目前我国财政收入支出状况呈倒金字塔结构,中央财政和省级财政实力较强,而县乡财政相对较弱。但是从财政供养人员比例看,又刚好是一个正金字塔结构,县乡财政供养人员最多、负担最重,这是导致多年来县乡财政已基本无力支持卫生事业发展的根本原因。在中央对全国财政格局没有进行调整之前,中央财政和省级财政应当承担起财政对农村医疗卫生投入的大头,并明确省辖市、县和乡相应的责任和比例,形成一个稳定的分担机制,以保证政府作为公共服务提供者的职能得到真正发挥。

在"四个调整"基础上,要努力实现"五个确保":

第一,确保农村公共卫生经费。应根据各地农村人口、公共卫生服务量及乡(镇)公共卫生人员数量,并考虑经济发展和财力情况等因素,由县级财政合理安排公共卫生经费,纳入财政预算,保证开展公共卫生工作需要的人员经费、公用经费和业务经费。中央、省、市财政对农村卫生事业的各项投入,都要通过县级财政向乡镇和卫生系统统一拨付。

农村公共卫生经费应实行项目管理。县级卫生部门按照国家确定的农村公共卫生服务基本项目及要求,合理确定项目实施所需人员经费和业务经费。人员经费按照工作量核定,业务经费按照开展项目工作必需的材料、仪器、药品、交通、水电消耗等成本因素核定。项目可以交由政府举办的卫生机构组织实施,也可以由政府通过招标等方式交由其他符合条件的医疗卫生机构承担。基本建设项目必须全部采用招投标方式,严格实行项目法人制和监理制。

目前不具备项目管理条件的地区和不适合按项目管理的工作,按照定员定额和项目管理相结合的方法核定公共卫生经费。疾病控制、妇幼保健、卫生执法监督、合作医疗经办等机构经费按照原供给办法由同级财政预算安排。对符合区域卫生规划要求的编制内实有人员全额供给人员经费,公用经费按当地财政供给标准和人员编制数核定,专项业务经费按工作量、服务区域内的人口、服务面积,同时考虑疾病流行等综合因素予以安排。对特大重大卫生执法监督案件要给以必要的办案补助经费。

第二,确保乡(镇)卫生院医疗服务经费。乡(镇)卫生院医疗服务可以通过医疗服务收入进行补偿。对乡(镇)卫生院开展的基本医疗服务、预防保健、卫生监督、行业管理和健康教育等所需的必要经费,则应当由县级财政根据业务工作量需要予以核定的拨付。要切实保证乡镇卫生院人员经费。按规定条件和程序招聘的乡(镇)卫生院院长的工资应按国家有关规定标准核定,其医疗等社会保险单位缴费按当地职工基本医疗保险等制度规定的标准核定,由县级财政预算安排。对于从省、市、县医院到乡镇卫生院帮助工作的医生的待遇,县级财政也应纳入预算。

第三,确保农村卫生事业发展建设资金。农村卫生机构的基础设施条件应与当地人口、经济发展水平相适应。应根据区域卫生规划要求,合理确定政府举办卫生机构的数量、规模和布局,加大对农村卫生基础建设的投入力度。乡(镇)卫生院的基础设施修缮、设备更新购置、人才培养等项目支出,应根据当地经济发展水平、卫生事业发展总体规划等情况,经论证后合理确定,列入同级财政预算,逐年安排。就全国来说,到2010年应基本完成县级医院、预防保健机构、卫生监督机构和乡(镇)卫生院房屋设备的改造和建设任务,保证开展公共卫生和基本医疗服务所需的基础设施和条件。

第四,确保农村合作医疗补助经费。新型农民合作医疗制度启动的关键是财政投入到位。财政到位既包括中央财政到位,又要求地方财政配套到位。各级财政应按实际参加合作医疗人数和各省确定的补助标准对合作医疗给予资助。确保资金到位并专款专用。

第五,确保卫生支农和卫生扶贫补助。除中央资助外,各省对贫困地区购置巡回医疗车及其附属医疗设备给予适当的经费补助。省级人民政府应把卫生扶贫纳入扶贫计划,在国家扶贫资金总量中逐步加大对卫生扶贫的投入,帮助贫困地区重点解决基础设施等突出问题。

第四章 边疆民族地区社会稳定和经济发展与国家财政支持保障

　　我国是一个典型的多民族国家,而国家的多民族性质,在边疆地区表现得最为突出。所以,我国的边疆也被称为"边疆多民族地区",边疆地区历来是各种文化思潮和民族主义思潮交融、碰撞敏感地区。伴随着经济全球化的浪潮,西方敌对势力利用各种形式加紧文化渗透的步伐,企图把我国边疆民族地区作为其"西化"、"分化"的突破口,严重威胁了我国的边境稳定。因此,加强边疆民族地区社会稳定和经济发展,成为重要而紧迫的任务。

第一节 促进我国边疆地区社会稳定和经济发展的意义

一、有利于实现国防安全

　　边境是展现国家实力和形象的窗口,是捍卫国家主权和领土完整的前沿阵地。边疆地区的兴衰与国家的稳定密切相关,边疆的繁荣稳定有利于巩固国防安全,维护祖国的统一,实现国家的长治久安。同时,边疆地区多以少数民族聚居为主,其经济社会发展除具有宏观经济发展的共同性外,由于民族的特点还具有特殊性。促进边疆地区社会稳定和经济发展也是促进民族团结的重要基础。

二、有利于实现经济安全

　　国家经济安全是指一国在经济发展中能有效防范、化解、抗拒、消除外来经济冲击,确保国家主权利益不受到侵害,国家经济利益不受到原则性损失。

(一)有利于整合资源、优化经济结构,促进区域内经济协调发展

边疆地区具有丰富的自然资源,是其发展潜在的巨大源泉和动力。但是,边疆地区普遍存在资源开发和利用程度较低、经济发展水平落后、资源配置和经济发展结构不合理的问题。正确处理好资源开发与边疆地区经济社会发展的关系,充分、合理、有效地开发利用资源,变资源优势为经济优势,摆脱相对落后的面貌,对促进边疆地区的繁荣具有重要的意义。

(二)有利于促进边疆地区财政收入的增加。

目前,边疆地区经济发展落后,相应具有可贡献作用的财源匮乏,财政收入困难造成可用于地方经济建设和公共服务的资金缺乏。促进边疆地区经济发展、维护社会稳定,能够保证在夯实原有财源的基础上创造新的财源,增加地方财政收入,由此可以达到"经济繁荣—财政收入增加"的有效循环。

(三)有利于缩短地区差距,促进全面繁荣

从全国范围宏观看,边疆地区与东、中部经济发展存在着巨大的差距。边疆地区的落后面貌已与经济发展超前的地区形成了鲜明的对比,而且这种差距也有继续拉大的可能。只有挖掘边疆地区经济发展的巨大潜力,变不均衡发展为均衡发展,才能缩短地区的差距,最终实现共同发展和全面繁荣。

(四)有利于扩大对外开放

边疆地区作为国家的一个重要窗口,边境贸易是边民相互交往的一种形式,也是一定基础上的国际贸易。边疆地区的稳定和经济的繁荣是实现边境贸易顺利进行的有利支撑,一方面可以丰富和方便边民生活,提高边民的收入水平,促进周边国家人民的友好往来;另一方面,可以为国家的经济建设创造良好的国际环境,增加国家间的理解和友谊,达到和平共处。

三、有利于实现生态安全

国家生态安全属于非传统国家安全领域，是指一个国家生存和发展所需的生态环境处于不受或少受破坏与威胁的状态，它与军事、政治和经济安全一样，都事关全局。促进边疆地区的经济发展和社会稳定，一方面可以防止由于生态环境的退化对经济基础构成的威胁；另一方面，可以防止由于环境破坏和自然资源短缺引发人民群众的不满，特别是导致环境难民的产生，有利于社会安定。

第二节 我国边疆地区社会和经济发展现状

长期以来，由于边疆地区的自然、历史、社会条件的局限，导致了边疆地区的社会经济发展严重滞后，影响了边疆地区的社会安定和民族团结，与我国目前全面建设小康、构建社会主义和谐社会不相符合。

一、社会发展情况

由于历史、社会、自然、战争等原因，我国边疆地区各项社会事业的发展与其他地区相比，存在较大的差距，发展水平和速度较全国水平来说仍较为落后、缓慢。

（一）农民人均收入很低，贫困人口很多

我国边疆地区除少数地方因资源丰富、边贸发达，农民人均收入略高外，大多处于边远的山区、草原，土地贫瘠、交通不便、信息闭塞、生存环境恶劣、农民人均收入低、贫困人口多。大多数内陆边境县的农民人均纯收入均低于其所在省、自治区和全国平均水平，有些差距还相当大。如2003年，云南边境县的农民人均收入仅为1170元，只相当于云南省农民人均纯收入的68.9%，相当于全国1994年的水平；人均年收入在625元以下的绝对贫困人口还有63.19万人，占农村总人口的12.67%。2003年，广西8个边境县（市、区）中，有496个贫困村，占总村数的48%；未解决温饱的农户6.2万

户、27.88 万人,占总户数的 11.78%、总人口的 11.6%(占农村人口的 13.76%)。相当数量的绝对贫困人口,已成为影响边疆贫困地区经济社会全面、协调发展的重大问题,也影响到边疆地区的民族团结和边疆稳定。

(二)缺乏基本卫生医疗条件

我国边疆地区除少数较发达的边境县市外,大多数边境县市都存在着医疗设施差、医务人员短缺、医疗水平低等问题,尤其是在农村,乡镇卫生院基本不能开展外科手术,很多卫生院不能进行 X 线、B 超、常规化验等辅助检查。一大部分乡村医生只经过短期的培训,卫生所设备简陋,全凭"老三件"和经验治病,群众看病难,地方病、传染病多发,严重影响了群众的身体健康,"因病致贫,因病返贫"现象不断发生。如 2003 年,广西边疆地区每千人拥有医院卫生院床位数为 1.43,低于广西的平均水平每千人 1.7;每千人拥有卫生技术人员 1.47 人,远远低于广西平均水平的每千人 2.5 人的水平。

(三)教育状况亟待改善

我国边疆地区大多处于边远的山区、草原,地广人稀,学校布局分散,设施简陋,师资力量比较薄弱,教师素质总体不高,适龄儿童的入学率、巩固率、升学率均较低。如 2003 年,广西边疆地区平均每所小学有学生 188 人,远远低于全区平均 305 人的水平;每万人的小学生数为 883 人,比全区平均水平低了 130 人;普通中学每万人学生数 508 人,比全区平均水平 624 人相差 116 人。

在农村义务教育方面,由于边疆地区农村居住分散,交通不便,为了实行义务教育,保证适龄儿童获得读书机会,需在一些区域内设置学校,山区学校布局分散。如广西靖西县 24 个乡镇教学点约 500 个,学生人数 77788 人,其中,4 到 9 位学生的教学点有 39 个,10 到 20 位学生的教学点有 58 个,21 到 50 位学生的教学点 158 个,51 到 99 位学生的教学点有 143 个,100 位学生以下的教学点占全县教学点 43.64%。

(四)交通通信等基础设施比较落后

近年来,虽然国家对边疆地区的基础设施建设给予了极大的重视,但由于边疆地区长期以来历史欠账过多,加之存在着山高路险、地域广阔、人口分散、经济落后等因素,使得边疆地区的基础设施条件难以得到根本性的转变,交通、能源、通信和水利等基础设施仍较为落后。如 2003 年,云南各边境县通往州、市府所在地和通往口岸的公路,分别还有 38% 和 25% 的路面达不到三级油路的标准;县乡公路路面状况差、等级低,大部分还是四级以下砂石路面,晴通雨阻。2003 年,广西边疆地区 8 县(市)等级公路里程4511.1 公里,其中高速公路 23 公里,占 0.51%;二级公路 182.88 公里,占4.1%;没有一级公路。基础设施落后成为制约边疆地区经济发展的重要因素。广西边疆地区还有 127 个行政村未通公路,占行政村总数的 12.38%;8754 个自然屯之间未通村级路;1533 个屯、44 万人未解决饮水问题,占边境人口的 18.4%;6540 个自然屯没有通电,占边境自然屯的 32.7%。

二、经济发展情况

改革开放以来,我国的边疆地区经济持续发展,综合经济实力和经济发展水平有所提高。但从整体上看,边疆地区的经济发展状况和发展态势与全国及其所在省、自治区的平均水平相比,仍存在着较大的差距。

(一)边疆地区 GDP 总量很小,人均 GDP 很低

2003 年,我国边疆地区 138 个县(市、区)的地区生产总值为 1284.52亿元,占全国国内生产总值的 1.1%,与其占国土面积的 18.8%、全国人口的 1.8% 相比,很不相称。2003 年,边疆地区人均 GDP 为 5605 元,与全国人均 GDP9101 元相差 3496 元,相当于全国人均 GDP 的 61.6%。其中,最低为云南省,边疆地区人均 GDP 为 3576 元,相当于云南省人均的 63.2%,仅为全国水平的 39.3%。

(二)边疆地区产业结构不合理,工业化率低

1.第一产业比重过大,第二产业比重过低

2003 年,边疆地区的三次产业结构比为 30.12:30.26:39.62,与全国地区生产总值结构相比,第一产业高了 15.52 个百分点,第二产业低了 21.94个百分点,这说明,边疆地区的经济主要还是以农业为主。

2. 边疆地区经济的工业化率低

2003 年,全国的工业化率(工业增加值占 GDP 的比重)为 45.3%,而边疆地区的工业化率仅为 20% 左右,与全国水平差距较大。一般来讲,工业化率低于 20% 为农业社会,20%~40% 为工业化初期,40%~50% 为工业化中期,50% 以上为工业化后期,因此,边疆地区显然处于农业社会向工业化初期过渡阶段。

三、财政情况

(一)人均财政收入低,一般预算收入增长缓慢

2003 年,边疆地区财政收入为 89.66 亿元,人均财政收入 391 元,仅相当于全国平均水平 1680 元的 23.3%。从各省来看,最高的为内蒙古,人均 789 元;最低的为西藏,人均 164 元,均低于全国平均水平。从边疆地区的一般预算收入增长来看,增速较慢。2000~2003 年,新疆、内蒙和广西边疆地区的一般预算收入年均增长分别为 12.8%、6.5% 和 7.2%,分别比各自省份一般预算收入的同期增长慢了 4.6、6.9 和 4.3 个百分点。

(二)人均财政支出水平低,财政支出增速快于全国平均水平

2003 年,边疆地区财政总支出为 224.85 亿元,是财政收入的 2.5 倍,人均财政支出 981 元,仅相当于全国平均水平 1899 元的 51.6%。从各省来看,最高的为内蒙古,人均 2129 元;最低的为广西,人均 628 元,两者相差 3.39 倍。从边疆地区财政支出的增长来看,2000~2003 年,新疆、内蒙和广西边疆地区的财政支出年均增长分别为 23.4%、27.7% 和 16.8%,快于同期全国财政支出的年均增速 15.7%。2003 年,云南边疆地区财政支出比上年增长 18.7%,比全国平均水平高了 7 个百分点。

(三)财政收入规模小,对上级财政的依赖性较大

受经济发展的制约,边疆地区财政收入规模小,财政资金供求矛盾突出,对上级财政的依赖性较大。2003 年,边疆地区 138 县(市、区)的财政收入为 89.66 亿元,而财政支出却为 224.85 亿元,财政收入只有财政支出的 40%,相差较多。

第三节　影响边疆地区社会稳定
和经济发展的特殊因素分析

改革开放以来,边疆地区在党和政府的高度重视和扶持下,其经济和社会事业有了长足的发展。然而,由于历史、地理、文化和人口等各方面的原因,使其同内陆地区仍然存在着很大的差距。人们常说,要治病必先找到病因,才能确定治病的良方。同样道理,边疆地区要缩小发展上的差距,也应当明确迟滞其发展的制约性因素,能有的放矢,抓住问题的关键,促进边疆地区的社会稳定和经济发展,维护国家的长治久安。从现实的角度分析,影响边疆地区社会稳定和经济发展的制约因素,主要有:

一、政治因素

进入 20 世纪 90 年代以后,我国边疆地区政治相对稳定,工作重心向经济建设转移。在这个时期,边疆地区从实际出发,充分利用自然资源和地理位置优势,积极开展边境贸易,经济获得较快发展。但是,由于经济基础差、发展起步晚,边疆地区仍存在经济总量小、产业结构不合理、经济发展后劲不足等问题。另外,近年来境外敌对势力为达到分化、西化的目的,宗教渗透一直没有停止,活动频繁,采取多种手段大力扩展宗教势力,严重影响了边疆地区的社会稳定。相邻国家的政策对我国边疆地区的社会稳定和经济发展也存在着较大的影响。如近年来,越南实施了一系列促进边疆发展、改善边民生活的政策措施,主要政策有边民免费医疗;边疆地区教师工资比内地高一倍;边民到边境一线(特别是争议地区)垦植,每亩补贴 150 元等,这些政策对我国边民产生了不小的影响,也对国土安全提出了挑战。

二、自然因素

我国边疆地区大多处于偏远山区,有的处在深山区、石山区、高寒山区或荒漠地区,山高坡陡、交通不便、通信闭塞,导致其与外界的交流缺乏,跟不上先进地区发展的节拍。在西部民族地区,我们不难发现某些少数民族传承祖辈的基业,单家独户或几户人家远离喧嚣的集镇而独居山林的情景,他们对最基本的生活用品采购往往需要步行几十里山路,才能乘上进城的班车,每次的进城就犹如一次次的远征,要提前好几天做好远行的准备,包括心理准备。即使是居住相对集中的民族山寨或民族村,也因为交通条件而使他们实际上与周围并不遥远的经济中心来往很少。可以看出,边疆地区在发展上的差距,与其基础设施差,尤其是交通、通信设施不发达这个硬"瓶颈"是直接关联的。

虽然边疆地区地广人稀,但也必须设置行政机构,配置一定数量的行政管理人员,相应的也需要配套文化、教育、卫生等事业设施,这必然导致财政供养人口占总人口的比重高,各项事业设施的利用水平低,而这些又是边疆地区行政管理和事业发展所必需的。边疆地区地处偏远、地形复杂,各项设施建设难度大、工程造价高,由于建设资金短缺、建设成本高,边疆地区基础设施十分落后。

三、经济因素
(一)底子薄、基础差、生产力发展水平低

由于历史的原因,西部地区的少数民族大都脱胎于封建社会、农奴社会、奴隶社会。新中国建立后,随着社会主义制度的确立,少数民族地区的生产关系发生了根本性的变革,社会制度实现了一步跨千年的历史飞跃。然而,少数民族的生产力发展水平并没有因为生产关系的变革而同步提高。与汉族相比,在经济和文化上存在着许多事实上的发展差距。特别是在农业生产中,许多地方还使用着相当落后的生产工具,存在着"刀耕火种"、广种薄收的耕作方式;经济基础薄弱、商品率极低,有些山区少数民族缺衣少食相当普遍,人畜饮水非常困难,很难维持一般的再生产,更谈不上扩大再生产;贫困问题严重,基本是靠家国财政补贴过日子。目前,国家尚有52000多万贫困人口,他们基本上都是少数民族,且多集中在西部民族地区。这些都说明发展西部民族地区的任务是艰巨的。

(二)自我积累能力差,发展缺乏资金保证。

全面建设小康社会的目标是产出,而产出是需要资金和项目的投入来实现的。边疆地区在产业结构上,除传统的农牧业生产外,第二产业不够强劲,第三产业很不发达,从而导致了仅有政府投资倾斜下的优势行业,而无自我发展、自我积累的优势产业,这是非常危险的。从人们经济活动的基本情况看,经济要发展,离不开资金的投入,没有投入,也就没有产出。特别是在市场经济条件下,没有相应的货币资金支持,要推动经济建设的发展,其困难程度是不言而喻的。边疆地区,虽然有国家投资政策的倾斜,但"资金瓶颈效应"长期以来并没有得到改观,资金来源渠道非常狭窄,唯有国家的投入,而很少有其他资金的注入,资金流动明显出现"凸地效应"。即使能够靠拆借引进部分资金,但其高利率对缺乏自我积累、绝大部分资金靠银行贷款的边疆地区的企业来说,风险和压力是巨大的。

(三)口岸建设投入不足,边境贸易徘徊不前,区位优势没有得到充分发挥

由于国家投入口岸建设的资金有限,而地方配套资金又难以落实,沿边一线大部分的国家一、二级口岸中,仍然存在联检楼、国门、查验货场、边贸市场不配套,边民互市贸易市场建设滞后,口岸通关管理模式落后,口岸通而不畅等问题,不能满足建设国际大通道的需要,尤其一些新口岸,连供水、通电和通信等最起码的基础设施都没有。口岸建设滞后,从一定程度上制约了口岸客货流量的增长,影响了口岸经济的发展,边疆地区区位优势没有得到充分发挥。近年来,国家对边贸管理和边境旅游措施趋严,一方面许多原有的边贸优惠政策不断弱化;另一方面新出台的优惠政策不适应边疆地区经济发展的实际需要,边疆地区长期依靠小额贸易支撑,正规的一般贸易发展徘徊不前,难以形成大进大出的格局。

四、人才奇缺,知识和技术能力普遍薄弱

现代化建设是和现代化的人分不开的。现代化的人要具有现代文化知识、思想观念和伦理道德素质,要具有现代智力、能力、体力和心理素质。一个国家、一个地区,其经济和社会要有快的发展,离开了现代化的人的支撑是很难进行的。而西部民族地区的基本状况是:教育普遍落后、文化水平低、人才严重缺乏,除了客观原因外,与边疆民族地区在主观上对教育缺乏重视的观念是有直接关系的。在这里,人们对子女的培养,往往仅仅是对劳力的培养,而不是对人才的培养,只在乎他们能否适应基本生活,而不在乎他们对知识有多大的占有。由于对知识的不重视,造成了边疆民族地区科技人才、管理人才、教育人才的严重缺乏。如果说在 20 世纪五六十年代,少数民族地区人口数量发展停滞或缓慢,不利于少数民族社会经济繁荣、发展的话,那么在今天,少数民族地区人口素质偏低、构成不合理,已成为延缓少数民族繁荣、发展的突出矛盾。

五、思想保守、观念落后、改革力度不足

边疆民族地区,传统观念沉积深厚,许多外来的新思想、新观念对它的冲击和影响相对内陆地区要小得多。尽管 30 年来改革开放的实践对它的辐射和影响作用是明显的,但民族地区从干部到群众,传统观念仍未打破,一些陈旧落后的思想观念根深蒂固并左右着人们的行为。首先,小农经济意识严重。边境民族地区人口中农业人口占绝大部分,受农耕文化的影响,形成落后、保守、狭隘、封闭的小农意识。"温饱即安"、"小富即满",缺乏现代市场意识、竞争意识和超越意识。其次,求稳怕乱,安于现状。边疆民族地区的人们,普遍缺乏开拓创新意识。不少领导干部谈发展时,理论一套一套,真干事情时又怕担风险,"不求有功,但求无过",已成为他们为官处事的基本准则;群众也同样缺乏创新和竞争观念,按部就班、故步自封,参与意识不强,甚至对关乎大家利益的公共事业也往往是"事不关己、高高挂起",漠然视之、置身事外。最后,存在着明显的"等、靠、要"思想。发展实际上就是对各种要素的优势进行整合利用的过程。边疆民族地区在自身发展的问题上,不是把精力放在内部功能的提升和发挥上,而是存在着严重的"等、靠、要"思想。一味的等着国家的支持,总认为"这是社会主义的优越性"、"社会主义饿不死人",缺乏积极主动性,不能深刻认识到国家对自己

的优惠政策以及东部的资金与技术支持也必须建立在自己更生、有自身活力的基础之上。

六、社会因素分析

(一)民族、宗教、毒品渗透问题,在相当程度上影响了民族团结和边疆稳定

一是一部分边疆地区的群众由于受教育程度低、贫困程度深、生活质量差、生活水平低,很容易受境外特殊政策的影响,边民外流的现象时有发生。二是有些边疆地区由于经济发展优于邻国,导致偷渡等现象时有发生,影响了边境的稳定。三是云南、广西距离"金三角"较近,特别是边境线上无任何天然屏障,山水相连、村寨相望,少数民族跨境而居,人员往来十分频繁,一些地方历来就是毒品出入的主要通道和毒品渗透、消费的重灾区。毒品问题还加速了艾滋病的传播蔓延,严重危害了人民群众的身心健康。这些情况如果不用发展经济,普及教育的方式加以遏制,势必影响边疆稳定、民族团结。

(二)边疆地区社会文化发展严重滞后

我国边疆大部分县市都是典型的少数民族聚居区,少数民族种类多、数量大,居住分散,受教育程度普遍较低,多数县"普九"教育很难巩固,与"普九"的要求还有较大差距。教育水平和科普程度相对较低,边民特别是农民的科学文化知识比较匮乏、法制意识较弱、素质较低,地方宗族、地域观念根深蒂固,一些消极思想和陈规陋习沉渣乏起,农村普遍存在"六合彩"赌博现象,严重影响了农村经济发展和社会稳定。

第四节 影响边疆地区社会稳定和经济发展的财政因素分析

一、政策缺乏针对性

目前,从边疆地区执行的各种财政政策来看,国家除了给予一些边境口

岸对外开放城市及边境经济合作区的优惠政策外,没有单独针对边疆地区的特殊情况而采取的特殊性财政政策。边疆地区由于国防政治等原因,正常的经济建设无法进行,导致其公共服务水平及经济发展程度都远远落后于其他地区,从公共财政的角度来讲,一是边防属于全国性的公共产品,对由于边防原因造成的公共服务水平以及经济发展的问题,国家和地方应当在政策措施上予以照顾倾斜。二是公共服务水平的均等化也要求我们考虑边疆地区的特殊情况,在政策上予以倾斜,在财力上给予大力支持,以使边疆地区的公共服务水平及经济发展达到一定的程度。

二、现行的财政体制不利于促进边疆地区的社会稳定和经济发展

现行的财政体制是 1994 年推行的分税制财政体制,经过 10 年的不断改革和推进,取得了较大的成效。但是,经过 10 年的运行,分税制财政体制也暴露出了许多问题,有些问题对于边疆落后地区来说显得尤为重要。一是现行财政分配体制采取"一刀切",对经济发展落后的边疆地区缺乏照顾。目前分配比例是搞"一刀切",没有根据不同地区的经济发展情况区别对待。对经济基础较差、发展缓慢的边境县市在财力上给予的支持和照顾不够,而对发达地区的税收返还比例却与边疆落后地区一样,相比之下显得不合理。二是上级财政财力集中过多,严重影响了边疆地区经济的发展。现行体制下,边境县市发展经济所得税收大部分被上级财政所集中,导致边疆地区财力紧张,基本上是吃饭财政,没有多余财力支持经济的发展。而且对于边疆落后地区来说,不论是"两税"基数还是所得税基数都比较低,其发展经济所得税收增长的大部被上级拿走,影响了边疆地区发展经济的积极性,导致一些边疆地区滋生了严重的等、靠、要思想。三是事权划分不清,加重了边疆地区的财政负担。目前,分税制存在的最大问题就是财权、事权不统一,事权划分不清,很多应由中央和自治区承担的职责,却由边境县市来承担,如义务教育、最低生活保障,等等。对于经济发达地区而言,由于其经济发达、财力充裕,影响不大。但对于边疆地区来说,其经济发展落后、财

力薄弱,又加之上级财政集中过多,财政往往无力承担,只能是通过借债或降低公共服务水平来维持,导致了边疆地区地方政府债务沉重,公共服务水平低,严重影响了边疆地区经济的健康快速发展。

三、特殊的财政支出,加剧了边疆地区的财政困难,进一步制约了经济的发展

(一)少数民族的特殊支出

我国边疆地区又是多民族地区,为了民族团结,保护和发展民族文化,建设民族学校,培养少数民族干部以及政府定期举办少数民族歌会、少数民族运动会、民族庆典等活动,相应增加了政府支出。由于历史原因,部分少数民族的生存条件恶劣,为了解决其温饱问题,须对其进行异地安置,每年需相当规模的财政资金。

(二)为了树立国际政治形象,必须加快边疆地区社会事业的发展步伐,财政支出压力很大

我国边疆地区大多基础设施薄弱,交通闭塞,科技、教育、卫生等社会事业发展落后,城镇化水平低,群众生活水平低。虽然近几年来,采取了一系列的扶持政策,如扶贫攻坚、"兴边富民行动"等,切实解决当地群众的生产、生活基本问题,但仍未能从根本上解决边疆地区贫穷落后的局面。为了树立国际政治形象,需进一步加快边疆地区发展步伐,建设繁荣稳定的边疆,巩固边防,任务十分艰巨。同时,加强边境管理设施建设,改善边境管理的工作环境,需要大量的财政资金,更增加了地方财政支出压力。

(三)国防建设的特殊支出,增加了边疆地区财政的负担

从事权和财权相统一的原则出发,国防建设支出应属于中央财政支出范畴。边疆地区驻有陆军、海军、空军和武警等多个兵种,当地财政每年需安排一定资金搞国防工程,如工事维修及边防民兵哨所建设等,还要安排部分资金帮助驻军解决实际困难,改善生活、工作条件等。

第五节　促进边疆地区社会稳定和经济发展的财政对策

　　《中共中央关于制定国民经济和社会发展"九五"计划和2010年远景目标的建议》决定:"从'九五'计划开始,要逐步地、积极地解决地区差距扩大问题,实施区域经济协调发展战略。"中央提出的西部大开发战略和科学发展观中都提出了缩小区域差异、促进区域经济协调发展的指导思想和政策主张。国家民委倡议发起了"兴边富民行动",目标是争取用10年左右时间,使边疆民族地区基础设施条件得到明显改善,人民群众生活水平有明显提高,经济和社会事业全面进步,最终达到富民、兴边、强国、睦邻的目的。以上情况说明,区域差异的问题已经受到中央和社会各界的广泛关注与重视,许多政策措施已经开始付诸实施,为新世纪缩小区域差异,改善边疆地区落后面貌奠定了良好的基础。

　　边疆地区的落后状况是多种因素长期积累的结果,需要逐步解决。同时,涉及许多宏观政策的调整与实施问题,如区域协调发展和西部大开发政策如何向边疆地区延伸、辐射的问题,生产力和产业布局如何向边疆地区倾斜等。扶贫开发、涉农政策、社会保障制度、城镇化建设、均等化财政政策的实现等,与边疆地区的发展都有密切的联系。所以说,促进边疆地区发展是一个非常宏观的课题,需要长远统筹规划、综合研究、逐步实现。基于这种情况,本文试从财政角度提出一些看法和建议,与大家共同探讨。

一、政府主导开发是边疆地区发展不可替代的重要推动力

　　人类经济活动的开发模式,无非是政府主导开发、市场配置资源开发、政府与市场相结合开发三种模式。三种模式都是"人为"开发、"非人为"开发和"自然"开发实际上是不存在的。具体选择哪一种模式,应从实际出发。由于西部民族地区的发展有许多不可忽视的弱势因素,诸如:观念落后,思想不解放,接受新生事物能力差;地处偏远,交通不便,与外界沟通联系少;底子薄、基础弱,发展缺乏支撑力,等等。要彻底改变这种状况,政府

应当毫无选择地去担负起应有的责任,大力扶持,这是民族地区经济发展的基础保证。所以,在现实情况下,西部民族地区的发展,在模式选择上应是政府主导开发模式。当然,我们并不否认市场经济条件下,经济活动的主体是企业和个人,但市场经济的运行机制对西部民族地区来讲,需要政府强有力的培育过程,否则,市场经济的效用将会为西部民族地区发展的制约因素所湮没。在这一过程中,政府投资的主体地位是不能削弱的,尤其是那些市场失灵的领域和投资者不愿介入的领域,如基础设施和环保产业,更需要政府进行投资,发挥投资的乘数效应,起到投资的示范作用和前期基础作用。如果不结合实际而单纯依靠市场作用,其最终结果很可能使西部民族地区急需的资金、人才和技术越向发达地区流出,这样,势必导致民族地区与发达地区之间的差距越拉越大。回顾我国经济发展的过程,上世纪五六十年代进行的两次西部开发,都是在高度集中的计划经济体制下,由政府主导来进行的,从其效果看,两次开发都是正确的,它对全局的贡献,特别是国防建设的贡献都是很大的。虽然,体制背景的不同,使第三次西部开发已不可能再现当年的情况,但是,市场经济的利益驱动和速效原则,使市场主体不大可能聚焦事关全局的巨大工程和项目,而西部民族地区的大开发恰恰又是急需上马的基础设施建设和生态环境这样耗资巨大,但又需要相当长的时间才能获得回报的工程,甚至一些是无偿投资的社会工程。像这样的工程,市场的力量是无法承担的,而必须要由政府的力量才能实现。这里强调政府的主导地位,并不是要去否定市场的作用,只是想进一步说明,市场机制在西部民族地区远未确立的前提下,政府的功能是非常关键的。对此,我们应该有清醒的认识。

二、加大对边疆地区转移支付力度,提高公共服务水平

(一)针对边疆现实情况,建立规范的转移支付制度

由于边疆地区的特殊需要和特殊的地理位置,决定了边疆地区要担负较其他地区多的支出,虽然目前的转移支付已经对边疆地区给予了适当的倾斜,但由于目前的落后状态,很难从根本上解决一系列的问题。应在原有

的转移支付制度上做适当的调整,增加一般性转移支付及政策性转移支付。一是重新确定中央政府对地方政府转移支付资金的支付方式,对边疆地区建立特殊的转移支付制度。对边疆地区转移支付的多少,重点考虑其人口数、税负高低、土地面积、人均 GDP、民族风俗、教育状况和地方财政支出的需求等因素,按照这些因素的影响程度大小确定计分标准,各地统一标准计分,从而确定财政支出水平。二是规范对边疆民族地区的专项补助。首先,要明确中央专项补助的目标选择。专项补助的目标应是通过财力的转移支付,帮助边疆地区提高利用市场的能力,解决这些地区无力解决的阻碍经济发展的重大问题,搞好基础设施建设、生态环境保护与建设,增强经济发展后劲。其次,要采取因素法进行规范的专项转移支付。再次,要扩大专项补助规模,界定好补助范围。农业、社会保障、教育、科技、卫生、计划生育、文化、环保以及水利、交通、能源等基础设施的专项补助应向边疆地区倾斜。最后,是从专项补助的管理来看,应做到专款专用,对其进行事先、事中、事后监督,提高资金的使用效率。

(二)设立"边境旗市发展基金"和"口岸城市基础设施建设基金"

由于许多特殊的历史原因,多年来国家对边疆地区的口岸建设投入很少,边境口岸目前存在着功能不完备、基础设施建设滞后、水平偏低等突出问题。考虑到口岸建设对改革开放和经济发展大局有重要的意义,中央财政应从每年预算中划出一定比例资金增设"边境旗市发展基金"和"口岸城市基础设施建设基金",增加对边疆地区经济、社会发展的投入。

三、加大对边疆地区各项社会事业的投入,促进边疆地区的社会稳定

边疆地区是捍卫国家主权和领土完整的前沿,是反分裂、反渗透的一线阵地。与经济发展相比较,边疆地区的社会稳定是首要的、无条件的,而经济发展是有一定时空条件的。从这个意义上来说,维护和巩固边疆地区的社会稳定,是各级政府特别是中央政府义不容辞的职责,这也正是公共财政的重要内容。

(一)加大对边疆地区教育事业的投入

边疆地区要发展经济,除了要改善投资环境,实行内引外联,把自身的自然资源优势转化为经济优势外,最重要的还是要发展教育,提高人的素质。只有人的素质提高了,经济发展才有潜力,才具有可持续性。

要优先发展边疆地区的基础教育。基础教育是进行其他后续教育的基础和根本。实行免费的9年义务、职业培训教育和文明生活方式教育是边疆地区发展急需解决的当务之急。同时,提高边疆民族地区寄宿制、半寄宿制学校学生生活补助标准。中央和省要帮助边境县尽快完成"两基"任务,加大对边境中小学教育的投入,改善办学条件,实施好国家西部地区农村寄宿制学校建设工程、国家贫困地区义务教育工程、农村中小学危房改造工程、边境学校建设工程。举办边疆地区农村实用技术培训,重点培训种养业实用技术,提高科技对经济增长的贡献率。加强边境县、乡文化卫生事业建设,增加文化、卫生设施投入,提高文化、卫生的服务能力。按照国家部署,在农村开展"村村通"工程和"西新"工程,有效提高边境一线的广播电视覆盖水平,抵御外来渗透,丰富各族群众精神生活。其次,要全力提高教师队伍素质,提升基础教育质量;提高教师的待遇,改善他们的工作环境;加强教师的教育培训工作,构建教师终身教育体系,切实保障培训经费的投入。

(二)建立和完善社会保障制度

我国已立了包括养老保险、失业保险、医疗保险、城市居民最低生活保障制度为主要内容的社会保障制度基本框架,但是社会保障资金供不应求的矛盾特别突出。各级政府要调整财政分配结构,增加对社会保障的支出。

要帮助边疆地区加快建立农村最低生活保障制度,保障对象先以五保户、特困户为重点,逐步扩大保障范围,最终建立城乡一体的最低生活保障制度。要积极结合农村合作医疗制度的试点工作,做好制度的建设工作,将农村合作医疗首先覆盖到边疆地区广大农村。要逐步增加对卫生医疗机构的投入,逐步改善卫生医疗设施尤其是边疆地区农村的状况,提高医疗水平,平抑药价,解决农民看病难、看不起病的困难。同时要宣传普及各种基本医疗和卫生知识,搞好环境卫生建设,健全卫生监管体系和公共卫生危机处理机制。

(三)加大对边疆地区基础设施建设的投入

基础设施是国民经济的重要组成部分,它是人类生产、生活不可或缺的物质载体和基本要素,在国民经济发展过程中具有重要的产业地位和战略地位。国际经验表明,社会公共基础设施是实现工业化的基础,特别是在工业化初期,包括基础设施在内的基础产业,更是推动经济快速发展的原动力。考虑到目前我市市场需求不足、社会公共基础设施总体落后的现实情况,政府采取措施,强化基础设施建设的投资力度,对于调整改善投资与经济结构,吸纳城乡剩余劳动力,实现国民经济的良性循环和长期稳定发展,无疑是一项符合现实的正确选择。

虽然经过多年的投入建设,边疆地区的基础设施有了较大的改善,但总的来说,边疆地区的基础设施建设相对于其他地区来说,仍然较为落后,尤其是在电力、交通、通信等方面,已严重制约了边疆地区经济的进一步发展。因此,要加大对边疆地区基础设施建设的投入力度,要有计划地在边疆地区建设一批对经济发展有重大作用的林业、交通、通信、水利、能源等基础设施,解决边疆地区经济发展的瓶颈问题,培育其新的经济增长点,促进其经济快速发展。

以打牢基础为重点,进一步强化交通、水利、能源、市政等基础设施建设;进一步完善边境供电、广播电视和现代通信设施。加强边境村寨电网建设,解决边境村寨的生产生活用电问题。进行自然村通信、通广播电视建设。进一步加强水利建设,加快水利化进程,提高农业抵御自然灾害的能力,保证城镇饮用和资源开发用水。完善边境乡镇和口岸主要道路及桥梁建设、自来水建设、市场建设、垃圾填埋场建设、污水截污干管建设。改造和完善乡镇政权机构业务用房和村民委业务用房,不断完善县城和乡镇功能,营造良好的生活、工作和投资经营环境。

四、发挥财政资金的引导作用,促进边疆地区经济发展

我国边疆地区地域辽阔,自然状况、经济发展等因素差异较大,因此,支

持经济发展一定要结合各地区的实际情况,发挥自身优势,走特色发展之路。

(一)调整生产力布局

目前边疆地区现代化的生产方式与传统的生产条件脱节并存,先进设备与技术由于受到传统的制约并没有为改善地区落后的经济面貌、提高人民的生活水平做出最大的贡献,各种生产要素不能有效的发挥作用。合理的勾画区域内各经济单位之间的内在经济、技术、制度及组织等要素的联系与数量关系,针对地方实际,将生产力布局调整为更加先进化,可最大程度地提高经济增长的效率。

(二)将经济建设与现代国防相结合,有效利用资源

边疆地区居民,尤其是处于比较偏远地带的居民生活和生存条件极其恶劣,在人口极其稀少的地区仍设置行政村,导致政府因改善人民生存状况以及必要行政开支付出了很大成本。要改变这种落后的面貌以及沉重的财政负担,可通过移民集聚人口,减少戍边,以便减少成本开支。为了有效地利用边疆地区可利用的一切资源,可考虑边防军用设施与农用相结合,在促进军民共建的同时以节约资金和资源来发展地方生产。

(三)调整产业分工布局,积极支持发展基础产业和优势产业

边疆地区的矿产、水能、生物、旅游、民族文化等资源极为丰富,具有较好的发展潜力。要坚持靠优势资源发展的思路,发挥边疆地区的资源、区位等比较优势,发展特色经济。选择市场需求和有效供给潜力大、产业关联度高、经济效益好、符合国家产业政策的产业,构筑区域特色的产业集群和经济带。

1. 突出农牧业的基础地位,走高效农牧业的路子

边疆地区国民经济的主要产业是农业。农业的兴衰,直接关系到民族地区经济的兴衰。边疆地区经济要发展,必须加强农业这个基础,忽视了这个问题,农民的贫困问题也就解决不了。所以,边疆地区要改变传统的耕作方式,大力推广农业适用性技术,利用地形复杂、小气候多样性的优势,发展特色种植业,如优质果品、绿色食品等。我国的牧区大部分分布在边疆少数民族地区,地域辽阔、资源丰富,发展潜力很大。由于牧区的畜牧业是相关边境少数民族世代经营,赖以生存和发展的基本产业,因而,发展畜牧业实际上也就是发展边疆少数民族的经济。作为我国畜产品的重要供给基地,边疆地区要大力发展后续加工业,实现产业化经营,提升畜产品的加工能力,把精品推向市场。对于皮毛制品,不能简单地把它作为初始产品来处理,而应当进行深度加工,形成品牌,体现民族的个性和特点。

2. 合理开发利用矿产资源,拉动经济增长

边疆地区具有显著的矿产资源优势。在全国已探明储量的 156 种矿产中,仅西部地区有 138 种;在 45 种主要矿产中,西部有 24 种,占全国保有储量的 50% 以上;仅西部地区全部矿产保有储量的潜在总价值达 61.9 亿万元,占全国总额的 66.81%。要把这种资源优势转化为经济优势,边疆地区就必须将资源就地消化,提高加工深度,延长产业链,增加产品的附加值,而不能仅仅依靠初级资源性产品的开发与输出。这就要求上规模的资源开采业和技术含量高的原材料深加工业相应跟上。在这方面,可以采取互相联合的形式和"谁投资,谁收益"的原则,通过这种途径,开发新的产品,实现价值补偿,把资源优势转化为市场竞争优势。同时,走"以主矿为龙头,推动其他矿种合理开发利用"的路子,加大矿业科学化、集约化开发力度,引进、扶持和发展一批科技含量高、资源消耗少、经营管理强的矿业企业,提高矿业对财政增收和经济增长的贡献率。

3. 利用大自然的馈赠和人文的积淀,大力发展旅游业

旅游资源是边疆地区的优势,也是中国旅游业大发展的主要后劲所在。作为旅游业本身,其对自然景观、人文景观及生态环境有着极大的依赖性。可以说,它是集自然、人文、生态、消费为一体的"无烟产业"和服务业。边疆民族地区,地域辽阔,山川秀丽,许多景区、景点都是享誉世界的风景名胜,受到中外游客的青睐和向往,诸如:西藏的珠穆朗玛峰、布达拉宫;云南的西双版纳、大理风光;四川的黄龙、九寨沟;内蒙古的大草原、成吉思汗陵;新疆的吐鲁番和维吾尔、哈萨克族风情;广西的桂林山水,等等。开发和利用这些自然旅游资源对于发展边疆地区的经济具有十分重要的意义。那么,如何才能在现有的基础上,使资源优势真正地转化为旅游优势?这就需要边疆地区的干部和群众把旅游业真正作为一个产业来看待,要树立可持续的发展观念,在旅游业的开发上,要突出民族特色、历史文化特色和地方特色,打造"独一无二"的民族风情旅游项目,创造性的开发民俗风情旅游特色产品。在旅游管理和综合服务体系建设上,不仅在旅游旺季要投入精力,更要在旅游淡季加强管理和建设,实行旅游业的标准化、规范化服务,营造舒适、方便、安全、健康的旅游氛围。

(四)大力促进项目建设

一是为促进边疆地区多上项目,建议降低项目自筹资金比例,相应提高国家和省级财政投资比例;二是要认真落实扩大增值税抵扣范围等各项税收优惠政策,充分发挥优惠政策在吸引外来投资、激励企业加大技术改造投入等方面的积极作用。三是调整现有用于项目建设的各项专项资金,发挥财政资金的引导和补充作用,集中财力重点支持支柱产业和优势产业的项目建设。四是充分利用国家对老工业基地调整改造给予政策倾斜的有利机遇,积极争取国债、基本建设拨款、企业技改贴息、农业综合开发等各项专项资金的支持。五是中央和省为支持边疆地区的经济发展,在给其安排一些项目拉动地方经济的发展时,一方面地方申报项目要实事求是,不搞"钓鱼工程";另一方面也要考虑地方配套资金的负担。建议适当减免地方配套资金比例,加大中央和省的资金投入比例,切实缓解其投入需求和资金短缺的矛盾。

(五)优化投资软环境,扩大边疆地区招商引资的能力

边疆地区经济发展不快,对外开放水平不高,招商引资成效不明显,在很大程度上与其投资环境特别是软环境建设滞后有关。因此,要大力帮助边疆地区优化投资软环境。首先,要深化行政审批制度改革。按照精简、下放、规范的要求,精简一切可以精简的审批事项,将一些审批权限下放给边境县市,增强其经济自主权。规范一切依法保留的审批事项,建立简便高效、公开透明、协调规范的行政审批制度,提高边境县市的行政审批效率。其次,要清理和规范收费事项。对各种行政事业性收费进行全面清理,除国

家规定的收费项目外,其他收费项目要依照有关程序予以取消,严禁乱收费、乱罚款、乱摊派,违者要严肃查处。最后,整顿和规范市场经济秩序,创造良好的市场环境,使外来投资者在边疆地区获得优于其他地区的公共服务和市场环境,进而激发他们在边疆地区的投资热情,推动边疆地区经济发展。

(六)大力加强口岸建设、发展口岸经济,促进边贸发展

首先,要加强边境口岸的建设。多年来,由于国家对口岸建设的投资较少,边境口岸存在着功能不完备、基础设施落后等突出问题,已经不适应日益增长的贸易往来,因此,加强口岸建设已成为当务之急。一是国家应当增加对边境口岸建设的投入,每年拿出一定的资金加强口岸基础设施建设,完善国门、联检楼、查验货场、边贸互市贸易市场等基本配套设施,促进采取"一站式"管理方式,建立电子口岸,实施通关便利化,尽快完善口岸功能,保证口岸功能的发挥,全力做好口岸经贸服务工作树立良好国际形象,使其真正成为服务边疆经济发展和内陆地区走向东南亚的国际大通道。在一些重要边境通道和商品集散地兴建一些边贸市场,使部分边民依靠互市贸易增加收入。二是提高关税返还比例,用于口岸的基础设施建设。其次,要适当下放边境贸易进出口商品配额指标的管理权限,适当放宽对边境贸易的出口退税条件的限制和适当降低边民日常互市及小额贸易所征税费,促进边境贸易的发展。

(七)创新区域金融政策,改善融资环境

边疆地区的开发建设有许多问题需要解决,但归根到底是资金的支持程度,资金短缺将是边远落后地区长期面临的问题。在目前边疆地区自身还无法解决资金短缺问题的情况下,可采取以下办法逐步解决融资问题。

1. 实行倾斜政策,加大对边疆地区的信贷投入

国家政策性银行在资金安排上,应加大对边疆地区的倾斜力度。其中,国家开发银行应将边疆地区作为每年安排的开发性信贷资金的重点投向之一,用于支持基础设施建设、生态环境建设、优势资源开发、产业结构调整以及关系区域发展全局、带动作用大的工程建设,并适当延长贷款期限,降低

贷款利率或实行浮动利率。中国进出口银行的专项信贷资金应积极向边疆地区倾斜,优先支持边疆地区的出口项目。

2. 完善多元化金融组织体系

国家政策性银行应进一步完善组织服务体系,完善政策性银行在边疆地区的服务功能;制定优惠政策鼓励和引导全国性、区域性股份制商业银行到边疆地区设立分支机构,引导资金向边疆地区流动。国家加大边疆地区金融对外开放力度,积极引进外资金融机构;发展适应边疆地区经济、民族特点的地方性商业银行,重组边疆地区银行体系;加快农村信用社的改革步伐,建立起真正的农民合作性金融组织,并担负起为"三农"融资的主渠道重任。

3. 出台专项政策,切实减轻边疆地区金融机构的历史负担

制定消化历史包袱的特殊政策,进一步将不良贷款剥离出去,切实减轻边疆地区国有商业银行的历史负担;优先解决边疆地区分支机构的呆坏账问题,适当加快核销进度;解决历年财务亏损挂账和应收未收利息问题;落实对资产管理公司的免税政策,减免边疆地区资产处理过程中的各种费用等。

4. 加快边疆地区金融对外开放步伐

实行倾斜政策,加大边疆地区引进和利用外资力度。增加国家对外借款中投向边疆地区的比重,进一步提高我国利用国际金融组织和外国政府中长期优惠贷款用于边疆地区的比重,并在贷款担保和归还方面给予相应支持;允许边疆地区企业以其合法的外汇资金向银行进行人民币抵押贷款;降低中资企业限额外汇结算账户开户标准,改进贸易外汇管理;完善服务贸易外汇管理,改进边境贸易外汇管理;支持边疆地区经济金融合作,制定支持边疆地区企业加强合作的信贷指导意见,引导和鼓励商业银行增加对相关企业的信贷投入和信贷支持。

(八) 实施优惠税收政策

1. 调整中央与边疆地区的共享税分成比例和范围

考虑到边疆地区的收入水平,建议在分税制财政体制不变的条件下,对

边疆地区和一般地区,采取分别对待的政策,加大增值税留给边疆地区的比例,以增强边疆地区的地方财力。同时,把边疆地区中央所属企业所得税,由中央税改为中央、地方共享税,以兼顾国家、边疆民族地区的利益,促进中央企业与民族地区关系的协调发展。

2. 通过某些税种的调整,建立促进边疆地区经济发展的税收体制

改革增值税,将消费型增值税的试行范围扩大到边疆地区。目前在边疆地区实行的生产型增值税,在客观上起到了逆向调节作用。在生产型增值税下,矿山、煤炭等聚集于边疆地区的开采行业,税负普遍提高,不利于边疆地区自然资源的开发利用和加快基础产业建设的步伐。如果把生产型增值税改为消费型增值税,边疆地区能从中得到更多的税收抵扣,也符合国家的区域政策。适当提高现行资源税税率,扩大其征收范围。为把边疆地区资源优势转化为经济和财政优势,可以考虑适当提高现行资源税税率,提高边疆地区资源税分享比例。

3. 调整区域税收优惠政策,并制定有利于边疆地区发展的产业优惠政策

比如对到边疆地区投资,给予各种减免税的优惠;实行加速折旧政策;实施再投资抵免所得税的政策,等。

4. 赋予边疆地区更宽松的地方税收管理自主权

允许边疆地区根据自身实际,对现行的地方税在实施细则、开征、停征以及税目、税率的调整,制定边疆地区地方税与税收法规,使边疆地区在税收方面拥有与自治权相应的权限。

五、不断完善公共财政管理体制

(一)加快预算管理制度改革步伐,同步推进各项改革措施

要借鉴发达市场经济国家预算管理经验和做法,进一步完善与社会主义市场经济体制相适应的预算管理制度,继续推进部门预算的基本管理模式、国库集中支付模式、收支两条线管理制度、政府采购制度等一系列预算改革。推行零基和部门预算要把预算内容细化到单位和项目,不仅要列示支出,还应详细列示具体的支出项目。因为部门预算的细化和透明,是国库

集中支付、收支两条线管理制度及政府采购制度改革的基础,规范国库集中支付、收支两条线管理又是落实部门预算、保障政府采购制度的条件,政府采购反过来又为部门预算提供依据,为国库集中支付、收支两条线管理制度改革提供操作客体。所以这几项改革要同步推进、相互配合、彼此促进。同时在预算编制工作中要强化人大审批制度,人大在审批预算时,既要审预算盘子还要审预算项目,改变重决算轻预算问题。

(二)进一步完善省以下财税体制,规范政府间分配关系

随着农村税费政策的落实和农业税的取消,乡镇财政收入的规模明显减少;支出方面,工商、税务、技术监督、公安、法院等部门都已实行了垂直管理,农村义务教育上收县级管理,乡镇财政的支出范围和事权内容已经很窄,乡镇财政已无设立的必要性,不失时机推进乡镇财务管理体制改革,已成"十一五"期间乡镇财政体制改革的核心问题。应借鉴安徽省"乡财县管"经验,在保持乡镇资金所有权、使用权和财务审批权不变的前提下,采取"预算共编、账户统设、集中收付、采购统办、票据统管"的方法。可先在一些困难乡镇试点,逐渐推开,为取消乡镇、减少政府行政层次奠定基础。

第五章 民族地区生态环境保护与国家财政支持保障

党的十六届三中全会上明确提出科学发展观,即坚持以人为本,树立全面、协调、可持续的发展观,按照"统筹城乡发展、统筹区域发展、统筹经济社会发展、统筹人与自然和谐发展、统筹国内发展和对外开放"的要求,推进生产力和生产关系、经济基础和上层建筑相协调,推进经济、政治、文化建设的各个环节、各个方面相协调,促进经济社会和人的全面发展。科学发展观,为实现经济发展和人口、资源、环境的可持续发展提供了理论指南。在这一新型发展观的指导下,社会发展不仅要关注经济指标,而且要关注社会发展指标、人文指标、资源指标和环境指标,不仅要增加促进经济增长的投入,而且要增加社会发展的投入,增加保护资源和环境的投入,要以环境保护和生态建设为宗旨,实现经济与人口、环境、资源的协调发展。

我国少数民族集中分布在西部地区,全国 5 个少数民族自治区全部在西部,30 个自治州中 27 个在西部,从政策倾斜来看,上述地区加上其余吉林的延边、湖南的湘西、湖北的恩施等 3 个自治州都享受着西部大开发政策。我国西部大开发战略概括起来有两大基本战略目标:一是发展经济。即通过大开发促进西部地区经济的大发展,以优化经济结构,提高经济增长的速度与质量,增加居民收入,缩小与东中部地区的经济发展差距。二是改善生态环境。即通过大开发加强西部地区的生态环境保护与建设,以改善非常脆弱且日益恶化的生态环境,为人民生活和发展经济提供生态屏障。两大目标既有相互依存、相互促进的一面,又有相互矛盾、相互对立的一面。民族地区大多数是我国生态环境的脆弱地区,又是我国生态的屏障区,在现有技术条件落后和资金紧缺的情况下,开发和发展难免对民族地区的生态环境造成不利的影响,致使这些地区生态环境恶化。而民族地区生态环境的恶化,不仅会直接导致当地生产能力的显著下降乃至丧失,而且对东部发达地区造成灾难性的影响。因此,切实加强民族地区生态环境的保护和建设,是科学发展观的内在要求,也是保证民族地区实现人口、社会和资源发展的关键所在。

生态环境是人类生存和发展的根基,也是经济系统的根基。国内外经济社会发展的历程表明,财政政策对环境资源影响极大。一项有利于环境保护的财政政策,可以在经济发展过程中有效地避免资源浪费、环境污染等问题的发生,从而促进可持续发展的实现。反之,则可能造成严重的资源浪费和环境污染,从而给人类保护环境带来更大的压力。因此,选择促进生态环境可持续发展的财政政策,对解决我国少数民族地区生态环境问题具有重要的意义和作用。环境的公共产品性质和外部性,决定了它应该成为政府财政投资的重点。因而财政政策对环境保护和治理的影响极大。从总体上看,我国的财政政策在支持生态环境保护和治理中发挥了重要作用。但由于财政政策在设计上存在着缺陷,致使其在生态环境建设中的支持作用未能完全发挥。基于此,我们提出了我国生态环境可持续发展的财政政策建议。

第一节 民族地区生态资源状况分析

一、民族地区生态资源构成及特征

(一)民族地区生态资源构成

生态资源包括两部分,一是生物资源,生物多样性;二是生物赖以生存的各种环境,确切地说包括土地资源、水资源及气候资源等。民族地区地域辽阔,土地种类丰富,气候复杂多样,光热水土资源别具特色,孕育了丰富的生物资源。

1. 生物资源

民族地区生物资源丰富,但分布不均,植物种数以云南最多,西北各民族聚居区域则较少(见表5-1)。虽然其先天自然条件独特优越,但由于近年来大面积开发利用,西部地区的生物多样性受到威胁。鉴于此,我国已在西部地区建立了多处自然保护区。

表5-1 西部地区生物资源数量

地区	动物资源数量(种)	植物资源数量(种)
内蒙古	/	470
四 川	1100多	8546
广 西	珍贵动物40多	6000
贵 州	699	6000
云 南	1000	10200
西 藏	/	4431
陕 西	500多	1000
甘 肃	500多	980
青 海	/	1300
新 疆	586	2376

资料来源:中国自然资料数据库,2004年3月24日。

2. 土地资源

土地作为人类赖以生存的最基本的自然资源,其合理开发利用对包括农业在内的各产业的健康发展,有着极其重要的作用。西部地区现有耕地72679万亩、牧草地387222万亩,截至2004年底,我国西部地区12个省、自治区、直辖市土地总面积约68670万公顷,占全国土地总面积的71.5%,人均土地面积27.8亩,是全国人均土地面积的2.5倍。西部地区农用地43900万公顷,占西部土地总面积的64%,占全国农用地的67.1%;其中,耕地72690万亩,林地179679万亩,牧草地387222万亩。人均占有耕地、林地、牧草地面积分别为2.1亩、5.1亩和10.9亩,分别为全国平均水平的

1.4倍、1.9倍和3.6倍。①

我国西部民族地区土地空间差异显著。受地形地貌的影响,西北地区沙漠戈壁较多,西南地区多山少土,适合农耕的土地面积并不占很大比重。耕地主要集中分布在内蒙古、云南和四川,面积占整个西部耕地面积的42.05%。牧草地主要集中分布在内蒙古、新疆、青海、西藏,面积占整个西部牧草地面积的86.24%。

我国未开发利用的土地总面积的86.8%都集中在西部,面积达22399万公顷,主要集中分布在新疆、西藏和青海。其中有5185万公顷的未开发利用土地适宜开发为农用地,占全国宜开发农用地的70.1%,进一步开发利用的潜力很大。

3.水资源

水资源是西部地区经济发展的关键因素。合理开发利用水资源对于西部地区经济社会的发展、生态环境的建设和保护均有重要意义。

我国西部民族水资源的总量较大,但由于受地形、气候、自然地理和地质条件的影响,西部地区水资源的时空分布很不均匀。从时间分布上讲,干旱季节相对缺水;从空间分布上讲,西北与西南地区及其各自内部的水资源分布都有很大悬殊。西北地区地处干旱、半干旱地带,多黄土高原和沙漠盆地,生态环境较为脆弱,水资源严重短缺,平均每年水资源总量为2566亿立方米,仅占西部水资源总量的16%,不足全国总量的10%;西南地区多是高原山地,降水比较充分,地表水和水能资源丰富,总量为13353亿立方米,占西部水资源总量的84%,全国水资源总量的47.4%。另一方面,从水资源的内部分布来看,西北地区虽然地下水资源总量较少,但分布较广,调蓄能力强,且水质水量相对稳定,保证程度较高,在很大程度上弥补了地表水资源时空分布不均的缺陷;西南地区虽然降水丰富,但岩溶山石连片分布面积多达40余万平方公里,沟壑纵横,土壤层薄而贫瘠,地表渗透性强,持水性差,这种独特的漏斗地形造成地表水极缺、严重干旱和生态环境恶化,从而

---

① 张丽君:《区域经济政策》,中央民族大学出版社2006年版,第235页。

严重制约了社会和经济的发展。

西部民族地区丰富的水资源中未开发利用的地下水储量十分巨大。西北地区的陕、甘、宁、新、青5省区及内蒙古的伊克昭盟和阿拉善盟地区地下水资源总量每年为1160亿立方米,占全国地下水资源总量的1/8,地下水可开采资源量每年为470亿立方米,占全国地下水开采资源总量的1/6。但目前西北6省区的地下水开采量每年仅为145亿立方米,约占地下水可开采资源量的23%。可见地下水资源开发利用的程度还较低,开发潜力还很大。西南岩溶地区现已调查发现2836条地下河,每秒总流量为1482立方米,相当于黄河的流量。

4.气候资源

西部民族地区光热资源比较丰富,日照时数是中国最长的地区,有利于发展大农业。西北地区干旱半干旱区的太阳能辐射总量都在140kcal/(cm²·a)以上,有的高达170kcal/(cm²·a)。云层稀少,晴天多,全年的日照时数在2800~3300之间(日照率70%)。宝贵的阳光,是西部"取之不尽,用之不竭"的资源。西部民族地区以西南的积温最高,大部分地区气温超过10摄氏度的积温在4500~7500摄氏度以上,个别地区甚至超过8000摄氏度。西南地区受西南季风和东南季风的影响,终年气候温和,雨量充沛,除高海拔地区外,夏无酷暑,冬无严寒,复杂的地形,形成了复杂的气候条件。①

(二)民族地区生态资源特征

每一种生态环境都有其特定的赖以进行物种、能量和物质交流的生物群落以及栖息的环境。在一定时间和相对稳定的条件下,各组成要素的功能和结构处于动态协调状态,民族地区生态环境也是如此,生态环境复杂多样、生物物种多样化且具有整体性,部分具有较复杂、有序的层级结构以及生态环境十分脆弱等特点。

---

① 梁积江、吴艳珍:《西部生态区划与经济布局》,中央民族大学出版2008年版,第102页。

1. 生态环境复杂多样

西部民族地区具有类型齐全、复杂多样的生态系统,除了典型的赤道雨林和基地冰川系统外,几乎囊括了其他所有的生态系统。民族地区生态系统中包含了热带雨林、荒漠草原与荒漠、炎热带干河谷和高海拔的高山草甸与冻土冰川。这些类型的交错与过渡,形成了丰富的自然资源,为经济发展提高了巨大潜能,显示了生态建设的战略意义。

2. 生物物种多样化且具有整体性

生态系统通常与一定空间范围相联系。一般而言,具有复杂垂直结构的环境能够维持多个物种。一个森林生态系统比草原生态系统包含了更多的物种。同样,热带生态系统要比温带或寒带生态系统展示出更大的多样性。[①] 民族地区生态结构总体较为简单,食物链容易出现断链现象,这是导致民族地区生态环境脆弱的原因之一。

3. 部分地区具有较复杂、有序的层级结构

民族地区生物的多样性和相互关系的复杂性,决定了其生态系统层级结构的复杂性、多要素和多变量特征。较高的层级结构以大尺度、大基粒、低频率和缓慢的速度为特征,更易被更大的系统、更缓慢的作用所控制。

4. 生态环境十分脆弱

鉴于民族地区生态系统层级结构复杂多变的特征,在风、水等外力强烈的作用下,民族地区生态系统变化剧烈,影响广泛而深远。从大范围来看,生态系统结构单一且功能低弱;系统敏感性强但稳定性小,自身恢复能力差;物质和能量流动无序紊乱,生物产量低,抗灾能力低,导致生态环境容量低下。这些都决定了民族地区生态环境保护与建设的复杂性。

二、民族地区生态环境现状及成因

(一)民族地区生态环境现状

由于长期的自然和人为因素作用,我国民族地区生态环境的退化趋势

---

① 红梅:《中国少数民族经济政策 50 年》,《广西民族研究》2000 年第 12 期,第 103 页。

在加剧,灾害在加重,问题更复杂。目前我国西部地区生态环境的总体状况为:普遍脆弱、局部改善、总体恶化。西部民族地区生态环境呈现出普遍的脆弱性,而治理难度和治理水平却反方向发展,对我国整体生态环境构成了威胁,相关研究表明,生态环境中度脆弱和极度脆弱的15个省份,其中5个属于中东部,其余十个全部属于西部民族地区。由此可见,民族地区生态问题已经迫在眉睫,如表5-2:[①]

表5-2　全国26个省区生态环境脆弱状况统计情况

	东部	中部	西部
生态环境轻度脆弱省份	广东(0.1647) 浙江(0.2017) 江苏(0.2072) 山东(0.2573) 福建(0.3123)	湖南(0.3148)	
生态环境中度脆弱省份	辽宁(0.4400) 河北(0.6204)	江西(0.1437) 黑龙江(0.4313) 湖北(0.4766) 吉林(0.5248) 安徽(0.5380) 河南(0.5893)	广西(0.4507) 云南(0.5925) 四川(0.6285) 内蒙古(0.6148)
生态环境极强度脆弱省份			新疆(0.6537)甘肃(0.7821) 山西(0.6927)青海(0.8045) 陕西(0.6613)西藏(0.8329) 贵州(0.7153)宁夏(0.8353)

① 赵跃龙:《中国脆弱生态环境类型分布及其综合整治》,中国环境出版社1999年版。第101页。注:不包括京津沪和海南省,四川含重庆市,括号为生态环境强度计算值,根据一套含有11项指标的脆弱生态环境评价体系求出,据此将26个省划为4类。

1. 水资源分布严重不均,水土流失严重

西部民族地区的西北地区属于温带大陆性气候,大部分地区降水稀少,全年降水量多数在 500 毫米以下,属于干旱、半干旱地区。与此相反的是,西南地区则属亚热带季风气候,降水充沛且分布均匀,该区水能蕴藏量占全国水能蕴藏量的 70% 以上。可见,由于西部民族地区的分布严重不均,给开发利用造成很大困难。值得注意的是,由于长期的工业污染与人为破坏,许多水资源的水质已经极度恶化。西部民族地区水土流失现象也极为严重。据水利部近期正式公布的全国第二次水土流失遥感调查显示,目前中国水土流失主要分布在长江上游的云、贵、川、渝、鄂和黄河中游地区的晋、陕、甘、蒙、宁,总体分布上由东向西递增,面积达到 107 万平方公里。一些开发建设项目忽视水土保持,造成新的水土流失。更为严重的是内陆河流域由于其中上游地区过量引水灌溉,致使注入下游的水量不断减少或完全断流,灌区重心上移,给下游地区的生态环境带来直接灾难。近年来,西部民族地区特别是西北民族地区河流流量大幅度减少,高山地区的雪线不断加快上升,地下水补给量逐年减少,植被覆盖率下降,树木牧草成片死亡。近 20 年来,祁连山冰川融水比 20 世纪 70 年代减少了 10 亿立方米,祁连山冰川局部地区的雪线正以年均 26.5 米的速度上升。青海省是举世闻名的长江、黄河、澜沧江的发源地,但近年来青海境内的黄河入水量已减少了23.2%。水资源短缺已成为制约西部民族地区经济社会发展的"瓶颈"。

2. 土地沙漠化严重,沙化土地发展迅速

目前我国西部地区飞沙(含潜在沙漠化)面积已达 3.2 亿亩,占全国荒漠面积的 2/3,且每年以 10 万公顷的速度在继续扩增。西北地区约有 393 万公顷良田,493 万公顷草原及 2000 多万平方公里铁路受到沙漠化的威胁,已有 1/3 面积的草原退化;而且由土地沙漠化引起的黑风暴灾害也日益频繁①。西北地区沙漠化土地面积达 146.9 万平方公里,占全国荒漠化面

---

① 陈复、赫吉明:《中国人口资源环境与可持续发展战略研究》,中国环境出版社 2000 年版,第 889—890 页。

积的56%,共有沙漠(包括风蚀沙地)、戈壁及沙漠化土地达90.68万平方公里,占沙区总面积308.13万平方公里的29.4%,已沙漠化土地共有6.58万平方公里,占北方已沙漠化面积(北方省区共有17.16万平方公里)的38.3%,其中新疆地区已沙漠化面积最大,为2.73万平方公里,其次是陕西已沙漠化面积,有2.17万平方公里。[①]

3. 林草植被覆盖率整体不高,质量和功能下降

西部民族地区,尤其是西北民族地区森林和植被覆盖率低,原生植被稀疏,降雨量偏少,年年干旱,导致一些流域水量减少。人工种植林草成活率不高和原生植被枯死,牧场草地严重超载放牧,对草场的利用程度超过了草场的自然更新速度,使草场出现大面积退化。由于乱砍伐、乱挖、乱采,造成植被破坏严重,毁坏了大量原始森林,破坏了水土保持和水源涵养的绿色屏障,造成了地质面貌改变、水土流失严重、灾害面积迅速扩大的严重后果。新疆的塔里木河流域、青海湟水谷地、甘肃祁连山沿山地带、宁夏的六盘山和贺兰山、四川南部等地尤为严重。

4. 动植物物种不断减少

由于森林和草地的破坏,植被大量流失。大量使用农药加上大面积滥捕滥杀,生态链遭到了破坏,物种生存环境日渐恶劣,使得繁衍在西部地区的物种日益减少。

(二)民族地区生态环境脆弱性及其成因

脆弱性的含义随研究主题和研究对象的不同而不同。无论是自然区域还是某一社会群体,无论是自然要素还是单个生物体,脆弱性都有三层含义:(1)它表明该系统、群体或个体存在内在的不稳定性;(2)该系统、群体或个体对外界的干扰和变化比较敏感;(3)在外界干扰和外部环境的胁迫下,该系统、群体或个体易遭受某种程度的损失和伤害,并且难以复原。

脆弱生态环境是由群落交错带演变而来。1905年 Elements 将 Ecotone

---

① 丁一汇、王守荣:《中国西北地区气候与生态环境概论》,气象出版社2002年版,第123页。

这一术语引入生态学研究[①]。几十年来,Ecotone 被生态学家用来专指不同群落间的交错带,是两个相对均匀的相邻群落相互过渡的突发转换区域,是边缘效应产生区,是生物多样性出现区,同时也是生物分布、动物活动范围的重要限制区域。20 世纪 80 年代以来,随着生态学的发展,特别是景观生态学的兴起,Ecotone 得到了生态学界新的关注。1987 年,Ecotone 的新概念——生态交错带确认[②]。生态交错带是相邻生态系统之间的过渡带,具有特定时间、空间尺度以及相邻生态系统相互作用程度所确定的一系列特征。所谓生态环境脆弱带或生态脆弱带是指自然与人类活动相结合造成的环境退化、景观变坏、土地生产力下降及土地资源丧失的地带。[③] 生态环境脆弱带具有以下基本特征:可被代替的概率大,竞争的程度高;恢复原状的机会小;抗干扰的能力弱,对于改变界面状态的外力,只具有相对低的阻抗;界面变化速度快,空间移动能力强;非线性的集中表达区,非连续性的集中显示区,突变的产生区,生物多样性的出现区。[④] 在宏观上,生态环境脆弱带有以下的空间表达:城乡交界带、干湿交替带、农牧交错带、水陆交界带、森林边缘带、沙漠边缘带、梯度连接带及地貌板块接触带。有人认为,生态环境脆弱带范围不完全与生态交错带重合,而是从属于生态交错带,是其中最不稳定而又最敏感的部分。生态脆弱性分为两种形态:结构型脆弱性和胁迫型脆弱性。结构型脆弱性是指主要由系统自身的结构决定的,其主要体现在两个方面:系统自身的不稳定性和敏感性。胁迫型脆弱性是指导致系统脆弱的驱动力主要来源于系统外部,亦即系统外部扰动对系统造成的不利影响。

　　西部民族地区地域辽阔,气候条件差异显著,地质条件复杂,地貌类型

---

① 商彦蕊:《自然灾害综合研究的新进展——脆弱性研究》,《地域研究与开发》2000 年第 19 卷第 2 期,第 73—77 页。

② Kline. V. M. Cottam G. "Vegetational response to climate and fibrin the driftless area of Wisconsin". *Ecology*. 1979. 60(5). pp. 861 –868.

③ Goes. J. R. "Ecotone hierarchies". *Ecological Applications*,1993. 3(3). pp. 369 –376.

④ 尹志超:《全面小康与民族地区财政制度的完善》,《重庆工商大学学报》(西部论坛)2006 年第 8 期。

多样。恶劣多变的自然条件加上人们掠夺性的开发,使西部地区成为我国生态环境极端脆弱的地区,环境承载力尤为低下。其中包含了我国五个典型的脆弱生态区:北方半干旱农牧交错带(内蒙古、陕西、山西、宁夏)、西北干旱绿洲边缘带(甘肃、新疆)、西南干河热谷地区(横断山区、四川盆地、云贵高原)、西南石灰岩山地地区(贵州、广西)和青藏高原生态脆弱区。

根据上述分析,我国民族地区生态脆弱性是人类活动诱发,自然因素和人文因素交互作用、不断恶性循环的结果。

1.地理环境条件构成了生态退化的自然诱因

少数民族地区多位于半湿润向半干旱、干旱过渡地带,在冬春季节转换之际,蒙古高压形成的强烈风力作用于裸露的地表形成扬尘及沙尘暴天气。由于牧区人口数量的膨胀与生活水平的提高,再加上降雨量等气候要素极不稳定,草场生产力年际变化较大,导致草场严重超载和破坏,在相当部分地区形成地表裸露,直至出现沙漠化。荒漠化周边地区植被破坏,特别是大兴安岭地区、华北地区及西南地区森林面积锐减,削弱了周边地区对荒漠化地区的降水补给,这也是荒漠化地区气温升高、降雨减少、气候趋于干旱的主要原因。土地荒漠化地区最明显的标志是林草遭到严重破坏、绿色植被枯竭,致使涵养水源、阻滞洪水的能力下降甚至完全丧失,从而导致山洪泛滥、泥沙俱下、水土流失。由于土地荒漠化大都发生在全国主要江河的上中游地区,加剧了江河洪水灾害。土地荒漠化使生物栖息地类型单一或者丧失,物种生存和生产能力降低,造成种群、群落结构和生物多样性破坏,打破了原有的生态平衡,使生态环境恶化,加重自然灾害发生。近些年来,许多地区大面积的鼠害、虫害频繁发生,既采食、毁坏了大量的草原和农区植物,又加剧了灾害地区荒漠化,形成生态环境恶性循环。

2.人口急剧增加及不合理的经济活动构成生态脆弱的诱因

少数民族地区生态退化既有世界气候变暖的客观因素,又有人类不顾自然规律大肆掠夺开发的主观因素,其中起主导作用的是人类疯狂攫取资源、破坏生态这一主观因素。少数民族地区虽然人口密度相对较低,但土地对人口的承载力较小,所面临的人口压力和生态压力较大。由于人口多、增长快,为了温饱而增加粮食生产,在生产技术低、技术进步缓慢的情况下,民族地区不得不依靠毁林开荒、毁草开荒来达到增加粮食生产的目的。我国少数民族地区远离经济中心,人们缺乏发展经济的机会,长期以来只能以低下落后的传统经营方式从事经济活动。由于农牧民缺乏长远发展意识,因而其经济行为具有短期性的特征。为了获得眼前的经济利益,部分农牧民不惜违背自然规律改变土地的利用方向,致使土地支持人类生存的能力减弱。由人口对土地的压力所引起的土地沙漠化在迅速蔓延,这些因素与自然环境因素相结合,促成了沙尘暴的发生。水是生命之源,人类的任何经济活动都离不开水。在干旱区,为了发展农业,民族地区相继建造了数目可观的各型水库。其中一些水库建造在仅能供给生态用水的河流上,把生态用水转变成为农业用水,使水库下游河段断水,造成下游地区土地的干旱和沙化,破坏了这些地区的生态环境,甚至危及到这些地区的生存环境。

3.政策的负面影响是生态环境脆弱性的制度诱因

政府是发展区域经济的主导力量,为保证经济活动的正常运转,有效的经济政策必不可少,但它在促进经济发展的过程中也产生了负面效应。我国政府历来重视粮食生产,由于我国20世纪60年代至70年代处于短缺经济时代,政府片面强调"以粮为纲",放弃经济作物,砍掉多种经营,以牺牲林业、牧业为代价发展粮食生产。我国西部地区出现了大规模开垦草场、毁林营田的破坏天然植被的活动,随之而来的粮食分省自给政策对草原生态环境的恶化及林地的破坏起了推波助澜的作用,破坏了粮食生产同其他经济作物相互依赖、相互促进的生态系统。这为后来的草场退化、林地生态防护效益的减弱和荒漠化的形成埋下了隐患,进而为沙尘暴的发生提供了条件。我国西部地区的林草缺少森林管护经费;而且林木生长周期长,直接经济效益低,造成林木的管护难度相当大,政府对过度樵采林木、乱砍滥伐等犯罪活动并没有采取有效措施加以遏制。传统的资源开发和经济发展必然会影响甚至破坏生态系统,污染环境。

西部有许多资源富集的区域,资源开发规模不断增大,有些已经成为国家能源、原材料基地。长期以来,不合理的资源开发,只注重追求经济效益,忽视生态效益以及环境管理中责、权、利关系界定不清等原因,不仅造成资源的浪费和破坏,而且还对周围区域的生态环境造成了严重的破坏和污染。民族地区要善于找出生态和经济的结合点,在不同的利益格局和支撑强度下,采取有利于综合发挥生态、经济和社会效益的方式,构建一个以满足人们需要为中心的生态、生产和技术相互关联的生态经济系统。

(三)民族地区在自然灾害的特点及态势

我国的自然灾害在空间上,北方以旱涝灾害和低温冻害为主;南方以旱涝灾害、暴雨洪涝和台风暴潮为主,生物灾害亦较多;西部地区的持续性干旱、冷害雪灾和地震等地质灾害较为突出。分布在广大的西部的少数民族地区,饱受严重自然灾害的侵扰。

1. 多发性

其主要表现:一是灾种多,民族地区的自然灾害除了有旱灾、涝灾、雪灾、地震、滑坡、泥石流,还有森林大火、水土流失、低温冻害、冰雹大风、溶岩塌陷等。二是灾次多,青藏高原的东部边缘和云贵高原的西区是我国自然灾害的灾次高值区,黄土高原的水土流失是常年的,蒙古高原自然灾害频发率也很高。就单个灾种而言,有关资料显示,入选《中国泥石流滑坡编目数据库》的全国泥石流沟有5800余条,西部地区占了近5000条。同时,近年来,伴随着西部资源的开发与基础设施建设力度的加大,大规模的人类活动向灾害高风险区的扩展,其结果是全国自然灾害高值区明显向西部地区转移,西部地区的自然灾害呈增加的态势。三是范围广,我国西部地区的孕灾条件和诱灾因素分布广泛,灾害的分布范围也很广泛。就地震灾害而言,分布十分广泛,特别是云南省,该省的震中星罗棋布,地震烈度在7级以上的面积就达12万平方公里,约占全省面积的1/3。

2. 并发性

影响民族地区自然灾害的主要灾种诱因基本上是相同的,各灾种之间又存在着因果关系。因此一种灾种的发生往往诱发与并发另一种或几种其他灾害,形成一个灾害链。如地震会引起滑坡、山洪,进而引起泥石流,泥石流阻塞河道,会发生溃堤,引起水灾。灾害的后果十分严重。

3. 突发性

民族地区特别是西南地区的山区,成灾条件具有明显的持续性,如地质构造主要是岩石与松散堆积物,而诱因则具有突发性(暴雨、地震等)。因此,自然灾害的发生具有突发性的特点,其中滑坡、泥石流、坍塌等灾害尤为突出。尽管有已知的多发季节,但预测难度相当大,往往造成的后果比较严重。

4. 承灾能力弱

尽管随着我国整体经济实力的提高,民族地区的区域经济也得到了相应的发展,但承灾能力并没有得到很大的提高,相反,随着西部大开发的深入,经济活动有可能向灾害高风险地带扩展,再加上经济密度的加大,西部的灾害易损性还将有所提高。灾害的自然因素与人为因素的双重作用,助长了灾害的破坏性。这一问题的出现,严重制约了民族地区经济的发展。

近年来全球气象异常现象日趋增多,民族地区生态环境的脆弱性及其经济结构的不合理性,人类在灾害高风险地带的活动逐渐增多以及承灾能力的严重滞后性,自然灾害城乡扩展加剧之势,必须引起高度的警觉与关注。

第二节 民族地区生态环境保护与政府支持

一、民族地区生态环境保护取得的成就

生态环境的破坏和持续恶化给西部地区造成了巨大的经济损失,带来了高昂的环境治理成本,严重影响了民族地区的生态屏障功能和工农业生产,导致生产力下降,加剧了西部地区的脱贫难度,严重阻碍了西部地区经济社会的可持续发展。因此,西部民族地区生态环境保护,已经成为政府工作的一项重要内容。从中央到地方政府,对生态环境保护纷纷采取了措施,通过法律、行政以及财政手段,积极应对生态环境给我们带来的挑战。

表 5 - 3　中国历年环境保护基本概况统计 (2003 ~ 2007)

项目	单位	2003 年	2004 年	2005 年	2006 年	2007 年 *
1. 水环境						
水资源总量	亿立方米	27460.2	24129.6	28053.1	25330.1	24696.3
人均水资源量	立方米/人	2131.3	1856.3	2151.8	1932.1	1873.9
用水总量	亿立方米	5320.4	5547.8	5633.0	5795.0	5788.6
废水排放总量	亿吨	459.3	482.4	524.5	536.8	
化学需氧量排放量	万吨	1333.9	1339.2	1414.2	1428.2	
氨氮排放量	万吨	129.6	133.0	149.8	141.3	
工业废水排放达标率	%	89.2	90.7	91.2	90.7	
2. 大气环境						
二氧化硫排放量	万吨	2158.5	2254.9	2549.4	2588.8	
烟尘排放量	万吨	1048.5	1095.0	1182.5	1088.8	
工业粉尘排放量	万吨	1021.3	904.8	911.2	808.4	
建成城市烟尘控制区数	个	3599	3693	3452	3512	
建成城市烟尘控制区面积	万平方公里	3.3	3.7	3.7	4.1	
3. 固体废物						
工业固体废物排放量	万吨	1941	1762	1655	1302	
工业固体废物综合利用量	万吨	56040	67796	76993	92601	
工业固体废物综合利用率	%	54.8	55.7	56.1	60.2	
4. 噪声						
建成城市噪声达标区数	个	3573	3534	3565	4037	
建成城市噪声达标区面积	万平方公里	2.0	2.1	2.5	2.9	
5. 生态环境						
森林面积	万公顷	17490.9	17490.9	17490.9	17490.9	17490.9
森林覆盖率	%	18.21	18.21	18.21	18.21	18.21
当年营造林面积	万公顷	1093.6	679.5	540.4	383.9	370.8
全国自然保护区数	个	1999	2194	2349	2395	2531
国家级	个	226	226	243	265	303
全国自然保护区面积	万公顷	14398	14823	14995	15154	15188

全国保护区面积占辖区面积	%	14.4	14.8	15.0	15.2	15.2
国家级生态示范区数	个	82	166	233	233	
全国湿地面积	万公顷	3848.6	3848.6	3848.6	3848.6	3848.6
全国湿地面积占国土面积	%	4.0	4.0	4.0	4.0	4.0
6. 自然灾害						
发生地质灾害起数	次	15489	13555	17751	102804	25364
发生地震灾害次数	次	21	11	13	10	3
海洋灾害发生次数	次	172	155	176	180	163
赤潮	次	119	96	82	93	82
7. 城市环境						
年末城市个数	个	660	661	661	656	655
地级以上城市	个	282	287	287	287	287
年末城市人口	万人	33805	34147	35924	37273	
年末城市面积	平方公里	399173	394672	412819	166534	
建成区面积	平方公里	28308	30406	32521	33660	
城市用水普及率	%		86.2	88.9	91.1	86.7
城市燃气普及率	%		76.7	81.5	82.1	79.1
城市污水处理率	%	42.1	45.7	52.0	55.7	
城市建成区绿化覆盖率	%	31.2	31.7	32.6	35.1	
城市人均公共绿地面积	平方米	6.5	7.4	7.9	8.3	
城市每万人拥有公交车辆	标台	7.7	8.4	8.6	9.1	
城市生活垃圾无害化处理率	%	50.8	52.2	51.7	52.2	
城市房屋集中供热面积	亿平方米	18.9	21.6	25.2	26.6	
年末供水综合生产能力	万立方米/日	23967	24753	24720	26962	
年末污水处理能力	万立方米/日	6626	7387	7990	9734	
年末城市道路长度	公里	208052	222964	247015	241351	

资料来源:中国统计局:《中国统计摘要》。

* 2007 年统计数据是初步汇总数据。

(一)加大对林业项目的投入

植树造林、保护森林资源,是生态环境建设的重要内容。因此,各级财政不断加大对林业事业的支持力度。近20多年来,中央财政先后设立了生态型国有林场和国有苗圃补助费、林业病虫害防治补助费、森林防火补助费、飞播造林补助费、四大防护林体系建设补助费等专项资金,地方财政也投入了大量资金支持群众性植树造林。另外,各级财政还利用贴息等形式,引导大量社会资金用于林业建设。

表 5 - 4   2002 ~ 2006 年林业贴息贷款情况

	2002 年	2003 年	2004 年	2005 年	2006 年
林业贴息贷款额(万元)	199508	252473	238639	208586	274466

资料来源:国家林业局:《中国林业统计资料》(2002 ~ 2007),中国林业出版社。数据采用自年初累计实际到位资金额。

(二)支持水土资源的合理开发和利用

新中国建国以来,党和政府对水土保持工作十分重视。因为水土流失不仅使流失地区遭受危害,而且殃及中下游地区,对全流域经济社会的可持续发展构成巨大威胁。所以,国家财政对水土流失最为严重的地区进行了重点扶持。表现为:第一,国家财政安排专项资金支持农田水利建设,建成了大量灌排工程,为发展节水农业打下了良好的基础。如每年安排的小型农田水利补助费,一直是农田水利建设的主要资料来源。第二,国家财政利用财政贴息的方式支持节水农业的发展。如"九五"期间,财政部与水利、计划、银行等部门共同组织实施了建设 300 个节水增产重点县和建设节水型井灌区的工作,并对西部地区建设抗旱水窖等安排了专项资金进行扶持,取得了显著的经济效益和社会效益。

(三)实施向农业倾斜的财政政策

实施财政倾斜政策,支持生态农业建设,主要是按照国家建设生态农业的有关政策要求,安排专项事业经费支持开展生态农业示范县建设,开展旱作节水农业示范基地建设和秸秆综合利用,实施草地牧业综合开发示范工程和农村能源建设等。经过多年来的努力,全国目前已有2000多个不同类型和不同规模的生态农业试点县(基地),有7个生态村(场)被联合国授予"全球环保500佳"的称号,成为世界可持续农业发展的成功模式。实践证明,各地的生态农业试点建设既提高了粮食单产和增加了粮食总产量,又改善了生态环境,增强了农业发展的后劲,充分显示了生态农业的优越性和强大的生命力。

二、民族地区生态保护过程中的政府投入及其存在问题

(一)生态环境的产品特性及其影响

生态环境是一种公共产品,具有不可分割性、非排他性以及消费的非竞争性。自然界是这一产品的供给方,任何人都可以作为这一产品的消费者,而担任公共服务角色的政府则有义务对其进行保护。以下简要介绍生态环境的产品特征:

1.生态环境的外部性

外部性是指一个人(个人、家庭、企业或其他经济主体)的行为对他人产生的利益或成本影响。正外部性又称外部经济或外部效应,通常指使第三方受益的效应,这是市场无法充分提供的,它本身即可提供给社会丰富的资源。负外部性又称为外部不经济,它指由于生态环境遭到破坏而给第三方带来不利影响的现象。

2.生态环境是有益产品

生态环境是人类和物种赖以生存的必要条件,它提供给生物生存所需要的各种条件。尊重自然的发展规律,就能够从自然界得到更多益处,反之,则会导致生态平衡遭到破坏,最终祸害人类自身。

3.生态环境需要人类自觉保护,由政府对人类行为进行约束

(二)生态资源的市场失灵表现

在市场经济条件下,市场是资源配置的主体,市场实现资源有效配置的前提是市场不存在缺陷。而市场在环境资源有效配置方面往往表现出失灵。

1. 不完全市场

要充分发挥市场的作用,关键在于市场必须是完全的——必须存在足够的市场来覆盖任何可能情形下的交易行为,从而保证资源被配置在最具价值的用途上。这里所说的市场必须是完全的,意味着交易者可以无须付出代价建立起界定明确的产权体系,同时又保证市场覆盖任何必要的交易行为。而大多数与环境资产有关的市场失灵多少都和市场的不完全相联系。导致市场不完全的关键则在于人们难以建立起界定明确的产权体系。① 比如说,许多人都拥有土地并且有能力在其受到损害时采取相应的行动,但他们通常对空气或者河流并不拥有产权,因而只能坐视大量的污染物被排入其中。这种没有能力或不愿意进行明确产权界定的后果就是无法建立完全的市场体系,从而在客观上帮助政府找到介入环境资源管理的"理论依据"。

2. 外部性

外部性分为外部经济性和外部不经济性。所谓外部不经济是指某项活动使得社会成本高于个体成本的情形,即该活动对周围环境造成不良影响,而行为人并未因此而付出任何补偿。由于环境是一种产权残缺甚至无产权的社会公共产品,因此一提起人类行为对环境的影响,人们自然会想到外部不经济。透过外部不经济性表面现象,从经济学的角度进行深入分析,可以发现外部不经济性的根源或实质是私人成本的社会化。由于这种私人成本的社会化,导致了环境恶化,因而要从根本上解决环境恶化的问题,必须消除外部不经济,即外部成本内部化。而市场自身无法完成这一功能,客观上要求政府对此进行干预或予以纠正。

生态环境是一种公共产品,具有很强的经济外部性特征,市场自身无法对环境资源进行充分有效的配置。这为政府干预环境保护提供了机会和理由。而行政与法律的单一强制性手段难以完成环境保护的任务,且执行成本很高,这就需要财政政策的配合使用。

---

① 张加乐:《我国自然环境保护的财政政策选择》,《理论导刊》2005 年第 7 期,第 12 页。

（二）生态环境保护的政府支持与财政投入情况

关于政府的环境保护职能,有学者总结为:第一,政府应发挥环境保护投资主体的作用;第二,政府应执行环境建设和政策执行者的作用;第三,政府应发挥环境保护组织者和监督管理者的作用;第四,政府应发挥环境保护法规规范和执法主体的作用;第五,政府应发挥国际义务履行者和承担者的作用(张蕾,2002)。

表 5-5 中国历年环境污染治理投资情况统计(2000~2006)

(含部分民族地区具体情况)①

年份地区	环境污染治理投资总额 （亿元）	环境污染治理投资总额占 GDP 比重（%）
2000 年	1060.7	561.3
2001 年	1106.6	595.7
2002 年	1367.2	789.1
2003 年	1627.7	1072.4
2004 年	1909.8	1141.2
2005 年	2388.0	1289.7
2006 年	2566.0	1314.9
地区情况		
国家级	164.6	-
内蒙古	104.8	57.5
广　西	41.2	25.6
贵　州	19.8	5.4
云　南	29.0	10.1
西　藏	1.7	1.7
陕　西	41.0	21.2
甘　肃	27.8	11.2
青　海	6.1	3.9
宁　夏	21.3	13.5
新　疆	23.3	12.5

---

① 中国环境年鉴编委:《中国环境年鉴2007》,中国环境年鉴社2008年版。

中央和西部民族地区各级政府对西部生态环境的局部治理一直没有间断,但对生态环境修复的认识能力、治理和保护的资金投入能力以及管理能力有限等诸多原因使得西部民族地区的生态环境虽然得到局部和零散治理,但整体恶化的态势继续发展。随着 2001 年国务院西部开发办《关于西部大开发若干政策措施的实施意见》的提出,中央对地方专项资金补助向西部地区特别是民族地区倾斜,西部大开发战略实施成为西部民族地区生态环境建设进程中的重要转折点,自西部大开发战略实施以来,配合 1998 年积极财政政策的实施,国家加强了对西部地区生态环境建设、改善工程的推进和实施,尤其是加强了对西部民族地区的生态环境建设工程的投入倾斜。

1. 水土保持和小流域综合治理

水土保持、荒漠化和小流域治理是一个系统工程,需要多部门、跨省区配合协调。就经费机制而言,对于开发建设项目的水土保持,政府主要是加强对企业的水土保持监督执法,审批其实施方案和资金保证,公益性的水土保持主要依靠中央和地方各级财政投入。除林业部门的投入外,中央和西部各省区还主要以各级水利部门行使主管职能,通过兴建水利工程、基本农田建设水土保持、农业综合开发水土保持项目、营造水土保持的水保林、经济林、种草、封育治理等多种分项综合治理措施和专项水土保持工程来遏制西部民族地区生态环境恶化,治理水土流失,防治荒漠化。

(1)分项综合治理措施资金机制和财政补偿体现

水利工程、农业综合开发水土保持项目等水土保持分项措施治理的经费机制主要是:中央财政、地方财政和群众投劳折资(以工代赈、粮食代赈)或自筹三部分投入。其中以中央财政投入比例最大,这部分资金分别通过国家发改委、水利部、林业局、国家农业综合开发办等投资,以中央财政预算内专项资金或国债资金的形式进行分项水土保持项目和重点水利工程投资。其余的群众投劳折资比例为第二,地方财政投入最小。另外各省区还争取世界银行贷款、联合国粮食计划署援助资金、外国政府援助资金等外援资金进行水土流失和石漠化、沙漠化治理,同时地方政府通过财政和其他途径筹集相应配套资金。①

(2)专项水土保持和沙漠化、石漠化治理工程的财政投资和补偿体现

由水利部门主管实施的专项水土保持和沙漠化、石漠化治理工程,在西部民族地区主要有:四川、云南、贵州的长江中上游水土保持重点防治工程(简称"长治"工程),贵州、云南、广西的珠江上游南北盘江石灰岩地区水土保持综合治理试点工程(简称"珠治"试点工程),内蒙古的京津风沙源治理工程(涉及内蒙古中部41个旗县),青海的长江、黄河源头区水土保持预防保护工程,宁夏、甘肃的黄河中上游水土保持生态工程项目。中央财政安排的投资多数都要求地方财政进行资金配套,目前在个别地区也开展了零配套资金项目试点。

2. 草原生态保护与建设的财政投资与补偿

我国草原主区主要分布在西部民族地区,保护草原、加大草原建设力度,防治草原病虫鼠害成为治理和修复草原生态环境的重要内容。2002年开始实施的退牧还草工程、牧草种子基地和天然草原植被恢复与建设以及草原病虫鼠害防治是近年来各级政府草原保护和建设工作的财政重点投资项目。

退牧还草工程的主要办法是围栏建设、补播改良以及禁牧、休牧、划区轮牧、舍饲圈养和生态移民,其财政投资和补偿主要体现在对围栏建设投资和饲料粮补助上。中央对围栏建设的补助标准在各地区有差异,如内蒙古实行20元/亩、青海实行25元/亩。在开展草原围栏建设的同时,国家向实施退牧还草项目的牧户补助饲料粮,分地区实施不同的补助标准。

截至2005年底,国家的累计投入达到28.2亿元。工程项目在内蒙古、新疆、青海、甘肃、四川、宁夏、云南、西藏等省区及新疆生产建设兵团的108个重点县(旗、团场)实施。在资金来源和使用上,以中央财政专项资金为主,主要用于围栏、围栏运费和水泥柱制作,同时地方进行配套,主要用于前期工作经费、监理费、作业涉及费、粮食调运费;许多地区地方财政配套资金

---

① 水利部:《中国水利年鉴2004》,中国水利水电出版社2004年版。

不能到位,就通过群众投劳折资和自筹方式代替。

3. 林业生态保护和建设的财政投资及补偿

1998 年以后,尤其是 2000 年以来中央林业资金的 70% 多投向于前五大重点林业工程,使我国财政对西部地区尤其是民族地区的林业投资规模和速度都达到了空前规模。林业投资的资金来源有中央林业投入、林业治沙贴息贷款、林业利用外资、地方配套资金、自筹资金、群众投劳折资和其他资金(如育林基金)。其中,中央林业投入为育林投资的主要来源,中央财政投资也主要来自国债资金和中央财政专项资金。中央林业投入包括中央本级的财政支出和由中央统筹安排的地方财政支出(转移支付专项补助),主要项目为国家预算内基本建设资金、国债资金、中央财政专项资金、其他国家预算内资金。①

随着 1998 ~ 2003 年国债规模快速增加,投向林业重点生态工程的国债资金逐年递增,增幅逐年增大,但 2004 年宏观经济政策有所紧缩,国债投资增幅回落。资金到位率以国债资金最高,一般在 95% 以上,其次是中央财政专项资金、其他国家预算内资金、国家预算内基本建设资金。受国家宏观经济调控和金融信贷结构调整影响,林业治沙贴息贷款落实率不高,在60% ~ 70% 之间,虽然林业利用外资规模逐年上升,但林业利用外资水平总体较低。②

表 5 - 6   2002 ~ 2006 年我国林业利用外资与利用国内贷款情况对比

	2002 年	2003 年	2004 年	2005 年	2006 年
利用外资(万元)	56759	118827	147522	291875	325569
国内贷款(万元)	238922	311169	261849	232808	307163

资料来源:根据精迅数据整理。

除了林业投资外,建国以来中央政府在森林生态效益补偿制度上还做

---

① 国家林业局:《中国林业统计资料》,中国林业出版社 2000—2004 年版。

② 国家林业局:《2005 中国林业发展报告》,中国林业出版社 2006 年版。

了一系列安排,如林业税收优惠等正向手段,以此来激励森林资源经营管理。在公益林的生态效益补偿方面,国家主要通过天保工程的公益林造林费、管护费,退耕还林工程的粮食、种苗和现金生活费补助,防沙治沙工程的造林种苗费补助和中央森林生态效益补偿基金制度来进行财政补偿。前三项补偿属于国有公益林建设投资性补偿,而中央森林生态效益补偿基金制度则是针对营造重点公益林的管护者进行的森林生态效益补助,用材林、经济林、薪炭林的森林生态效益补偿则是主要通过对营林企业的税费优惠、贷款优惠贴息进行,同时还以征收育林基金的形式进行了负向补偿。①

4. 环境污染治理的财政投资和补偿

2003 年财政部和国家环保局颁发并于 7 月 1 日施行的《排污费资金收缴使用管理办法》规定,排污费必须纳入财政预算,列入环境保护专项资金进行管理并全部专项用于环境污染防治。排污费收缴入库后,国库部门负责按 1∶9 的比例,10% 作为中央预算收入缴入中央国库,作为中央环保专项资金管理;90% 作为地方预算收入缴入地方国库,作为地方环保专项资金管理。

财政专项拨款主要用于城市环保基础设施域综合治理、生态保护、能力建设和对重点企业治理项目、技术示范项目给予适当补助或贷款贴息。近年来,利用国债资金的拨款在上述领域的国家预算内资金占有重要比重,并且对民族地区作了较多的倾斜,投资的重点是城镇生活污水处理厂、生活垃圾处理场和集中供热供气工程项目等。

(三)生态环境保护过程中政府支持和财政投入的存在问题

1. 财政在建立和保护生态环境中的投入较少

根据国际经验,当治理环境污染的投资占 GDP 的比例达到 1% ~1.5% 时,可以控制环境污染恶化的趋势;当该比例达到 2% ~3% 时,环境质量可有所改善(世界银行,1997)。发达国家在 20 世纪 70 年代环境保护投资已

---

① 中国社会科学院环境与发展研究中心:《中国环境与发展评论》(第 2 卷),社会科学文献出版社 2004 年版,第 239—270 页。

经占到 GNP 的 1% ~ 2%,其中美国为 2%、日本为 2% ~ 3%、德国为2.1%。

我国目前各级财政在生态环境建设和治理上的投资大体维持在 1.2% 左右,属于投入偏低的国家。"八五"期间中国生态环境保护投资仅占 0.8% 左右;"九五"期间,比例不足 1%;尽管我们的财政环保投资比重在逐年增加,但速度太慢,政府的财政投资对环保的支持力度还不是很强。我们"十五"期间的环保投资仍然不及发达国家或地区 20 世纪 70 年代的水平。

在技术方面,用于环境保护的工程项目都是运用高新技术,而这些技术的成熟与否对工程项目起着决定性作用。从我国治理污染的许多项目来看,很多技术都是边生产边研制,对企业生产不利,对整个环保产业发展也存在消极影响。治理污染的技术要先行一步,需要政府建立环境保护技术研究开发基金,以保证环境污染治理的顺利进行。

2. 财政补贴政策设计存在着体制性缺陷

财政补贴对环境资源的影响很大,不适当的财政政策性补贴,会使被补贴商品的价格偏低,结果导致资源利用效率低下,甚至造成浪费,加重环境资源的污染和破坏,背离可持续发展的目标。如我国农业灌溉用水和城镇居民的生活用水,均或多或少地享有政府财政补贴,因补贴降低了价格,这就使得居民在生产生活中不注意节约使用,造成水资源的浪费。同时,要消除市场领域的外部性,使市场机制发挥作用,关键是要使资源和商品的价格真正反映其包括环境成本在内的全部社会成本,而不合理的财政补贴造成了各类商品之间的比价关系失真,从而出现了商品高价、原材料低价和资源无价的状况。因此,从政策设计上完善、规范直至减少这类补贴,以消除其引起浪费及不利于环保的副作用,是应该加快解决的问题。

以我国退耕还林为例。从 1999 年 8 月起进行试点示范以来,到 2006 年国家对退耕还林累计共投入 770 亿元,累计完成退耕换林、荒山荒地造林任务 2.88 亿亩。根据国家林业局制定的《退耕还林工程规划》,截止到 2010 年,退耕地造林总面积将达到 22 亿亩(1467 万公顷),工程总预算将达 3370 亿元。如此浩大的规模和预算,不仅在国内生态工程中绝无仅有,在世界范围内也是史无前例的。先期开展退耕还林的地区林草植被增加、水土流失减轻,但中国生态环境局部改善、整体恶化的趋势仍未得到根本遏制。而中国粮食供求形式的逆转也使退耕还林的持续性受到严重威胁,这引起了政府和学术界的高度重视。①

表 5 - 7　2002～2006 国家资金用于退耕还林项目的情况统计

(单位:万元)

指标	2002 年	2003 年	2004 年	2005 年	2006 年
国家预算内资金					
1.国债资金	818568	956042	660186	626839	492347
退耕还林工程	375870	510267	336295	312473	208808
2.中央财政专项资金	1562983	2000979	2403040	2740587	3002117
退耕还林工程	685279	1281245	1649700	1844320	202874
地方配套资金					
退耕还林配套资金	32809	58434	43858	33719	37763

数据来源:根据精迅数据整理。

3.排污收费政策不合理

首先,目前我国排污收费最大的问题是收费标准过低,表现在收费数额大幅度低于治理成本。中国排污费占产品成本的1‰～6‰,而治污设施建设和运行成本高。以污水处理为例,造纸行业一套日处理能力为150吨的碱回收工程需投资近亿元,占企业环保总资产近1/2,运行费用可占其销售总收入的10%以上。如此巨额投资,以追求利润最大化为目的的企业是不愿意付出的。高污染企业每吨废水的治理成本一般在1.2～1.8元,偷排每日的净收益往往能达到几十万元,环保部门最高罚款限额仅为10万元,因此,许多企业宁愿交费、认罚也不愿投资于污染防治工作。

其次,收费对象和收费项目不全。现行的收费政策只对超标排放污染物的企业征收,对已经达标或低于排放标准的不收费;虽然对超标排放收

① 任勇:《日本的环境投资机制及其对中国的启示》,《城市管理与科技》2000年第2期。

费,但没有考虑污染物的排放总量,难以刺激企业最大限度地降低污染的排放。现行的排污收费制度虽然对废水、废气、废渣、噪声、放射性等5类113项污染源进行收费,但没有对危险废物、生活垃圾、生活废水以及流动污染源进行收费。[①]

再次,排污费的管理混乱。国家没有统一的管理模式,各省、市根据其利益确定不同的管理模式,这必然造成管理上的混乱。国家环保局规定废水、废气、废渣、噪声"四小块"收费由地方环保局直接支配使用,这样造成地方环保局对"四小块"收费的积极性很高。由于排污费收入主要归地方财政,中央财政不参与对排污费的分配,削弱了中央对排污费的调控能力。排污收费政策运行机制的不合理,造成有限的环保资金不能发挥最大的作用,从而影响环境保护的效果。

4. 环境污染治理存在滞后性

排污费制度和谁污染、谁治理的"污染者负担"制度是一种典型的"事后"治理制度,对企业主动保护环境,预防环境污染事故发生的激励作用欠缺,这种制度使得西部少数民族地区对工业污染的控制和治理投入都相当有限,建设项目"三同时"执行合格率西部地区普遍低于东中部地区。少数民族地区的城市大多为资源型重工业城市,长期以来形成的国内工业生产分工布局中,以耗水耗能多、极易造成严重的大气污染、水体污染和固体废弃物污染的煤炭、电力、石油化工、天然气、有色金属、盐化工和磷肥工业等能源和原材料工业为主的资源开发导向型产业,形成西部少数民族地区"资源高消耗、污染高排放"的传统经济结构。尽管近年来工业污染总量不算严重,但呈总体加剧态势,并逐步向农业扩展,工业中心城市不仅是工业环境污染源,也成为农村环境污染的重要源头。

从2004年东中西部地区工业三废排放及处理情况看,在西部地区中,工业企业总数虽然远不及中东部地区,但其工业三废排放和处置情况不容

---

① [英]皮尔斯、沃福德:《世界无末日:经济学、环境与可持续发展》,张世秋译,中国财政经济出版社1996年版。

乐观,有的排污指标远高于东中部地区。而治污水平却明显低于东中部地区,如工业固体废物产生量占全国的 26.8%,其中危险废物产生量占全国的 56%;工业固体废物排放量占全国的 53.3%,其中危险废物排放量占全国的 83.3%;而固体废物处置量只占全国的 19%,其中危险废物的处置量占全国的 59.4%;工业固体废物综合利用量占全国的 20.6%,其中危险废物综合利用量只占全国的 29.9%。

第三节　民族地区生态环境建设对策

人类与环境的矛盾关系中,人类对生态环境保护是其主要方面,控制了人类经济活动的领域和模式,就能根本解决人类所面临的环境问题。为了人类可持续发展,经济活动必须不超过两个界限:一是取得的各种资源不能超过自然界的再生能力;二是排放的废弃物不能超过环境的自净能力。经济的可持续发展不仅重视增长数量,更追求改善质量、提高效益、节约能源、减少废物,改变传统的生产和消费模式,实施清洁生产和文明消费,使用可再生资源,使人类的发展保持在资源和环境的承载能力之内。环境保护可促进可持续发展,进而推动经济增长,只有在"能源消耗最少,环境污染最小"的基础上,才能实现真正意义上的经济社会快速发展和人民水平的提高。因此,从中央到地方都要高度重视环境保护和生态治理问题,创造新机制,搞好总规划,加快环境保护和建设步伐,把环境问题放到与经济发展、社会进步、人民生活改善相适应的位置,实现经济、社会与生态环境的同步发展。同时,发挥市场机制的作用,广泛吸引社会资金、建立健全多元化的生态环保投入机制,制定符合经济发展水平的科学的总体规划,确保经济、社会生态环保同步协调发展。依靠科技进步,开发符合我国国情的科学技术,普及生态环境科技知识,强化科技培训,加快科技成果的转化。发挥后发优势,跨越"先污染后治理、先破坏后恢复"的老路,走出新型发展路子。

一、民族地区生态环境建设模式选择

民族地区生态环境遭到破坏,严重影响了地区经济的发展,因此,民族地区面临加速经济发展和环境建设的双重任务。在这些任务面前,必须要选好开发模式,以互动开发为基调,实现生态环境保护与经济发展的"双赢"局面。以下简要介绍民族地区生态环境建设互动模式的选择:

(一)人类与自然界的互动

西部日益严重的环境问题迫使我们必须重新认识人与自然的关系。人与自然即相互依赖、相互作用的一致关系。自然向人类提供各种公共产品和资源,人类从自然中获取各种物质以满足自身生产、生活需要,并最终以废弃物形式向自然排放,对环境造成严重破坏,最终将遭到自然的报复。因此,人应该与自然和谐相处,共同发展。要在发展经济的同时保护生态环境,实现可持续发展,应建立人与自然互动的开发模式(图5-1),针对造成西部生态环境问题的自然因素、人为因素、经济因素、政治法律因素,在发展经济的同时,西部地区在生态环境互动开发模式的建立过程中,要采取多种模式相结合的方式,实现人与自然的互动,综合运用行政手段、经济手段、法律手段、教育手段和技术手段对生态环境进行保护,从而达到人与自然的和谐发展。

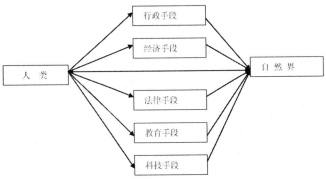

图5-1　人类与自然界互动的开发模式

(二)区域内部互动模式

地方政府都从各地经济发展的角度出发,把生态经济当作地方的支柱产业来发展。这在一定程度上来说是很好的事情,但是从地方利益出发的纯粹作为产业来发展的生态经济,往往会出现为了维护本地的生态平衡而转嫁污染,或者为了争夺生态资源而恶性竞争,使得一地的生态建设成就是以另一地的生态破坏为代价的,致使生态环境在区域间产生了负外部性。这反而影响了生态平衡和可持续发展这个生态建设的最高目标。因此需要政府来出面协调和监督各地的生态经济研究与建设,以阻止地方利益博弈而出现的双方都不能获得最大效益的结果,这就需要政府引导建立区域内部互动开发模式,以实现整体利益最大化。为了推动区域内的生态经济建设,必须建立政府引导下的区域内部互动开发模式,要从思想观念、城市规划、政策和协调机制方面进行改革和创新,促进区域内部互动,使区域内的生态经济发展形成一个整体(图 5-2)。

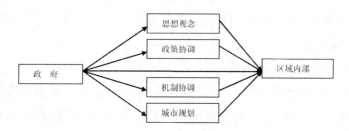

图 5-2　区域内部互动模式

(三)产业间互动开发

产业结构不合理是影响民族地区生态重建的重要因素之一。为了促进经济和生态环境的和谐发展,本文运用波特模型对西部产业与环境的协调发展进行分析,希望能从一个新的视角得到一些产业与环境协调发展模式,从而有所借鉴。大力发展环保产业和生态经济,用高新技术改造和升级传统产业,推广清洁生产,注重第三产业的科学规划和合理布局,建立生态工业、生态农业和以服务业为代表的生态第三产业的生态经济体系,实现农业、工业、第三产业之间良性互动,从而实现产业与环境的良性循环(图5 - 3)。

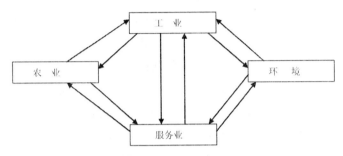

图5 - 3　产业间互动开发模式

二、民族地区生态环境建设的思路

生态环境建设是一项大工程,遵循"资源共享、高效经济、统筹协调、持续利用"的原则,理清思路,科学计划,既要避免好高骛远,也要做到现有资源利用的最大化。`

(一)要树立科学发展观

民族地区的开发和发展,必须摒弃单纯工业化、片面追求产值的社会发展观,树立符合民族地区长期发展的可持续发展观,在追求经济发展的同时,注意保障本地区具有长期持续发展的能力,统筹协调生态资源的开发、利用、治理、配置、节约和保护。处理好资源的开发与治理、利用和保护、节约与配置的关系,实现近期效益和长远效益、经济效益与社会效益的有机结合。可持续发展反对以追求最大利润或利益为导向,以贫困悬殊和资源掠夺性开发为代价;其所主张的经济增长是适度和高质量的,以无损于生态环境为前提,以持续发展为特征,以改善人民的生活水平为目的。通过资源替代、技术进步、结构变革、制度创新等手段,从总的成本收益出发,使有限的资源得到公平、合理、有效、综合和循环的利用,从而使传统的经济增长方式向可持续发展模式转变。可持续发展必须以自然资源为基础,同环境承载能力相匹配;可持续发展以提高生活质量为目标,同社会进步相适应。

(二)切实抓好生态环境保护工程

要抓好生态环境保护工程,必须注意做到几个结合:政策倾斜与工程措施相结合、自身治理与国家扶持相结合,按产业化的路子进行生态建设,力求兼收生态和经济双重效益。提高资源配置工程系统的开发效率,减少生态工程系统在资源配置过程中的损失;提高生态资源的利用效率,使有限的资源最大限度地发挥效益,提高单位资源的经济产出能力;依靠科技进步与创新能力,采用高科技和现代信息技术,着力提高资源的配置速度和效率;充分发挥市场配置资源的作用,提高资源开发和利用的经济效益。走出一条"科技含量高、经济效益好、资源消耗低、环境污染少、人力资源优势得到充分发挥的新型工业化之路"。

(三)根据地区实际,开辟新的经济增长点

民族地区特色经济主要包括一些民族手工业、具有特殊生产工艺的制造业和土特产农副产品加工业以及建立在独特的自然风光和人文景观基础上的旅游产业。因此,必须转换发展经济就是搞工业、上项目的传统思路,把商品经济和生态经济结合起来,以发展生态经济为前提,促进经济增长方式的转变。在实现工业化和现代化的过程中,一定要避免纵容那种GDP至上的政绩观和发展观、重走西方国家"先污染,后治理"的老路,大力推行科学发展的执政理念,实现中央提出的包括统筹人与自然和谐发展在内的"五个统筹"。要转变经济增长方式,大力发展"循环经济",以最小的成本获取最大的经济效益和环境效益,以可持续发展之路替代传统工业文明之路。注重民族特色和地方特色,建设生态农业、生态旅游业、生态药业、食品加工等绿色产业和环保产业体系,把环境的潜在价值变成现实效益,让环境为人民群众带来财富,以此激发人们保护环境的热情和积极性。要做好建设项目的环境影响评价工作,进一步完善环境评价制度:一是依法推进规划环评;二是改革与完善环境影响评价审计机制,建立全国环境影响评估体系,完善分级审批制度,推进环境审批的政务公开;三是建立审批长效监管机制,建立适应投资体制改革的责任追究制度和审批行为评议考核制度,完善

建设项目环境保护"三同时"(环保工程和主体工程同时设计、施工和投入使用)过程监督和后评估制度,建立健全公众参与机制;四是加强环评队伍管理,加强评价单位的定期考核与管理,加大责任追究力度,建立与国际接轨的执业资格制度和竞争机制;五是规范审批程序,提高办事效率。

(四)限制人口数量,大力发展民族教育,提高少数民族的人口素质

民族地区能否实现经济可持续发展最终取决于人口特别是劳动力素质的提高。因此,大力发展民族教育,培养和造就大批具有科学文化知识的人才和劳动力,增加民族地区人力资本的存量,是实现和保证民族地区环境建设和经济可持续发展的又一关键环节。

第一,中央各类教育项目的资金应首先考虑安排民族地区。国家设立的青少年学生校外活动中心建设项目也要优先安排民族地区;国际组织教育贷款、海外和港澳同胞教育捐款的分配,重点向少数民族地区倾斜;中央扶贫资金(少数民族发展基金)和省、自治区安排的扶贫开发资金及少数民族专项补助资金中,增加安排民族教育的比重,重点用于发展民族地区基础教育。省安排的各类教育和科技开发等方面专款,亦向民族地区倾斜。第二,加大对民族地区基础教育的转移支付力度。加大中央、省、自治区等各级财政对少数民族地区基础教育的转移支付力度,调整财政支出结构,确保民族地区预算内教育经费占财政支出的比例逐步有所提高。中央、省、自治区等各级财政还应逐步设立民族教育专项事业费,用于民族地区基础教育的宏观调控,同时加强审计监督,提高资金的使用效率。第三,积极拓宽教育经费来源。在加大政府投入力度的同时,努力拓宽经费来源渠道,鼓励企业、个人和社会各界捐资助学、投资办学,合理调整非义务教育阶段学费在培养成本中的比例;大力开展勤工俭学活动,积极发展校办产业,加快学校劳动实践场所建设等。为民族地区基础教育的长足发展创造有利条件。走出一条教育与经济、科技有机结合、相互促进、良性循环的发展道路。

(五)加强法制建设,保障生态建设长期、健康和有序进行

在西部大开发的进程中,民族地区的发展不同于其他地区传统发展模式,仅靠市场机制,难免重蹈先污染后治理、先破坏后恢复之覆辙。为了使我国的生态环境建设有法律保障,协调各方面的利益冲突,必须加强立法和执法,把生态环境保护纳入法制化轨道。认真贯彻并坚决执行《中华人民共和国环境影响评价法》,譬如该法的第4条规定:环境影响评价必须客观、公正、公开,综合考虑规划和建设项目实施后对各种环境因素及其构成的生态系统可能造成的影响,为决策提供科学依据。该法的第7条赋予环评在项目审批上的"一票否决权",即没有通过环评审批的项目,审批机关不予审批,环评成为所有建设项目都需要先过的一道门槛。政府应该加强在环境保护方面的执法力度,正如清华大学王明远教授强调的:"全能政府变成有限政府,就是要从竞争性市场领域退出,把精力投入到诸如环境保护等这些市场失灵的领域中去"。

(六)建立公众参与机制,实现全民环保总动员

环境作为一种公共产品,它的许多要素,如空气、阳光、水等都具有一种非排他性及非对抗性的特征,不能阻却所有人共同使用,而且环境污染所造成的后果也是由全社会来承担。因此环境保护不仅要利用政府的管理效能,还要发挥公众参与的作用,大力推行听证会制度,在环评的各个阶段引入信息公开及公众参与机制。正如国家环境保护部副部长潘岳指出的那样,环保不仅是一门专业,更是一种理念,一种文化,即人与自然、人与人、可持续发展的环境文化,而这需要形成新的是非判断标准和行为导向准则,那就是过一种环保的、关爱他人的、更加注重精神超越的新生活方式。发达国家的经验也表明,公众参与不仅是环境质量得以长久维持的内在因素,而且是监督政府、企业等履行环境管理和保护义务的有效的生力军和庞大的社会力量。

与发达国家相比,我国的公众参与程度较低,具体表现为:(1)从参与的组织形式来看,我国环保社团尤其是民间社团数量少、规模小、影响有限。由于知名度和认同度不够,在参与环境保护时对政府的决策影响不大,对企业等主体也难以发挥太大作用。(2)从参与过程看,公众参与主要是事后监督,而事前决策参与和决策执行中的监督性较少。(3)从参与内容上看,主要是意识上参与,真正行为上的参与较少。

三、民族地区生态环境建设的财政政策建议

1998 年的长江洪水与 2000 年逼近北京的沙尘暴显示出西部民族地区恶化的生态环境已经从地方性的生态环境公共风险演变为危及全国生态安全和可持续发展的全国性生态环境公共风险,政府必须站在可持续发展的战略高度来为防御这种公共风险进行生态环境建设,即西部民族地区生态环境建设实际上已经由地方性公共产品演变成区域性和全国性的公共产品。这就要求中央政府和地方政府(尤其是发达地区政府)作为供给主体为西部民族地区生态环境建设长期以来的财政供给机制的缺位做出补偿,通过各级政府的财政投资和其他财政手段的运用加大对该地区生态环境建设的供给,尽快修复被破坏的生态环境,控制环境的整体恶化趋势,同时减少人为因素对环境的继续破坏。[①] 我国目前已经形成中央政府主导的对西部民族地区生态环境建设的财政补偿机制,包括财政对各类生态建设工程的投资性供给补偿和对企业居民从事的生态产品经营进行生态效益性补偿即生态环境综合服务价值创造补偿两方面内容。[②]

财政手段分为正向补偿激励和逆向补偿激励。正向补偿是指通过财政手段运用,鼓励私人增加具有收益外溢的生态环境建设提供,以增加良好生态环境资源公共品的供给,防范和减少环境风险;逆向补偿是指通过财政手段运用,让私人部门承担由于其成本外溢活动对生态环境造成破坏的治理成本的补偿,激励其减少对资源开发开采和利用中的浪费行为以及环境污染等行为以防范和减少环境风险。[③] 两种补偿性供给都可以采用直接的公共支出和间接税式支出以及其他税费手段进行。

---

① 李家寿:《生态文化:中国先进文化的重要方向》,《生态经济》2007 年第 9 期。
② 钟大能、刘兴全:《西部民族地区生态环境建设与其公共财政支撑状况的调研报告》,《西南民族大学学报》(人文社科版)2006 年第 12 期,第 56—58 页。
③ 钟大能:《生态产品经营效益的财政补偿机制研究——以西部民族地区生态环境建设为例》,《西南民族大学学报》(人文社科版),2008 年第 9 期,第 234 页。

（一）正向补偿激励手段

1. 减少绿色产品税收，引导绿色消费；财政资金支持绿色产业生产，引导绿色生产

"绿色消费"主要有三层含义：一是倡导消费者在消费时选择未被污染或有助于公众健康的绿色产品。二是在消费过程中注重对垃圾的处置，避免环境污染。三是引导消费者转变消费观念，节约资源和能源。① 2006 年 11 月我国公布了第一份政府采购"绿色清单"，它涉及汽车、打印机、彩电、板材、家具等 14 个行业获得中国环保标志认证的上百种产品的采购清单。它规定政府机关、事业单位、团体组织在用财政资金实施政府采购时必须优先选择"绿色产品"，不按规定采购的单位，财政部门可以拒付采购资金。鼓励绿色消费，政府不仅要加大对假冒环境标志产品的打击力度，而且要对获中国环境标志认证的产品减免税收。通过减免税收，增加其竞争优势。目前我国共有近 200 家企业，40 多个大类，500 多种产品获得了中国环境标志认证。对这些产品减免税收，降低其生产成本、增加其降价空间、使其在价格上处于有利地位，不仅能鼓励消费者购买绿色环境认证产品，而且能鼓励生产者生产绿色环保产品。

财政资金支持企业绿色生产，包括支持绿色发电、绿色交通等等。从源头上减少对环境的破坏，就要形成一个有利于资源节约和环境保护的产业体系。一方面，强化从源头防止污染，坚决改变先污染后治理、边治理边污染的现状，就要大力推动产业结构优化升级，加快发展清洁生产的先进制造业、高新技术产业；另一方面，从源头上有效控制污染物排放，就要大力发展环保产业，提高环境保护的水平。鼓励企业在环境保护关键技术、环保相关技术、共性技术方面取得突破，切实提高我国环境保护的科技含量；鼓励企业发展环保装备制造业、参与污染治理和环保产业发展，政府财政资金都要予以支持。

---

① 郑小兰、李晓清：《政府统筹经济增长与生态环境保护的财政税收手段分析》，《商场现代化》2007 年第 1 期。

2. 调整财政支农政策,促进民族地区农业生态建设

生态农业是建立在不破坏农业可再生资源、不降低环境质量的基础上,把环境保护和提高农业资源的利用效率与满足人类对农产品的需要相结合,达到生态合理与持续发展之目的的农业生产形式。因而,发展民族地区生态农业是一项长期、艰巨的工作,必须得到政府财政的大力支持。长期以来,我国的自然资源保护事业经费一直没有纳入国家预算,基本上是在有关部门和地方财政的自有资金中临时筹集而成,缺乏制度的保障。为了促进生态农业的稳步发展,各级财政应积极调整支农投资政策和投资结构,把环境治理和民族生态生态农业发展的资金纳入财政预算内支出中安排,并以财政资金的投入为引导,拓宽融资渠道,建立生态农业发展基金。

3. 拓宽环保资金筹措渠道,切实增加环保资金的财政投入

民族地区生态环境建设需要巨额的资金投入,但目前民族地区普遍财政紧张,对生态环境建设投入有限。缺乏稳定充足的资金投入已成为制约民族地区生态环境效益作用发挥的最大阻碍。因此,如何创建一个融资机制来满足民族地区生态环境建设的资金需求是一个亟需解决的问题。

在为西部民族地区生态环境建设提供融资方面,东部地区应该积极发挥其优势作用,可通过加快资金转移,提高投资效益等方式,参与民族地区环境建设融资。这一过程中,要坚持责权利相结合,按照"谁投资、谁受益"的原则,鼓励和吸引省内外、国内外的投资者投资生态环境建设项目。扩大并优先鼓励支持环保企业和环保生态建设关联企业上市融资的规模与数量,充分发挥资本市场的功能与作用;设立生态开发、环境保护基金,政府、企业、个人三管齐下,特别要注意发挥政府财政资金的挤入效应,最大限度地调动市场投资的积极性,基金的运作与管理要明确投向,做到专款专用,对挤占挪用或截留使用的问题,要依法从严处理;尝试并积极推行专门用于生态开发和环境保护的中央债券、政府部门债券、地方债券,应优先在民族地区尝试发行。同时,优先使用义务工和劳动累计工,动员群众投工投劳建设生态环境。[1]

(二)逆向财政手段

逆向补偿手段主要采用征税、收费和罚没等财政手段。收费和征税的目标不在于提供财政收入,而是着力于通过收费和征税的经济杠杆作用来纠正市场活动的负外部效应,减少环境风险源。运用逆向补偿是将负外部效应环境风险防范成本强制性转嫁给制造者承担。补偿制度设计要考虑将生态环境公共产品的外部效应影响度,充分体现受益原则和支付能力原则,并作到两者的有机结合。

下面以排污控制手段进一步说明。以庇古税(图5-4)、排污收费(图5-5)和治污补贴(治污补贴属于正向补偿手段,图5-6)对比:[2]

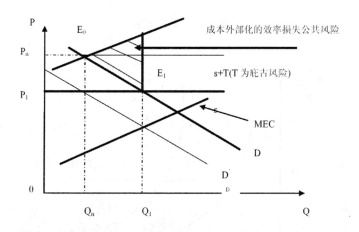

图5-4 庇古税对私人活动负外部效应的环境风险的防范

理论上,庇古税和排污收费都是基于负外部效应对环境风险的影响度而考虑的,所以设计出发点是"谁污染、谁付税(费)",使得风险制造者承担风险防范成本转嫁的私人边际成本等于防范环境污染风险的边际社会收

---

① 王洛林、魏后凯:《中国西部大开发政策》,经济管理出版社2003年版,第208页。
② 胡庆康、杜莉:《现代公共财政学》,复旦大学出版社2001年版,第91—113页。

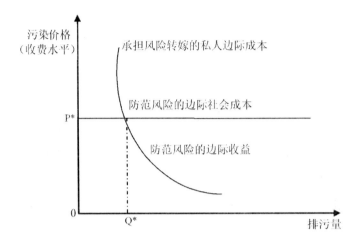

图 5 – 5　排污收费

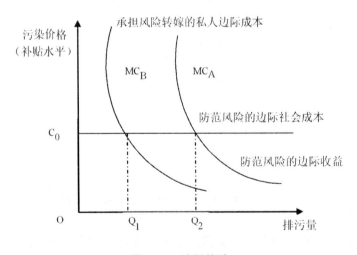

图 5 – 6　治污补贴

益,治污补贴则是从污染治理的受益原则来考虑。[1]　如果不考虑企业的进

---

① 中国财政学会民族地区财政研究专业委员会:《中国民族地区财政报告》,中国财政经济出版社 2007 年版,第 235—236 页。

入和退出,庇古税或排污收费和治污补贴在理论上是等价的,都能有效地减少负外部效应,但一般不能减少污染的总水平;如果考虑到企业的进入和退出,则庇古税或排污收费会减少社会总体污染水平,而治污补贴则会增加社会总体污染水平。税收和补贴最具理论上的诱惑力,排污收费、罚款和排污标准在现实中经常运用,因为排污标准的执行在操作层面上优于庇古税,其所需的信息量远远低于庇古税,尽管其并非最优的控制环境污染风险的政策。理论上,可以根据防范成本转嫁激励的各种财政手段,设计防范污染风险的环境污染税系。

1. 建立和完善我国绿色税收政策

(1)建立和完善生态税。

从我国的现实情况出发,可以考虑按人均收入水平的高低以及河流的上中下游位置,开征一种有差别的生态环境建设税。该税种可设计为中央与地方共享税,按照六四比例分成,60%上缴中央,统一用于西部或长江上游、黄河上中游地区的生态环境建设,40%归地方,用于当地生态环境建设。①

严格地讲,我国目前还不存在真正意义上的生态税。因此,我国实施生态税制的第一步可考虑将现行的一些宜于以税收形式管理的环保收费项目纳入征税范围,根据环境保护的需要逐步设立生态税。①环境污染税。在我国环境污染日趋严重、环保资金严重不足的情况下,有必要改排污收费为征税,对排污企业课征污染税。②水污染税。对直接或间接排放废弃污染物和有毒物质而造成水体污染的活动或行为从量征收,其目的在于减轻和防止现有水资源的进一步污染和毒化。③大气污染税。主要包括二氧化硫税和碳税。④固体废物税。可先对工业废弃物征税,然后逐步考虑对农业废弃物、餐饮服务业废弃物征税。⑤噪音税。可借鉴国外经验,按飞机着陆次数对航空公司征税,并将所得收入用于补偿机场周围居民。把现行的污

---

① 中国财政学会民族地区财政研究专业委员会:《中国民族地区财政报告》,中国财政经济出版社2007年版,第209页。

染收费制度改为污染征税制度,使污染者的外部成本内在化、法律化,既有利于污染者真正认识到他要对污染付出法律责任和经济代价,而不是在承担政府的某种"摊派",又有利于税收的征管,降低征收成本。

(2)改革和完善现行资源税。

资源税的开征不仅是为了取得财政收入,更重要的是为了保护资源,提高资源的利用效率。因而应以生态环境保护和治理为目的,改革和健全资源税体系。首先,扩大资源税征收范围,增设水资源税,以解决我国日益突出的缺水问题;增设森林资源税和草场资源税,以避免和防止生态破坏的发生。另外,待条件成熟后,再对其他资源,如土地、动植物等资源课征资源税,并对非再生性、非替代性、稀缺性资源课以重税。其次,完善计税办法。将现行资源税计税依据由按应税资源产品销售数量或自用数量计征改为按实际生产数量计征,尽可能减少产品的积压和损失,使国家有限的资源得到充分利用。

(3)完善现行环境保护的税收支出政策。

减少不利于污染控制的税收支出,严禁或严格限制有毒、有害的化学品或可能对我国环境造成重大危害产品的进口,大幅提高上述有毒、有害产品的进口关税。鼓励企业开展环境领域里的科技研究与开发的税收支出。政府对防治污染的研究与开发应予以高度重视,政府除了直接给予研制、开发控制污染新技术的企业预算拨款外,还可以大量利用税收支出,以鼓励企业从事科研活动,从而增强治污税收支出的整体效应。刺激企业投资于治污设备的税收支出。近几十年来,各国政府运用投资税收抵免、加速折旧等税收支出措施,对防止污染的投资活动进行刺激。

2. 改革现有的环境收费制度

在环境保护中,要将环境治理与污染控制放在同等重要的位置,改变目前重治理轻控制的局面。为此,一要将资源补偿费并入资源税,同时要将资源税的征收范围扩大到所有自然资源的开发、利用,并且提高税率,使其能够反映出资源的稀缺程度和实际价值。二要改革排污费制度,变目前的超标排污费制度为达标排污收费制度,超标排放加倍收费并予以处罚的制度。

即凡是向环境中排放污染物的单位和个人均按政府规定的收费标准,根据其所排放污染物的种类、数量、浓度和危害性等缴纳排污费。并且,超标排污视为违法行为,除加倍收费外,还要给予相应的行政处罚。同时,各级财政应加强对排污收费制度的管理,改变环保收费机构自收自支的状况,实行收支两条线,列入各级财政预算综合管理,并保证财政资金的有效使用,避免所收取的环保资金使用浪费和挪为他用。

第六章 我国民族地区财政的特殊矛盾与困难

第一节 民族地区财政的特殊性

民族地区财政是国家财政体系的重要组成部分,它属于地方财政和区域财政的范畴,是一个比较特殊的领域,具有自身的运动规律和特点。民族地区财政与一般地区财政的不同特点,是由民族地区自然、历史、政治、经济、文化等多方面因素决定的。

一、民族地区客观环境的特殊性

(一)民族地区地理环境的特殊性

民族地区在我国是一个极为特殊的区域。主要表现在:第一,民族地区大多地处边境地区。我国少数民族地区国土总面积占全国国土总面积的63.89%,全国陆地边界2万多公里有1.9万公里在民族地区;135个边境县中有109个在民族地区;此外,55个少数民族中有30个民族与历史上国外同一民族相邻而居,其中有8个在境外建有独立的民族国家,有4个在邻国建有以该民族为主体的行政区。可以说,民族地区是国家的安全屏障。同时,民族地区还是国家的生态屏障。民族地区多处在我国大江大河的上游地区,有绵延辽阔的草原荒漠和山区,全国生态建设规划中的4个重点地区和4项重点工程全部在民族地区,民族地区现有79个国家自然保护区,面积占全国自然保护区面积的85%以上。在国家"十一五"规划纲要中提出的 22 个限制开发区域,民族地区有 19 个。第二,边境地区是为国家作出牺牲和贡献最大的地区。长期以来,边疆各族人民为捍卫国家主权和领土完整,付出了巨大牺牲,作出了巨大贡献。第三,边境地区是一个发展条件较差、面临困难较多的地区。直到解放初期,一些边疆少数民族甚至还处在原始社会或奴隶制阶段,经济社会形态落后,发育程度极为低下。新中国成立后,又长期处于战争第一线,国家投入少,历史"欠账"多,发展基础差。至今仍有国家或省扶贫工作重点县 74 个,占边境县总数的 55%。在 529 个与邻国接壤的边境一线乡镇中,仍有绝对贫困人口 110 万人。第四,边境地区是一个多种势力较量最激烈、维护稳定任务最重的地区。某些反华势力往往把边境地区作为肢解、分裂我国的突破口。近些年来,又出现了暴力恐怖、宗教渗透以及毒品、走私、贩枪等非传统安全威胁因素。目前,一些邻国又实行了针对性很强的边境优惠政策,同我展开竞争角逐。

民族地区的特殊性,决定了加快边疆民族地区发展的特殊重要意义。建设边疆,必须包括政治边疆、军事边疆、经济边疆、文化边疆,只有 4 个边疆合起来,才是真正的铜墙铁壁。

(二)民族地区民族与宗教问题的特殊性

民族和宗教问题是当今世界两个非常突出、非常复杂、非常敏感的热点和难点问题。中国的国情表明中国的宗教问题,主要是少数民族宗教问题。我国有近 20 个少数民族几乎是全民族信仰某一宗教。宗教几百年甚至几千年的深远影响,再加之往往和民族问题交织在一起,而且一些宗教具有国际性,使我国少数民族宗教问题成为重要的社会问题,也成为今天中国各民族共建和谐社会必须更加重视的问题。

我国民族问题具有复杂性和特殊性。由于我国许多少数民族都是全民信教,而且我国许多少数民族都处于边疆地区、不发达地区,因此,使我国民族宗教问题与其他民族问题经常交织在一起。这使得我国少数民族宗教问题更趋复杂化。同时,在我国少数民族的宗教信仰中,伊斯兰教、藏传佛教、基督教、天主教等,都涉及到国际性问题。这既是我国少数民族宗教问题中的"国际性"特点,也更是我国少数民族宗教问题的"复杂性"体现。一些民族分离主义分子以宗教为掩护,进行分裂国家的活动。宗教成了分离分子进行思想渗透的工具。尤其是一些西方国家敌对势力为达到对我国"分化"的目的,以"宗教"、"人权"等为工具,企图破坏我国统一,所谓"藏独"、"疆独"就是典型表现。宗教问题的政治化、民族问题的国际化,使我国少数民族宗教问题更显复杂化。

民族问题与宗教问题交织在一起,历史问题与现实问题交织在一起,政治问题与社会问题交织在一起,国际问题与国内问题交织在一起,物质贫困与精神贫困交织在一起,优秀的传统文化与落后的生活方式交织在一起,敌我矛盾和人民内部矛盾交织在一起。以上几个方面交织在一起是我国民族宗教问题特殊性的典型表现。我国民族宗教问题上这种民族因素、宗教因素与贫困因素和边境因素的交融性,使民族宗教问题的处理既具有政治意义,又具有经济意义,还具有国防意义。

二、民族地区经济社会发展的特殊性

(一)民族地区经济社会发展历史的特殊性

大多数民族地区由于地处边疆或者偏远山区,历史上一直处于与外界隔绝的状态,经济社会发展极其落后,部分民族地区在解放前甚至仍处于奴隶社会或原始社会状态,在新中国建立后大多这样的民族地区直接过渡到社会主义社会,这些民族地区被称为"直过区"(从原始社会直接过渡到社会主义的地区),全国"直过区"的少数民族人口接近 1000 万人,占少数民族总人口的9%左右。这些"直过区"的民族地区虽是极端的例子,但从一个侧面反映了民族地区经济社会发展历史的严重滞后性。

从云南边境民族地区来看,云南边境民族地区大多是"直过区",云南民族"直过区"(从原始社会直接过渡到社会主义的地区)涉及人口 138 万,占全国14.8%。从原始社会末期直接进入社会主义社会,远离中心城市,发展起步晚,基础薄、条件差。这些民族"直过区"的群众至今仍以传统农业为主,有的还保留着"刀耕火种"的原始耕作方式,属最贫困的地区,最弱势的群体。从西藏自治区来看,整个西藏自治区直接由农奴制过渡到社会

主义社会。尽管中央政府和全国各地每年都给予西藏大量的物质和人才支持,但是西藏发展的历史滞后性痕迹仍然很明显。

(二)民族地区经济社会发展现状的特殊性

建国以来民族地区经济社会取得了巨大的进步,尤其是社会主义市场经济的建立和改革开放使民族地区经济社会发展迈上了新的台阶,但是由于诸种因素的制约,也使民族地区经济发展严重滞后,表现为民族地区与其他地区经济发展差距的不断扩大。具体说来,主要表现在以下4个方面:

1. 经济总量上的滞后

其他地区和民族地区在经济总量上的差距已相当悬殊,主要表现在各自在人均国内生产总值、在工业总产值中的比重和在经济总量中的比重等方面。1994年人均国民生产总值全国为3890元,经济发达的上海、江苏、浙江、福建、山东和广东分别为15204元、5785元、6149元、5386元、4473元和6380元,大大高于全国平均水平,而西部少数民族自治区除新疆略高于全国平均水平外,内蒙古、广西、贵州、云南、西藏、青海和宁夏分别为全国平均水平的77.5%、71.3%、39.9%、64.9%、64.0%、51.0%、74.8%和69.0%,与广东省的差距分别为:3367元、3608元、4827元、3890元、4396元、3470元和365元。1995工业总产值占全国工业总产值的比重,内蒙古为0.85%、广西为1.81%、贵州为0.61%、云南为1.31%、西藏为0.01%、青海为0.16%、宁夏为0.87%,除广西、西藏外,其余6省区都有所下降。同年,广东省工业总产值占全国的10.4%、江苏省占12.9%,大大高于少数民族8省的总和。从1980~2003年,东部地区在全国经济总量中的比重从50%增加到59%,上升9个百分点,西部地区却有所下降。例如,东部地区从1980年的50.20%上升到2003年的58.86%,而西部地区从1980年的20.04%下降到2003年的16.56%。可从以上数据可以看出,东西部地区在经济总量上的差距不但相差悬殊,而且继续拉大。

2. 经济增长速度上的滞后

尽管各地区在改革期间都有不同程度的经济加速增长,但就总体而言,东部沿海地区的经济增长率在过去30年明显高于西部民族地区。20世纪

80 年代西部比东部平均增长率低 1 个百分点,而 90 年代则低 2 个百分点左右。东西部在 20 世纪 80 年代和 90 年代(至 2001 年)的西部的平均增长率都低于东部。按国家统计局提供的东西部地区在 1980 ~ 2002 年期间若干年份的 GDP 总量及其相对比例看,按当年价格计算,西部地区在 1980 年的 GDP 总量相当于东部地区的 40%,1990 年是东部地区的 39%,2002 年下降到东部地区的 29%。这表明 20 世纪 90 年代东西部地区之间的经济发展进度的差距在拉大。从 GDP 的增长差距看,1998 年至 2002 年间,东西部 GDP 增长率,以 1990 年为 100,东部 11 个省市 GDP 的 4 年增长指数分别为:7.36%、20.51%、32.85%、44.59%,西部 12 个省市自治区 GDP 增长分别是 4.82%、13.7%、24.59%、36.20%。4 年间,西部与东部增长率的差距由 2.54 个百分点扩大到 6.81 个百分点、8.26 个百分点、8.39 个百分点,呈逐年扩大趋势。可见,西部民族地区在经济增长速度上远远低于东部地区。

　　3. 人均 GDP 上的滞后

　　改革开放以来,尽管各地区人均 GDP 均以较快速度增长,但西部民族地区的人均 GDP 的增长却明显滞后于东部地区。从西部与东部人均 GDP 比值看,以西部为 1,1998 年为 1:2.43,1999 年为 1:2.49,2000 年为 1:2.42,2001 年为 1:2.56,2002 年为 1:2.57,五年间从 1:2.43 扩大到 1:2.57。在人均 GDP 方面,西部从 1998 年 498 美元增加到 1999 年的 522 美元,2000 年的 566 美元,2001 年的 605 美元,2002 年的 663 美元。2002 年比 1998 年增长 33%。而同期东部则由 1998 年的 1212 美元增加到 2002 年的 1704 美元,增长 41%。明显可以看出,东西部人均 GDP 差距也呈扩大之势。

　　4. 收入水平的滞后

　　从收入水平的差异看,与经济发展水平的变动趋势基本一致。无论是城镇居民人均可支配收入,还是农村居民人均纯收入,东部地区明显高于西部地区。1980 年,东部地区城镇居民人均可支配收入相当于西部地区的 1.21 倍,1990 年上升到 1.27 倍,2002 年上升到 1.40 倍,与 1980 年相比扩大了 15.7%。1995 年农民人均纯收入全国为 1577.4 元,内蒙古、广西、贵州、云南、西藏、青海、宁夏、新疆 8 省区分别比全国低 369.36 元、131.6 元、491.12 元、566.77 元、377.43 元、547.97 元、579.99 元和 441.29 元，差距比 1991 年扩大了 290.20 元、84.74 元、239.95 元、421.32 元、272.28 元、421.44 元、470.81 元和 438.45 元。而与经济发展水平最快的浙江、广东相比，差距就更大了，1995 年其农民人均纯收入分别为 2966.19 元和 2699.24 元，是少数民族地区农民人均纯收入的两倍以上。除此以外，东部地区与西部民族地区在产业结构、城镇化程度、科技教育方面、市场经济的发育程度和市场体系的完善程度上也存在着滞后。

三、民族地区财政的特殊性

民族区域自治制度是我国的一项重要政治制度。财政自治是民族区域自治不可或缺的重要组成部分，这是民族地区财政特殊性的政治依据；民族地区地理环境和自然条件的特殊性是民族地区财政特殊性的客观依据；民族地区经济社会发展的严重滞后性是民族地区财政特殊性的现实依据。

(一)民族地区财政的政治特殊性

财权是各级政府利益的最重要体现，财权、财力在各级政府间的分配量度，直接关系到中央、地方政府各自利益的满足程度或实现程度。而财政的强制性和无偿性决定了财政的政治性，财政的强制力量来自国家的政治权力和政府的权威，政府能否顺利、及时征集到预定的税收，是国家能力的一个重要标志。同时，中央对地方能否有效控制，其中一个重要体现是地方政府应当上缴中央的财政收入能够顺利地上缴中央，若地方利益过分膨胀，不仅冲击中央政府的财政收入，而且削弱国家宏观调控能力。因此，如何在中央与地方之间安排税金收入的分配比例，涉及中央与地方的关系和国家的统治能力，是一个十分敏感的政治问题。

财政自治是民族区域自治不可或缺的重要组成部分，是民族区域自治制度存在和发展的经济基础。邓小平指出："实行民族区域自治不把经济搞好，那个自治就是空的。"就当代中国的现实而言，宪政规定和民族区域自治制度的确立，奠定了财政自治的政治基础与制度安排。《宪法》第 117 条规定:"民族自治地方的自治机关有管理地方财政的自治权。凡是依照国家财政体制属于民族自治地方的财政收入,都应当由民族自治地方的自治机关自主地安排使用。"《民族区域自治法》第32条明确规定:"民族自治地方的财政是一级财政,是国家财政的组成部分。民族自治地方的自治机关有管理地方财政的自治权。……民族自治地方的预算支出,按照国家规定,设机动资金,预备费在预算中所占比例高于一般地区。"不难看出,财政自治作为民族自治地方自治权的有机组成部分,早已明文载入国家根本大法宪法和民族区域自治法中。

没有财政自治,民族自治就不能得到保障。根据宪法和民族区域自治法的规定,民族自治地方的自治权有:制定自治条例和单行条例的自治权,有特殊政策和灵活措施的制定权及对上级国家机关的决议、决定、命令和指示的变通执行或停止执行权;组织维护本地方社会治安公安部队的自治权;管理地方财政的自治权;安排和管理地方性经济建设的自治权;管理本地方教育、科学、文化、卫生、体育事业的自治权;配备民族干部和培养民族人才的自治权;使用和发展民族语言文字的自治权等。民族区域自治是在国家统一领导下、各少数民族在其聚居的区域内建立民族自治地方、设立自治机关、行使自治权的政治制度。权力来源于国家体制,在单一制国家,国家主权属于全体人民,由中央政府代表国家行使。民族自治地方财政自治是指在国家统一的财政体制下,自治机关根据宪法原则和民族区域自治法及其他相关法律法规的精神,依照自治条例的规定和当地民族政治、经济及文化的特点,制定财政自治条例或有关法律的变通及补充规定等,组织财政收入,统筹分配财政资金,自主地管理本地区财政事务的活动。民族自治地方财政自治问题,就是要界定民族自治地方财政自治范围和财政自治权限,完善分税制财政体制,全面落实民族自治地方的财政自治权,提高民族自治地方自治机关的自治意识,规范民族自治地方的财政收支行为。民族自治地方财政自治的基本内容包括:

一是财政自治立法。(1)依照当地民族的政治、经济和文化的特点,制定自治条例和财政自治的单行条例,并报最高国家权力机关或省级国家权力机关批准、备案。(2)制定执行有关财税法律法规的变通或补充规定。即对国家的财税法律法规以及上级国家机关财税活动的决议、决定、命令和指示,不适合民族自治地方实际情况的,报经该上级国家机关批准后变通执行或停止执行。

二是自主地组织和使用财政收入。也就是自主地筹集和使用依照国家财政体制属于民族自治地方的财政收入;在执行财政预算过程中,自行安排使用收入的超收和支出的节余资金。

三是依法安排财政支出。(1)按照国家规定,采取特殊政策和灵活措施,安排民族自治地方的预算支出。(2)对本地区的各项开支标准、定员、定额,根据国家规定的原则,结合本地区的实际情况,制定补充规定和具体办法,并报国务院备案或省级人民政府批准。

四是税收管理自治。即民族自治地方在执行国家税法时,除应由国家统一审批的减免税收项目以外,对属于本地方财政收入的某些需要从税收上加以照顾和鼓励的,实行减免或免税。自治州、自治县决定减税或免税,报省级人民政府批准。

五是享受财政援助。即各级民族自治地方依法享有国家及上级机关的财政援助。民族自治地方各项事业的发展,离不开上级国家机关的支持和帮助。这是因为由于历史等因素的制约,民族自治地方经济基础薄弱,普遍面临财政困难,对中央政府的依赖程度高,在一段时期内的财政困境仅靠自身努力是难以解决的,必须依赖中央和上级机关的援助和支持。为此,新修正的《民族区域自治法》第32条第2款明确规定:"民族自治地方在国家统一的财政体制下,通过国家实行的规范的财政转移支付制度,享受上级财政的照顾。"并在第六章"上级国家机关的职责"中就财政和金融投入、基本建设和环境保护以及民族教育发展和对外贸易等问题作了全面的规定。"从财政、金融、物资、技术和人才等方面,帮助各民族自治地方加速发展经济、教育、科学技术、文化、卫生、体育等事业"(第55条)。

(二)民族地区财政的客观特殊性

民族地区财政的客观特殊性,主要由以下几方面决定的:首先,我国少数民族地区一般都处在边疆地区,幅员辽阔、地广人稀。这种特殊的地理位置,直接影响着行政管理成本和文化、教育、卫生等项事业费用的高低,使得这些地区除需要一般的行政开支外,还有许多特殊的开支因素。其次,由于历史的、政治的、经济的种种原因,我国少数民族地区大多是不发达或欠发达地区,经济基础薄弱、市场发育相对不完善,企业竞争能力不高,产业结构、产品结构不合理,财政资金十分困难。再次,大部分少数民族都有自己的语言、文字和风俗习惯,本着民族尊重、民族团结、保护民族文化的原则,少数民族地区政府管理一般都是两种语言、两种文字、两套人马并行,还要考虑相应的民族文化、民族习俗、民族节假日等因素,这相应地增加了政府的财政开支。最后,由于民族自治地区特殊的地理位置,民族地区是大江大河的源头,民族地区是生态保护的重地,因此,民族地区环境保护的任务也十分严峻。这些原因导致民族地区财政的恶性循环,即物质生产部门所创造的国民收入少,从而提供给财政的收入规模和数额较小;政府由于缺乏必要的财政收入作为经济社会全面发展的资金收入,难以改善基础设施和公共设施,从而又无力吸收外部资金的流入;投资的严重不足使生产规模和财政收入规模难以扩大。民族地区财政支出较大的原因主要在于:一是民族地区经济文化落后,交通运输不发达,用于发展经济文化和改善基础设施方面的投资大。二是国家对民族地区在人员编制、开支标准等方面有一些特殊照顾。三是各民族在不同的社会历史发展过程及不同的自然环境中形成了各自的民族特点和风俗习惯,反映在生产和生活上,便对某些商品有着特殊的需要和爱好,政府的相关部门需要通过财政以特殊的方式来满足少数民族这种特殊需要等等。

财政在民族地区不但具有资源配置职能、收入分配职能,还具有稳定社会经济的职能,即财政通过财政政策的制定、实施与调整,使整个社会保持较高的就业率,以至于达到充分就业,实现物价稳定,经济稳定长以及国际收支平衡等政策目标的功能。这一职能在民族地区的特殊作用是加强民族团结,保卫和巩固祖国边疆的安全与稳定。我国的陆地边疆地区基本上是少数民族聚居的地区。因此,这里既是沟通友好邻邦的通道,又是我国国防的前哨。民族关系如何,历来是我国政治是否稳定、边防是否巩固和经济建设是否顺利发展的重要因素。财政通过拨付国防建设经费以及实施"扶贫"计划等措施,稳定和改善了边疆群众的生产和生活,加强了民族团结,保证和巩固了国家的安全和稳定。民族地区财政的社会稳定功能与保边卫国的责任是民族地区财政客观特殊性的一个重要体现。

(三)民族地区财政的现实特殊性

民族地区经济社会发展的严重滞后,是造成民族地区财政现实特殊性的根本原因。民族地区是背着沉重历史包袱建设社会主义的,少数民族地区自然、社会、经济背景与其他地区有着极大的差别,集边疆、山区、贫困、落后为一体。由于自然、经济、社会等因素,同样的政策在其他地区能够执行得很好,但在少数民族地区执行起来却困难重重,如投入配套、经济效益、科技教育基础等,都有较大的制约因素。尽管全国大多数少数民族地区的经济发展速度与全国基本持平或相当,但由于基数小,其经济总量和规模都不大,而国家的宏观经济政策又把少数民族地区推到同一水平线上,参与竞争,按同一法则进行经济运行,因此,不适应症也就在所难免。

民族地区内部发展又极不平衡。我国民族众多,分布广泛,由于生产力发展水平和居住地自然条件的不同,民族地区区域经济发展的产业结构、市场结构、消费结构、生产方式很不一样。有的地区旅游业、商贸服务业发达,如云南省的德宏州、西双版纳州、丽江地区;有的地区畜牧业发达,如内蒙古、新疆、青海等广大牧区;也有工矿业相对发达的地区,如青海格尔木地区,四川省的西昌、攀枝花地区。民族地区区域经济结构与生产方式的差异性,致使民族地区区域经济发展呈现出多元化发展水平。

民族地区具有各具特色的传统文化、社会结构和价值观,对民族地区区域经济发展产生重要影响。无论是市场对微观资源配置的基础性调节作用,还是区域性地方政府的中观层次的调控作用,甚至宏观层次的中央政府调控作用,都必须适应民族地区对区域发展的实际需要,而不能"一刀切",即民族地区区域资源配置与调控方式的特殊性。国际经验表明,在一般市场经济的条件下,贫困人口和贫困地区的利益最容易被忽略,同时,对弱者的扶助也不会自发地进行,因为这是一种逆市场而动的行为,在市场中不存在以公平分配为目标的分配机制,或者这种再分配机制虽存在,但作用很小。因此,如果没有国家的干预,完全把民族自治地方推向市场经济中去"公平竞争"是不公平的。

第二节 民族地区财政的特殊矛盾与困难

民族地区由于历史、地理和现实等诸多因素影响,致使其自身经济发展相对落后,税基小、税源窄,人均供养财政人口比例大,在现行财政体制和制度的支配下,财政贫困是民族地区财政问题的基本特点和现状。

一、民族地区财政收支失衡

(一)民族地区总体财政收支差额

民族地区总的财政收支差额 1994 年为 315.47 亿元,2005 年财政收支差额为 2068.53 亿元。2005 年财政收支差额比 1994 年增长了 5.56 倍。收支差额增长的倍数比财政收入增长的倍数与财政支出增长的倍数都要高,说明财政收支差额增长的速度在加快。

(二)5 个民族自治区财政收支差额

5 个民族地区的财政收支差额 1994 年为 198.55 亿元,2005 年财政收支差额为 1357.52 亿元。2005 年财政收支差额比 1994 年增长了 5.84 倍。

(三)自治州、自治县财政收支差额

除 5 个民族地区以外,其他自治州、自治县的财政收支差额 1994 年为 116.92 亿元,2005 年财政收支差额为 711.01 亿元。2005 年比 1994 年增长了 5.08 倍。

从前面的数据可以看到,5 个民族自治区无论是财政收入,还是财政支出和财政收支差额,其增长的幅度都高于自治州和自治区,并高于民族地区总的收支水平。

首先来看东中西部三大地区自分税制实施以来人均预算收入的变化情

况。

分税制以来,中部和民族地区的县乡财政增长十分缓慢,而且增长幅度基本相同,到 2003 年,中部地区的人均预算收入为 212 元,民族地区为 210 元,基本没有差别。

东部地区则不同,由于工业化的迅速发展,东部地区县乡的人均预算收入由 1994 年的 113 元迅速增长到 2003 年的 485 元,10 年之内翻了 4 番还多。1994 年东部与中西部的差距在 35 元左右,2003 年差距则扩大到 270 元左右。1994 年分税制改革以来,我国民族地区财政收支差额不断扩大,民族地区财政自给能力不断弱化,民族地区对中央财政转移支付的依赖性越来越大。

民族地区基层财政贫困和财政赤字更为严重。民族地区的基层财政(县、乡两级)贫困和财政赤字已成为目前民族地区经济中的突出问题,成为严重制约和影响少数民族地区经济发展和社会稳定的重要潜在隐患。那么,民族地区基层财政究竟贫困到什么程度呢?例如 2003 年,新疆县市基层财政收入完成 51.89 亿元,占新疆财政收入 128.22 亿元的 40.5%;县市人均财政收入为 300 元,县市财政收入占 GDP 比重的 4.3%。2003 年县市财政支出 144.25 亿元,占新疆财政支出 368.47 亿元的 39.1%;县市财政支出是其收入的 2.8 倍。基层财政收支矛盾非常突出,不仅如此,新疆的县、乡基层财政收入规模小,支出规模大,支出部分中大部分用于财政供养人员的经费,可用财力少,收入不仅质量不高,而且增幅普遍低于财政支出,加之各种法定支出项目以及硬性增支政策带来的支出压力,使其财政贫困到举债度日的境地,形成了严重的财政赤字和债务,例如:2003 年,新疆 71 个县市发生赤字,占县市总数的 83%,赤字额为 185155 万元,比上年增加 2621 万元。赤字数额在 2000 万元以上的有 31 个县市,赤字额在 1000 ~ 2000 万元的有 16 个县市,赤字数额在 1000 万以下的有 24 个县市。2003 年 6 月 25 日,国家审计署公布的数据显示,中西部 10 个省市的 49 个县(市)截至 2001 年底累计债务 3.33 亿元,至于乡镇一级问题就更严重了,资料显示,截至 2002 年底,仅乡镇一级平均财政负债已经超过 400 万元,总额在 2200 亿元左右,形成了严重的基层财政债务。民族地区的财政赤字和债务的加大,已经严重影响到了财政经济的正常发展和财政支持经济建设、社会发展的职能发挥。

二、民族地区财政提供公共服务能力不足

民族地区基本公共服务供给差距从绝对量的分析上看在继续拉大。中央财政在基本公共服务供给方面对民族地区进行了大力扶持。2003 年,民族地区的人均教育事业费支出、人均行政管理费支出和人均卫生经费支出分别为 174.73 元、129.31 元和 52.05 元,分别是 1999 年的 1.9 倍、1.95 倍和 1.72 倍。民族地区与中部地区相比,在基本公共服务供给方面的人均经费支出增长得更快。但是与此同时,通过对人均教育事业费支出、人均行政管理费支出和人均卫生经费支出的地区差异进行分析,可以看出,民族地区的基本公共服务供给支出远远小于东部地区,并且 4 年来与东部地区的差距有扩大趋势。

从民族地区与全国平均水平的比较看,除了人均行政管理费支出民族地区略高于全国平均水平外,民族地区的人均教育事业费支出和人均卫生经费支出仍低于全国平均水平,而且与东部地区的差距呈现出扩大的趋势。

一是教育事业支出。1999 年,东部、中部、民族地区的人均教育事业费支出分别为 165.35 元、85.31 元和 91.85 元,民族地区的人均教育事业费支出比中部地区高 6.54 元,比东部地区低 73.5 元。2003 年,东部、中部、民族地区的人均教育事业费支出分别为 306.22 元、157.78 元和 174.73 元,民族地区比中部地区高 16.95 元,但是与东部地区的差距由 1999 年的 73.5 元扩大至 131.49 元。民族地区与全国平均水平相比,1999 年,民族地区人均教育事业费支出比全国平均水平低 19.09 元,到 2003 年,该差距扩大到 34 元。

二是行政经费。1999 年,东部、中部、民族地区的人均行政管理费支出分别为 79.01 元、50.75 元和 66.36 元,民族地区的人均行政管理费支出比中部地区高 15.61 元,比东部地区低 12.65 元。2003 年,东部、中部、民族

地区的人均行政管理费支出分别为 168.26 元、97.16 元和 129.31 元,民族地区的人均行政管理费支出比中部地区高 32.15 元,但与东部地区的差距也大幅增加,比东部地区低 38.95 元。

民族地区与全国平均水平相比,1999 年,民族地区人均行政管理费支出比全国平均水平高出 3.02 元,到 2003 年,民族地区的该项经费支出人均水平虽然仍高出全国平均人均水平 1.03 元,但高出幅度已大大下降。

三是基本医疗保障。1999 年,东部、中部、民族地区的人均财政卫生经费支出分别平均为 54.34 元、23.86 元和 30.33 元,民族地区的人均卫生经费支出比中部地区高 6.47 元,比东部地区低 30.48 元。各地人均卫生经费支出相差非常悬殊。2003 年,东部、中部、民族地区的人均财政卫生经费支出分别为 88.06 元、40.15 元和 52.05 元,民族地区的人均卫生经费支出比中部地区高 11.5 元,比东部地区低 36.01 元。民族地区与东部地区的人均财政卫生经费支出差距拉大 5.53 元。民族地区与全国平均水平相比,1999 年,民族地区人均卫生经费支出比全国平均水平低 4.53 元,到 2003 年,民族地区的该项财政支出人均水平与全国平均水平差距进一步扩大,比全国平均水平低 6.45 元。

从相对量的分析上看,东部、民族地区的人均教育事业费支出之比,由 1999 年的 1.80∶1 改变为 2003 年 1.75∶1,差距有微弱的缩小;东部、民族地区的人均卫生经费支出之比,由 1999 年的 1.79∶1 变为 2003 年的 1.69∶1,差距也呈缩小趋势。但是,东部、民族地区的人均行政管理费支出之比,却由 1999 年的 1.19∶1 改变为 2003 年的 1.30∶1,呈现的差距有所扩大。

总之,综合绝对量和相对量两个方面的分析,东部、民族地区的政府公共服务供给的差距依然是比较大的,即使相对量分析显示东、民族地区的人均教育事业费和卫生经费支出的差距有所缩小,但是 4 年来的缩小数量年均仅为 0.01~0.025。假设达到基本均衡水平 1.1∶1 的目标,按照年均 0.025 的速度缩小,至少需要 20 年以上。

第三节　分税制改革对民族地区财政的影响

由于分税制改革以统一税法为原则,把具有自身特殊性的民族地区财政体制也纳入了大一统的分税制改革,大一统的分税制与民族地区财政体制的特殊性之间的矛盾是分税制本身无法解决的,只能由与分税制配套的转移支付体系来解决,尽管随后出台了一系列弥补这一不足的向民族地区倾斜的转移支付政策。不过这些倾斜政策带有随机性、临时补偿性需要进一步完善。

一、分税制改革及转移支付制度的主要内容

分税制改革的主要内容包括划分中央与地方的税制及分享比例以及与此相配套的转移支付体系。

(一)分税制改革的主要内容

分税制改革的主要内容是:将收入划分为中央固定收入、中央与地方共享收入、地方固定收入三大项。中央固定收入包括关税、海关代征消费税和增值税、消费税、中央企业所得税等,除消费税外,其余基本上是改革前的中央收入。中央与地方共享收入主要是增值税,增值税中央分享75%、地方分享25%。其他部分继续作为地方固定收入。总体来讲就是改革后中央政府从地方集中了增值税的75%和消费税,亦即是后来我们经常讲的上交中央"两税"收入。为了保持原有的地方既得利益格局,中央财政对上划收入实行税收返还,返还额以1993年实绩为基数核定,1994年以后,税收返还额按地方上划中央"两税"收入的增长率按1:0.3系数增加返还。

所得税收入分享改革。《国务院关于印发所得税收入分享改革方案的通知》(国发[2001]37号文)决定,从2002年起,除指定的铁路运输、国家邮政、银行等企业缴纳的所得税继续作为中央收入外,其他企业所得税和个人所得税由中央与地方按比例分享,2002年中央分享比例为50%,从2003年起,中央分享的比例为60%,并以2001年为基数核定所得税基数返还

额。

(二)与分税制配套的财政转移支付体系

中央对地方财政转移支付制度体系由税收返还及体制性补助、财力性转移支付和专项转移支付构成。

表6-1 中国现行中央对地方转移支付体系(占比为2006年数据)

中央对地方转移支付 (9571亿)	财力性转移支付(54%)	一般性转移支付(29.6%)
		民族地区转移支付(3%)
		农村税费改革转移支付(14.7%)
		调整工资转移支付(33.3%)
		县乡奖补转移支付(4.5%)
		其他财力性转移支付(14.9)
	专项转移支付(46%)	社会保障(37.6%)
		农业支出(13.8%)
		科技支出(0.9%)
		教育支出(4.7%)
		医疗卫生支出(2.9%)
		其他(40.1%)

1.税收返还及体制性补助

税收返还及体制性补助包括消费税和增值税返还、所得税基数返还、出口退税基数返还、原体制定额补助、企业上划补助。这些项目是按照保既得利益原则,对中央和地方的收支关系变动作出调整后的既得利益补偿。就资金的使用来看,中央政府并不能安排和调剂使用税收返还,其只是中央与地方政府间收入划分的一种形式。因此,税收返还不是政府间转移支付,它只是在特定的条件下政府间财政资源转移的一种形式。税收返还包括1994年实行的增值税和消费税返还以及2002年所得税收入分享改革的实施而产生的所得税基数返还。原体制定额补助是指1994年分税制改革时,原体制中央对地方实行定额补助的继续实行定额补助。它是为了保持财政体制的连续性而暂时保留的一些补助形式。近十年以来,税收返还的增幅相当有限,年平均增长仅为0.5%。其占中央对地方补助总额的比重更是大幅度下降,从1995年的76%下降为2004年的26%。原体制定额补助在税收返还和体制补助中所占的比重不断降低,从1995年的接近6%降到2004年的2.8%。

2. 财力性转移支付

财力性转移支付是指为弥补财政实力薄弱地区的财力缺口,均衡地区间财力差距,实现地区间基本公共服务能力的均等化,中央财政安排给地方财政的补助支出。财力性转移支付资金由地方统筹安排,不需地方财政配套。目前财力性转移支付包括一般性转移支付、民族地区转移支付、县乡财政奖补资金、调整工资转移支付、农村税费改革转移支付等。我国的一般性转移支付从1995年开始实施,原来称之为过渡期转移支付,到2002年改为一般性转移支付。

在财力性转移支付中,一般性转移支付历史最长。从1995年的21亿元增加到2004年的745亿元,近十年内增长了接近37倍。尤其是在2002年实行所得税收入分享改革以后。所得税分享改革建立了一般性转移支付总量稳定增长的机制,随着所得税的不断增长,一般性转移支付的资金规模还会不断加大。从地区分布看,2004年,一般性转移支付东、中、西部分配比例分别为4%、46%、50%。

1999～2004年共计下达的调整工资转移支付及艰苦边远地区津贴为3667亿元,其中1999年为108亿元,2004年达993亿元,5年之内增加了8倍之多。从分配结果看,2004年东、中、民族地区比重分别为4%、49%和47%。工资性转移支付在有利于积极的财政政策实施的同时,还体现了均等化原则。

3. 专项转移支付

非转移性支付是指中央财政为实现特定的宏观政策及事业发展战略目标以及对委托地方政府代理的一些事务进行补偿而设立的补助资金。地方财政需按规定用途使用资金。专项转移支付重点用于教育、医疗卫生、社会保障、支农等公共服务领域。从 1998 年开始,中央通过增发国债增加对中西部的专项拨款。由于这部分资金体现了中央的宏观政策意图,具备专项转移支付的性质,因此将其计入专项转移支付的统计口径。1993 年我国专项转移支付 360 亿元,2004 年达到 3423 亿元,比 1993 年增加 3063 亿元,年均增长 22.7%,中央主要对民族地区实行专项转移支付。

(三)中央对民族地区实施过渡期转移支付办法

1995 年,中央财政在预决算中实行《过渡期转移支付办法》。由于民族地区财源基础薄弱,人均财政收入水平低,财力对财政收入的增长弹性较差,加之民族地区主要分布在西部边远地带,自然条件较为艰苦,人口稀少,财政支出成本较高。如果按一般省市转移支付的计算方法,难以体现中央对民族地区的倾斜政策。为贯彻《民族区域自治法》,帮助民族地区解决财政困难,过渡期对民族省区、非民族省区的民族自治州选用"财政供养人口人均财力"、"财政供养人口"、"1979 年以来的财力递增率"等 3 项综合性指标,利用设计出的具体公式来增加政策性转移支付。公式的设计主要考虑弥补民族地区的人均财力与全国人均水平差距,并根据中央财政当年财力情况确定一个政策性转移支付系数。中央财政决定,上述方案的基本原则与方法适用整个过渡期,待转移支付运作外部环境改善和转移支付测算技术改进以后再逐步规范专项转移支付办法。

1. 少数民族省区的政策性财政转移支付

少数民族省区的范围,包括内蒙、广西、贵州、云南、西藏、青海、宁夏、新疆。对少数民族省区的政策性财政转移支付根据财政标准支出与财政标准收入的差额(收入大于支出的地区)和政策性财政转移支付系数确定,具体公式为:

某地区政策性财政转移支付额 =(该地区财政标准支出 – 该地区财政标准收入)× 政策性财政转移支付系数

政策性财政转移支付系数根据有增长弹性的收入满足支出的程度确

定。有增长弹性的收入满足支出的程度根据各地地方本级收入和中央核定的税收返还占标准支出的比重确定。用公式表示为：

满足程度 =（该地区地方收入 + 中央对该地区税收返还）/标准支出 ×
　　　　100%

根据各地收入满足程度确定政策性补助系数，具体情况是：满足程度在100% ~ 60%之间，系数为0.04；满足程度在60% ~ 20%之间，系数为0.06；满足程度在20%以下，系数为0.08。

2. 非民族省区民族自治州财政转移支付

非民族省区的民族自治州（包括在未享受民族省区政策性转移支付省的自治州）享受财政转移支付的条件为该自治州的人均财力既低于全国平均水平，又低于所在省的平均水平。享受财政转移支付的自治州政策性财政转移支付按其收支差额和0.04的系数确定。自治州财政标准收支差额按自治州财政供养人员占全省地（市）财政供养人员的比重与全省财政标准收支差额的乘积计算确定。民族自治州政策性转移支付由中央补助给省，并由省统筹安排。

中央财政在调资转移支付和艰苦边远地区津贴时对民族地区给予照顾。1999年以来，中央先后出台了五次增加机关事业单位职工工资和离退休人员离退休费政策，并出台了发放一次性年终奖金政策。其中，前两次调资及年终奖金补助中，民族省区转移支付系数在财政状况同档次非民族省区转移支付系数的基础上增加5个百分点；后三次调资对民族省区实行100%补助。另外，国务院决定从2001年起建立艰苦边远地区津贴制度，由此增加的支出全部由中央财政负担，享受此项补助的主要是西部民族省区。2001 ~ 2006年，民族地区合计享受调资转移支付1359亿元，艰苦边远地区津贴234亿元，其中，2006年分别为349亿元和73亿元。

二、分税制体制对民族地区财政的特殊性体现不足

民族自治地方财政是建立在民族地区经济和社会落后基础上的财政，

由于经济发展水平低,财政的集资能力低,财政收入主要靠税收来维持。而财政支出中非生产性开支所占比例大,缺乏财力进行生产性投入。建国后,国家充分考虑到了民族地区的特殊性,在财政管理体制上一直坚持民族地区实行有别于其他地区的差别体制。

在"统收统支"时期,中央财政对边境民族地区实行免费医疗,对民族贸易在价格上实行"赔钱补贴"、"以赚补赔"等优惠政策,并规定民族贸易企业自有流动资金的80%由国家财政拨款。为了恢复生产,国家还给民族地区发放救济款、补助款和低息贷款。在"划分收支、分级管理、分类分成"时期,虽然没有针对民族地区另拟预算管理办法,但在编制全国预算草案时对民族地区作了一些特殊规定。国家不仅通过调整固定比例分成收入和中央调剂收入的归属扩大民族地方财政收入的范围,而且拨出多种补助专款,如生产补助费、卫生补助费、教育补助费、社会救济费以及无息贷款等。"二五"期间,"大跃进"和人民公社化运动使国家财政工作遭受了一定的挫折和损失,国家财力困难,社会总财力严重失控,导致实施不久的《民族自治地方财政管理暂行办法》无法贯彻执行。(《民族自治地方财政管理暂行办法》是国家第一个以立法程序产生的体现民族自治地方财政权限的法规。它既体现了国家财政预算"统一领导、分级管理"的原则,又赋予民族自治地方大于一般同级地方的财政收支权和一定的税收立法权,为改进民族自治地方财政管理体制提供了有益的借鉴。)1963年国务院转批了财政部、民委《关于改进民族自治地方财政管理体制的报告和关于改进民族自治地方财政管理的规定(草案)》(以下简称《草案》),民族自治地方开始实行"核定收支,总额分成,多余上交,不足补助,一年一变"的办法。这个办法虽然划分了收支范围,但重点是国家在财力上对民族自治地方给予适当的照顾和必要的补助,作为民族地区特殊性开支专款。十年动乱期间,国家财政危机四伏,财政管理体制频繁变动,国务院1963年批准的《草案》不能全面执行。但是在国家财力极端困难的情况下,《草案》中所规定的财政三项照顾仍然得以落实。

这一系列差别财政政策的实施及时缓解了民族地区的财政困难,对民族地区恢复生产起到了不可替代的作用,极大地促进了民族地区的经济发展和社会稳定。有关统计资料显示,建国初期到改革开放前,我国国民生产总值的年均增长速度东西部之比为 6.81:7.25,西部的发展速度略高于东部。遗憾的是,这些差别政策都不同程度地受到了 20 世纪 80 年代财税体制改革的冲击,结果是有的名存实亡,有的则明确废止。20 世纪 80 年代为适应改革开放的需要,国家分步骤启动财政体制改革。在改革中,中央虽然对民族自治地方也采取了一些特殊的政策和措施,但随着改革的推进,总的趋势是民族财政体制的特殊性在逐渐消失,如 1980 年国务院发出《国务院关于"划分收支、分级包干"财政管理体制的通知》,其中规定:民族自治区仍然实行民族自治地区的财政管理体制,除保留原来对民族自治地区财政所作的某些规定外,以 1979 年收支预算数作为支大于收的基数,确定中央补助额,补助额每年递增 10%,但至 1988 年这一特殊政策停止执行。在 1994 年分税制改革中,中央为了建立与市场经济相适应的规范的财政税管理体制,采取了"一刀切"的做法,没有给予民族地区特殊政策,无论是在共享税的分成比例上,还是税收增长返还系数的确定上,民族自治地方都与其他省市等同对待。《过渡期转移支付办法》作为分税制的补充和完善从 1995 年开始适用,该办法将 8 个民族省区和民族省区之外的民族自治州纳入了政策性转移支付的范围,以缓解民族地区财政运行上的突出矛盾。但在实施过程中,中央财政用于转移支付的财政资金数额太少,在 1995 年开始实施时,仅有 20 亿元财力,而同期中央对地方的税收返还和体制补助分别是 2337.55 亿元和 2470.62 亿元。到 1999 年转移支付额才达到 75 亿元,占全国地方财政支出的 0.78%,约占全国标准财政收入与标准财政支出差额的 0.06,其中客观因素约占 0.04,民族政策性因素约占 0.02。这种转移支付方式不仅对实现均衡财政的作用微乎其微,而且没有体现出对民族地区应有的照顾。

　　民族自治地方财政自治是指在国家现行的财政体制下,民族自治地方根据《宪法》和《民族区域自治法》的精神,依照自治条例的具体规定,结合当地经济发展的实际情况和少数民族经济、文化的特点制定落实财政自治权具体权限的财政自治单行条例或有关法律的变通及补充规定,组织财政收入,统筹分配财政资金,自主地管理本地区财政事务。特定范围内的立法权、财政收支管理权、税收管理权和获得财政援助权相互影响、有机结合,共同构成民族自治地方财政自治权的基本内容。从差别体制过渡到分税制导致民族地区的多项特殊财政政策停止执行,很大程度上直接影响了民族自治地方获得财政援助权的实现,并进一步影响自治权的其他权利形态。如自治法赋予自治地方的税收管理权主要是税收优惠权,由于民族自治地方税收优惠权涉及的税种基本都是地方财政收入的来源,减免税会增加地方财政的困难,如果没有一定的财政援助,税收管理权的行使有相当的局限性。而财政收支管理权以一定的财力为基础,如果财政赤字是一种常态,自治地方财政就始终是一种被动的"吃饭"财政,财政收支管理权的内容仅仅是保"吃饭"、保运转,没有能力顾及发展,自治地方财政就会形成一种恶性循环,阻碍自治地方经济的发展。

从市场经济和区域经济发展的规律看,民族财政体制从"特殊"过渡到"一般"是必然趋势,但这种过渡是有前提条件的,即民族地区与其他地区相比,其差距、差异、特殊性逐渐淡化,有实力与其他地区平等地参与市场竞争。然而,历史遗留下来的民族地区与其他地区在社会、经济、文化等方面的差距是有目共睹的,梯度发展战略的实施又使东西部差距不断加大。虽然西部大开发战略使包括民族地区在内的民族地区的发展取得了明显成效,但由于原有差距过大,民族地区基础设施仍很薄弱,生态环境局部改善、整体恶化的趋势还未得到根本改变,支柱产业仍未建立,教育、卫生等社会事业发展滞后,加上体制的原因,东中部与民族地区发展差距仍在继续扩大。

由于西部少数民族人口数量在全国民族自治地方少数民族人口中所占比重高达72.32%,东西部差距一定程度上也反映出民族地区与其他地区的差距。也就是说,现阶段民族地区与其他地区的差距同样也呈扩大趋势。我国建设有中国特色社会主义的实践表明,有差距,就要有政策;有差异,就要有政策;有特点,就要有政策。只有重视差距,重视差异,重视特点,才能增强政策的针对性,才能实现加快发展,协调发展。在财政体制改革中对财力困难的民族地区不给予足够的特殊照顾,是不利于民族地区的发展的。这种不利因素可以通过资本的流向反映出来,因为任何地区的发展都离不开资本投资。市场主导的资本流向主要取决于投资回报率,受基础设施、投资环境、产业结构和政策的限制,民族地区在吸引投资方面显然处于劣势,外国资本和民间资本已经大量流向东部,如果政府主导的财政资金不做出逆向选择,势必会导致地区之间在资本投资上的差距越来越大。例如,1990年,全国固定资产投资4449.3亿元,其中,东部6省1729亿元,占全国的38.0%,民族8省区401.2亿元,占全国9%,低于东部6省1328.2亿元;1994年,全国固定资产投资116370.3亿元,其中东部6省7067.4亿元,占全国的42.2%,民族8省区145.1亿元,占全国的8.8%,8省区低于东部6省5622.3亿元。4年时间,东部6省的固定资产投资占全国的比重提高了4.3个百分点,8省区下降了0.2个百分点,8省区与东部的差距扩大3.2倍。其中外商和港澳台投资东部1994年为1093.7亿元,占其固定资产投资的15.5%,民族8省区仅约8.59亿元,占其固定资产投资的4.8%;在国有单位的投资上,1994年,民族8省区与东部发达地区相差2059亿元,差距额扩大了2.2倍。可见,分税制虽然有效地集中了财力,增强了中央财政宏观调控的能力,但没有充分考虑民族地区财政的特殊性,加上转移支付量过小,无法抵消市场调节造成的投资不平衡,客观上成为缩小地区差距的体制障碍。

三、分税制改革对民族地区财政的影响

民族地区财政的特殊性构成了民族地区实施分税制改革的特殊困难,分税制改革忽视对民族地区财政特殊性的认识,不可避免地对民族地区财政产生一些不利影响:

(一)中央与民族地区税种划分上不太合理

流转税大部分划为中央收入和共享收入,而留给地方的是收入不稳、税源分散、增收较难的小税种,收入有限,消费税、增值税的征收办法对以烟、

酒、糖、茶为主要经济收入的边疆民族地区冲击较大,制约了经济的发展,资金调度也由于资金在中央、地方两极往返时间加长而发生困难,造成地方有预算而无资金供应的问题。"一刀切"的分税制改革对经济落后的民族自治地方,在税种、种率、共享税分成方面没有任何优惠和照顾。把具有自身特殊性的民族地区财政也纳入大一统的分税制之中,造成民族地区主体税种划归中央,分散小税种留给地方,这与分税制之前民族地区财政包干制下的所有收入留给地方、不足部分中央以 10% 比例递增有很大差别。

按照现行分税制财政体制,消费税划归中央,对消费税收入绝对数和占本省(区)相对数很大的云南省和贵州省以及对消费税增长较快的青海省来说,民族地区没有从消费税税收中得到应有的好处,对于缓解民族地区财政困难意义不大。

(二)民族地区分享比例过低

西部民族地区是我国矿产、能源等资源富集区,发展资源开采和加工产业、变资源优势为经济优势已经成为西部民族地区经济发展的着力点之一。分税制改革将资源税划分为中央与地方共享税,并且地方分享比例过低。以新疆为例,新疆现行石油资源税仅为 14 元~30 元/吨、石油天然气矿产资源补偿费征收率仅为 1%(国外为 10%~16%)。不仅征收标准过低而且分享比例很小。

(三)民族自治地方缺乏与自治权相适应的地方税收立法权和管理权限

民族自治地方既是地方政府,又是特殊的自治机关。除了拥有与其他地方政府相同的权限之外,还依照《宪法》《民族区域自治法》和其他法律的规定行使自治权。但分税制改革没有充分体现民族自治地方在税制方面的自治权限,在税率、税种等方面自治机关还受到诸多限制。

(四)中央财政对地方税收返还基数确定不合理

在此次分税制体制改革中,全国统一以 1993 年财政收入的实际入库数为基数来确定各地区财政收入的基数,这种做法对少数民族地区的特殊情况和经济发展速度有欠考虑,同一基年,往往发达地区经济发展比较稳定,增长速度较快;而少数民族地区经济一般都不够稳定,增长速度较慢,而且,为了保发工资,保证党政机关正常运转,不但不能藏富于民、藏富于企业,甚至还要涸泽而渔。

(五)新的体制对民族地区的特殊情况和特殊的开支因素考虑不够,民族自治地区享受的财政优惠政策正在逐步弱化和消失

过去历次财政体制改革,国家都充分考虑了少数民族地区的特殊情况,在财政体制方面给予了力所能及的优惠和照顾,促进了少数民族地区的发展。实行分税制后,原体制中非民族地区的各种照顾基本上都已收回,未能充分体现出民族地区照顾的政策。民族地区特殊开支因素很多,如果国家对这些特殊开支因素考虑不够,这些用于少数民族特殊需要的开支将难以坚持,势必严重影响少数民族各项社会职业的发展和正常的生产生活。

表7-2　分税制改革前民族地区财政收支及其差额

单位:百万

年份(年)	收入			支出			收支差额
	合计	5个自治区	自治州、县(旗)	合计	5个自治区	自治州、县(旗)	
1978	40.79	30.18	10.61	83.35	62.02	21.33	-42.56
1979	34.00	25.88	8.12	87.97	69.93	18.04	-53.97
1980	31.07	22.44	8.63	81.20	62.45	18.75	-50.13
1981	29.67	19.77	9.90	76.13	56.17	19.96	-46.46
1982	36.31	23.86	12.45	86.81	63.42	23.39	-50.50
1983	41.48	27.81	13.67	100.62	73.11	27.51	-59.14
1984	45.33	30.65	14.68	131.58	96.28	35.30	-86.25
1985	63.45	42.32	21.13	156.98	112.67	44.31	-93.53
1986	80.66	55.04	25.62	198.62	142.22	56.40	-117.96
1987	97.51	65.62	31.89	210.43	147.92	62.51	-112.92
1988	119.39	78.74	40.65	241.10	167.49	73.61	-121.71
1989	147.65	96.49	51.16	273.26	182.62	90.64	-125.61
1990	166.74	109.28	57.46	304.37	202.37	102.00	-137.63

1991	204.35	136.28	68.07	342.70	227.70	115.00	-138.35
1992	210.00	135.17	74.83	367.52	239.11	128.41	-157.52
1993	302.69	199.59	103.10	462.31	301.48	160.83	-159.62

注:表列5个自治区,系指内蒙古自治区、西藏自治区、宁夏回族自治区、新疆维吾尔自治区和广
　　西壮族自治区。自治州、县(旗)系指除上述5个自治区以外各省所属的少数民族自治州、自
　　治县(旗)。

资料来源:中国民族统计年鉴,2005年。

表7-3　分税制改革后民族地区财政收支及其差额

单位:百万

年份(年)	收入			支出			收支差额
	合计	5个自治区	自治州、县(旗)	合计	5个自治区	自治州、县(旗)	
1994	201.49	139.97	61.52	516.96	338.52	178.44	-315.47
1995	248.13	172.56	75.57	595.12	397.04	198.08	-346.99
1996	313.01	211.19	101.82	720.15	464.65	255.50	-407.14
1997	349.01	236.79	112.22	792.62	508.93	283.69	-443.61
1998	409.16	284.12	125.04	915.41	605.10	310.31	-506.25
1999	447.41	314.86	132.55	1046.47	693.84	352.63	-599.06
2000	478.35	347.37	130.98	1197.76	817.51	380.25	-719.41
2001	556.90	406.88	150.02	1648.67	1132.38	516.29	-1091.77
2002	604.43	449.83	154.60	2001.74	1427.01	574.73	-1397.31
2003	684.81	508.78	176.03	2157.89	1511.03	646.86	-1473.08

注:表列5个自治区,系指内蒙古自治区、西藏自治区、宁夏回族自治区、新疆维吾尔自治区和广
　　西壮族自治区。自治州、县(旗)系指除上述5个自治区以外各省所属的少数民族自治州、自
　　治县(旗)。

资料来源:中国民族统计年鉴,2005年。

从表7-2和表7-3对比分析,实行分税制之前,民族地区财政收支缺口占财政支出的比重1993年为34.5%,实行分税制改革之后,1994年为61%,到2003年上升为97.49%。民族地区越来越依靠中央财政的转移支付来平衡收支缺口。

四、改变现行财政体制与转移支付办法从根本上缓解民族地区财政困难

(一)民族地区在"两强一弱"三方博弈中处于弱势地位

在中央、发达地区和以民族地区为代表的落后地区三方博弈中,"两强一弱"的三方博弈模型表明,博弈结果往往是牺牲弱者的利益。

鉴于民族地区在与发达地区竞争中处于弱势地位,国家有必要运用政治权力的强制性、普遍性和难以抗衡性来加大民族地区竞争能力,民族区域自治制度的确立就是为此目的而确立的。在少数民族聚居区给少数民族让渡出一定的自治权,让少数民族各项权利在还未拥有实际实现的主客观条件之前有一定的制度空间安排。所以这项制度的价值不仅在于它体现了多少少数民族合法享有的利益(已实现的),而且还包含了它将带来和实现诸多未知的少数民族权益(还未实现的)。

但是,这项加强民族地区竞争能力的制度在实际执行中打了折扣。一是自治权实际行使中的磨损。制度如果是镶嵌进去的就存在一个人们的思维方式习惯问题,需要体现人们心理上的自然默认和观念上的自觉共识。民族地区因自治能力较弱,缺乏维权意识、变通意识,未能将本地的资源优势转化为现实优势,致使少数民族的利益没能得到最大程度的实现。当然自治权的顺利行使,在很大程度上还取决于国家权力的下放。实际运作中地方权力资源来源于与中央的讨价还价。西部少数民族的利益表达往往是逆市场经济的,谈判能力弱,因而实际获利小。这也是影响自治权落实的重要方面。二是政策磨损。任何制度的存在、发展始终都跟不上社会的发展变化,这就是制度的局限。这种局限需要通过不断调整政策加以弥补。如果政策不能加以调适,就会使制度的局限放大,阻碍社会的发展。在改革开放加速实现现代化的背景下,国家对东部沿海的优惠政策优势凸显,再加上体制转轨,诸多用行政和计划手段建立起来的民族优惠政策失效。如温军对民族经济方面的各项优惠政策的执行情况(自20世纪50年代至1997年)进行了量化统计分析,结论是,各项政策的保证执行程度(即继续执行

的政策数在该项政策中所占的比例)不断降低,财政优惠政策为44%,税收优惠政策为36%,民族人口生育政策为75%,人口文化教育照顾政策为90%,民族地区工业发展政策为50%。

由于民族地区自身在与中央和发达地区竞争中处于弱势,加上国家赋予的民族自治权力在实际执行中的损失,因此,从现实来看,民族地区在与发达地区竞争中仍处于弱势,难以改变在"两强一弱"三方博弈中的不利地位。

(二)基数法确定的一般转移支付忽视了民族地区特殊因素

作为相对弱势的一方,民族在与中央和发达地方三方博弈中处于不利地位,博弈的结果是照顾了发达地方的利益和实现了中央在财政收入中占大头的既定目标。体现在转移制服体制的设计上就是照顾发达地区的既得利益,采取以1993年地方财政收入为基数确定,而忽略了民族地区特殊的财政体制因素。

两税返还(增值税和消费税)额以1993年为基期年。按照1993年地方实际收入以及税制改革后中央与地方收入划分情况,核定1993年中央从地方净上划的收入数额(即消费税+75%的增值税-中央下划收入)。1993年中央净上划收入全额返还地方,并以此作为以后中央对地方税收返还的基数。1994年以后,税收返还额在1993年基数上逐年递增,递增率按全国增值税和消费税的平均增长率的1:0.3系数确定,即上述两税全国平均每增长1%,中央财政对地方的税收返还增长0.3%。从分配方法看,税收返还中的"基数法"不利于缩小区域差距。"基数法"仅仅考虑了地方既得利益,而没有考虑各地收入能力和支出需要的客观差异,也缺乏较为合理的客观标准,难以解决长期以来存在的地区间财力不均的问题。

2002年所得税收入分享改革,所得税基础返还同样没有考虑到民族地区的特殊情况。根据《国务院关于印发所得税收入分享改革方案的通知》(国发[2001]37号),国务院决定从2002年1月1日起实施所得税收入分享改革。改革的基本原则就是保证地方既得利益,不影响地方财政的平稳运行。

　　时至今日,现行转移支付仍保留了 1993 年基数法转移支付的特征,不利于区域间差距的缩小。现行的转移支付保留了维持既得利益的体制性转移支付,其中的两税返回与税收收入的增长挂钩,实际上起到了逆向调节的作用,不利于区域间差距的缩小,偏离了均等化目标。2005 年体制性转移支付 4143 亿元,占整个中央转移支付的 36%,高于财力性转移支付,也高于专项转移支付。受制于经济发展水平,越是经济不发达的地区,体制性补助就越少。一般性转移支付的规模偏小,调节财力均等化的作用有限。这实际上是弱化了地方政府的财政自主权。2005 年,一般性转移支付 1120 亿元,仅占整个中央转移支付的 9.8%,调整工资性转移支付、农村税费改革转移支付、取消农业特产税降低农业税税率转移支付等三项 1654 亿元,占整个中央转移支付的 14%,占财力性转移支付的 43%。同时,上述三项补助是为了配合中央的宏观政策,对地方因政策性因素减收的财力性补偿,带有专项的性质,下达地方后,地方政府无权灵活使用而必须专款专用,不能增加地方政府的可支配财力。

　　从转移支付执行的实际情况来看,以 2004 年为例,在该年的税收返还中,东、中、西部的比重分别为 56.9%∶22.7%∶20.4%。东部地区占有主要份额,是因为这些地方对中央财政收入的贡献大,当年享受税收返还的地区分别是:广东 398 亿元、上海 370 亿元、江苏 356 亿元、浙江 251 亿元。由此可见,两税返还更多的是"返还"到财政实力比较雄厚的地区。

　　根据统计,西部县乡财政得到的转移支付比重是在不断变化的。1994 年分税制实行之初,税收返还的比重高达 60%,专项资金 30%,财力性的转移支付只占 10% 左右。这非常有助于我们理解分税制实行之初民族地区的县乡财政所感受到的巨大压力。但是这种情况自 1999 年开始发生了彻底的变化,到 2003 年,三类转移支付的比重变成了 20%∶20%∶60%,用于工资、税费改革的财力性转移支付占据主导地位,如果我们按东部地区、民族地区县乡分别考察转移支付的分配,则答案就比较明显了。在 2003 年,按照人均数额计算,东部地区的县乡得到的人均税收返还约 100 元,民族地区约 40 元;财力性的补助民族地区人均 250 元,东部地区人均近 200 元;专项转移支付民族地区人均近 100 元,东部地区约 80 元,综合三类转移支付来看,东部地区得到的税收返还最多,民族地区得到的财力性和专项转移支付最多,民族地区得到的转移支付总量略高于东部。

对民族地区特殊的财政支出需要和过高的行政支出成本考虑不足,为民族地区财政困难问题的日益突出埋下了伏笔。

(三) 专项转移支付条件要求过高

专项转移支付一般是按照项目进行的,大多要求地方财政进行资金配套。民族地区往往缺乏专项转移支付所需要的项目库,即使个别针对民族地区的专项转移支付也由于要求响应的配套资金、民族地区出于财力有限的考虑往往选择放弃。因此,很多专项转移支付对民族地区来说是既渴望又害怕。让转移支付跟着配套资金走,使转移支付成为增加民族地区财政负担的转移支付。长期以来,中央对地方的各种专项投资中有一个惯例,即地方额度配套进行。转移支付跟着配套走,可能会导致这种结果:有钱的地方会得到更多钱,越没钱的越得不到钱,使转移支付失去维护公平的作用。

在地方财力困乏的情况下,要求地方对转移支付尤其专项转移支付进行配套,既不现实也不可能。加之由于转移支付涉足生产建设特别是竞争性领域过多过深,因而普遍存在"上级出题目,下级拿票子,上下级政府间相互'钓鱼'",地方需要配套的资金过多过大,地方财力根本无法承受的状况。调查中西部某省反映,2001 年中央财政转移支付项目要求地方配套的资金相当于该省财政总收入的 44%。所以,不少同志戏称现在地方财政是"配套"财政。这在很大程度上不仅背离了转移支付的宗旨,而且造成许多"半拉子"工程和损失浪费,加大了财政包袱。

专项资金的分配主要是靠项目申请、评估和批复来进行的。随着专项资金数量和种类的迅速增加,层层上报、审批成了县乡政府最为主要工作之一,也成为县乡政府获得上级资金的主要管道之一。"招商引资"是县乡政府干部最主要的考核指标,这四个字实际上是两件事,"招商"是指从发达地区招揽企业和投资,而"引资"就是去上级部门跑资金、跑项目。由于现实社会中存在着一些不良的风气和做法使得专项资金的分配流向那些能找会跑、能哭会叫的地区,而最需要的地区却往往得不到足够的专项补助。民族地区由于地处偏远、经济落后,"关系"、"门路"和活动经费都比发达地区少,争取项目和资金的能力自然较低。

(四)民族地区的特殊区情导致财政收支缺口不断扩大

从经济发展规律和城市化进程的角度考察,越是人口高度聚集的大中城市,其聚集效应和规模效应越显著。人口与产业的高度聚集,在产生聚集效应的同时,更多的人口和产业可以高效的利用基础设施和公共服务,既节省了相关的交通和通信等成本又发挥了基础设施的规模效应,从而大大降低了大中城市的行政成本,提高了公共服务的水平,从北京、上海等大城市不断提高的公共服务水平和基础设施可以清楚地看到这一点。

统计数据表明,近年来民族地区经济发展速度和GDP增速都高于全国平均水平,相应的财政收入也高于全国平均水平。但是民族地区财政困难程度远远超过全国一般情况,其根本原因在于民族地区的特殊区情,即民族地区一般处在边疆和边远地区、贫瘠山区、交通不便,自然条件恶劣,发展成本和生活成本远远高于全国平均水平,行政成本也远远高于全国平均水平。民族自治地方存在一些特殊的财政支出因素,造成了巨大的财政压力。一是大多数地区地广人稀,交通不便,造成财政供养人员相对较多,政府运转成本增加;二是大部分地方自然环境较差,不仅需要增加人员经费和办公经费,而且也会间接提高办公设施的建设成本;三是特殊的民族构成,在一些地区往往需要两种语言、文字和两套人马并行,要求相应增加财政支出;四是民族、宗教因素等形成的特殊支出较多,如民族特需用品生产销售补贴、宗教人员工资、寺庙维修等;五是民族自治地方大多是边疆地区,巩固边防和边境建设任务(战后重建)很重;六是全国绝对贫困人口近一半在民族自治地方,扶贫任务艰巨。

以西藏自治区为例,西藏是全国城乡居民收入差距最大的地区,是全国最主要的集中连片的贫困地区,是全国城镇化率最低的地区,是全国自然灾害频发的主要地区,也是全国主要靠中央财政补助的地区。因此,西藏公共财政具有自身的鲜明特性:一是公共财政弥补市场缺陷的任务十分繁重。

西藏的市场经济发育程度低下,市场做不到和市场做不好的问题依然突出,政府财政保障的范围要宽。在西藏,由于市场发育程度低,一方面企业还离不开政府,本应由企业自身解决的问题,有时需要政府来解决。另一方面,西藏国有企业规模小,成本高,与内地同类企业无法竞争,需要政府帮助找市场。否则,企业都倒闭了,人员就业等又将成为社会问题。二是财政支出刚性强,行政成本高,经费保障标准要求高。在2005年的185亿元财政支出中,人员经费支出(含人员工资、公用经费等)占57%,建设与事业发展经费支出占43%。就行政运行成本来说,基本上是内地的两倍还高。三是财政供养人员增长快。近几年来,在内地省区都在精简行政机构,控制财政供养人员的增长。而在西藏完全不同,第一,县、乡(镇)基层由于条件艰苦,一直缺编。第二,西藏恶劣的气候条件,国家给了西藏特殊的退休政策,行政事业单位男、女职工退休年龄比内地均提前5岁,按规定不到退休年龄的职工工作满30年也可办理退休。第三,近几年中央针对西藏特殊情况,新增部分公安、政法部门的编制。第四,截至2005年西藏区内大中专毕业生一直采取计划包分配的方式。因此,连续几年,西藏每年平均要净增加财政供养人员约6000人。四是西藏特殊支出多,这也是内地省区不存在的。西藏边境线长4000?多公里,维护祖国领土完整的任务十分繁重;西藏是以藏民族为主的少数民族地区,信教的群众多,宗教设施等重点文物的维修与保护等特殊支出要政府财政承担。

西藏自治区的情况在民族自治地方可能是比较特殊的,但是西藏自治区的情况民族地区一般都或多或少的存在,也都存在或大或小的财政支出压力。在大力推进新农村建设的情况下,在推进公共服务均等化的过程中,在基础设施和公共服务日益成为地方重要竞争力的条件下,民族地区财政支出刚性越来越强,财政支出压力越来越大。

以2006年情况为例,如果将全国按总人口计算的人均一般预算收入作为100,民族地区仅为61。中央实施转移支付后,民族地区人均财力和支出分别上升至88和97,基本达到全国平均水平。而实际上,民族地区的行政成本是全国平均水平的2倍左右。这清楚地表明,民族地区财政收支缺口是很大的,公共服务的保障水平和保障能力都很低。随着全国公共服务水平的不断提高,民族地区财政收支缺口将不可避免地日益扩大。

(五)惠农政策惠及民族地区力度较小

近年来,中央出台了一系列支农惠农政策,尤其是建设新农村以来中央财政加大了支农力度。无论是减免农业税、粮食直补和良种补贴、农机机具购置补贴,还是农村新型合作医疗、农村义务教育补贴,乃至"三奖一补"等政策措施,都对民族地区给予倾斜扶持。但是,由于这些政策措施大多以支持和保障粮食生产、增加农民收入为目标,而民族地区由于人口较少,加之非粮食主产区,因此,一系列支农惠农政策对民族地区惠及力度较小。

以中央财政对产粮大县(含县级市、区,下同)的奖励为例,中央确定粮食商品量、粮食产量、粮食播种面积作为奖励因素,3个因素所占权重分别为50%、25%、25%。测算数据主要以分县分年的统计年鉴为准。分县的粮食产量、粮食播种面积按5年(1998年至2002年)的数据进行算术平均计算。粮食商品量按粮食产量扣除农民"三留粮"(口粮、饲料粮、种子用粮)计算,其中口粮依据《中国统计年鉴》中的各县所在省的2003年农村人均口粮消费量、饲料及种子用粮按南方人均350斤、北方人均450斤计算。可以享受奖励的入围条件是:以县为单位,1998年至2002年5年平均粮食产量大于4亿斤,且粮食商品量大于1000万斤。奖励系数以省(自治区、直辖市)为单位划分不同地区类别,中央财政实行不同的奖励系数:一类地区,包括浙江、广东省,奖励系数为0.2;二类地区,包括辽宁、江苏、福建、山东省,奖励系数为0.5;三类地区,包括扣除一、二类地区以外的省份(但不包括北京、天津、上海市),奖励系数为1。对第二、三类地区的省份中,既是产粮大县又是中央财政认定的财政困难县的,中央财政增加奖励系数:二类地区增加0.125,三类地区增加0.25。上述奖励措施尽管对民族地区给予了政策倾斜,但是很少有民族自治县的平均粮食产量大于4亿斤,更不要说粮食商品量大于1000万斤的附加条件了。

第七章 完善民族地区公共财政制度的思路与对策建议

第一节 切实保障民族地区的公共服务能力的法理基础

一、公共服务的内涵及特点

(一)公共服务的含义

建立与社会主义市场经济相适应的、能够促成社会经济协调发展的公共服务体制,构建公共服务型政府、更好地提供公共服务,是中国改革与发展进程在当前阶段的迫切要求。

广义的公共服务是指,国家是公共服务型国家,所以其所作所为都是提供公共服务;或者政府是公共服务型政府,所以其所作所为都是提供公共服务。狭义的公共服务是指,公共服务是政府的主要职能之一,有其具体的内容和形式,并且可与政府的其他职能相区分。在这个意义上,即使在公共服务型国家和公共服务型政府的条件下,国家公职人员和政府工作人员所从事的并不都是公共服务,他们中只有部分人才从事公共服务活动。近年来,在政府职能转变的改革中,通常提到"中国政府的职能应转变到经济调控、市场监管、社会管理和公共服务",在这里,公共服务是同其他三项政府职能相并列以示区别的。

(二)公共服务的特点

1. 具体

公共服务,是能使公民(包括其被监护人如未成年的子女)及其组织的某种直接需求得到满足的同时,在某种程度上使用了公共权力或公共资源的社会生产过程。衣食住行、生存、生产、生活、发展和娱乐的需求可以称作公民的直接需求。至于宏观经济稳定、市场秩序和社会秩序等虽也是公民活动所需的,但那都是间接的,不是满足公民特定的直接需求的。能够满足公民直接需求的,除衣食住行外,还有教育、医疗保健、社会关照以及环境等。

2. 直接

公共服务是使用了公共权力或公共资源的社会生产过程。公民及其组织的各种直接需求,需要通过各种形式的社会生产过程予以满足。在这些社会生产过程中,通过资源的配置和组合而达到产出。这些社会生产过程就是提供服务的过程。在一个社会中,由公民及其组织产生对服务的总需求。这个社会的总服务供给是由民间服务和公共服务两部分构成的。公共服务只是社会总服务中与民间服务相对的一个部分。如果一个社会生产过程没有使用公共权力或公共资源,那么就是纯粹民间行为,属于民间服务而不是公共服务。政府体现和行使的是公共权力,公共资源则是由国家所有的各种资源和资金。如果一个社会生产过程中有政府以某种方式的介入,如财政资金、产权或特许等,并在某种程度上贯彻着国家意志,那么就属于公共服务。譬如,不仅政府和公立机构提供的教育是公共服务,民间教育机构如果有政府特许或者使用了公共资源,那么也是在提供公共服务。

3. 公共性

公共服务一定是公民所需的,能够使公民的某种直接需求得到满足的,使公民受益的和得到享受的。譬如,教育是公民及其被监护人即他们的子女所需要的,他们可以从受教育中得到某种满足,并有助于他们的人生发展。

公共服务的对象是公民及其组织。公民的各种直接需求,在很多情况下是通过组织的方式表达出来的。公民的经济组织和社会组织分别表达了公民的经济需求和社会需求。政府为满足公民及其组织的直接需求所开展和介入的活动,即为公共服务。公共服务满足的是公民及其组织的基本的直接需求。在一个社会中,公民及其组织对服务的需求可以是无限的,但却并不能要求由公共服务去满足所有那些需求。公共服务只需保障公民及其组织的基本的直接需求的满足,而其他部分的直接需求则由民间服务供给机制去决定。在一个社会中,公民及其组织的基本的直接需求、公共服务水平和优先事项安排是由该社会的发展水平、文化传统、价值取向、社会经济体制以及发展战略等多方面的因素决定的。

(三)公共服务的种类

根据内容和形式,公共服务可分为4类。

1.基础性公共服务

基础性公共服务指为公民及其组织从事经济、社会等活动所提供的基础性服务,如供水、电、气,交通与通信基础设施,邮电、气象服务等。

2.经济性公共服务

经济性公共服务指为公民及其组织从事经济或生产活动所提供的服务,如科技推广、咨询服务以及政策性信贷等。

3.社会性公共服务

社会性公共服务,指为公民的生活、发展与娱乐等社会性直接需求提供的服务,如义务教育、公共卫生、社会福利以及环境保护等。

4.公共安全服务

公共安全服务,指为公民提供的安全服务,如军队、警察和消防等服务。

二、民族地区的公共服务的特点

我国民族地区大多地域辽阔、边远偏僻、自然条件差,很多少数民族农牧民居住分散,经济社会发展相对落后。相对于一般的公共服务,民族地区公共服务提供还涉及到民族文化保护、宗教、语言、社会稳定、民族团结、边境建设、生态环境及贫困面大等特殊因素。这就决定了我国民族地区公共服务的特殊性。

(一)保障生存和生产的基础性公共服务需求量大

民族地区大多自然条件恶劣,加之特殊的地理环境和民族结构,使得保障生存和生产发展的公共服务的需求较大。如健康饮用水、交通、通信设施、病虫害防治等。新疆、甘肃等省区的相当一部分农村地区,健康饮用水问题尚未得到彻底解决。如甘肃省东乡族自治县有一半的自然村没有通水,人畜饮水靠车拉畜驮解决,还有一部分自然村的供电得不到正常保障,大部分的乡村道路为土路,不能通机动车,市场建设滞后,农村集贸市场多以路为市,设施不健全,功能不完善,不能满足人民生活和商贸流通的需要。新疆维吾尔自治区5800里的国境线,8个邻国,给农业的病虫害防治提出了严峻的挑战,需要建立有效的防治机制和体系,以满足农牧业生产需要。

(二)为可持续发展奠定基础的公共服务严重短缺

我国民族地区大都自然资源丰富但环境脆弱,农村人口占总人口比重较高,提高农民素质、增加农民收入及改善生活水平所需的公共服务总量不足。如有针对性的农民技术培训、教育科技服务、生态环境保护、地方病的防治、社会保障体系、扶贫助困等等。新疆维吾尔自治区荒漠化土地占50%、沙漠化土地占60%、盐碱化土地占40%,水土流失严重。沙化面积78万平方公里,种250万亩林地,一年才能增长0.1个百分点,森林覆盖率在1.98%~2.2%之间,亟需建立相应的生态保护系统。吐鲁番地区少数民族人口占到总人口的76.5%,且地域辽阔,夏季高温酷暑,冬季比较寒冷,为实施设施农业需对农民进行现代化栽培技术及生产管理的培训。因为环境恶劣和营养不良,新疆地区的地方性疾病如肺结核、碘缺乏、黑热病、砷中毒、氟中毒等比较普遍,其中肺结核病每年7000多人,发病率是全国平均发病率的1.5倍,但相应的预防体系和治疗机构不能满足需求。另一方面,生态环境恶化带来的农民抗风险能力降低,也没有相应的补救措施。社会保障体系建设滞后,严重制约了当地经济社会的发展。

(三)地方财政困难使得公共服务水平低下

长期以来,民族地区尤其是农村经济基础薄弱,地方财政收入后劲不足,且财力分布不均,尤其是县级财政难以为继。目前省以下财政体制中转移支付不规范,一些具体的需求往往体现在县乡两级,其本身财政困难或根本就无相应财力,在上级政府没有提供财力的条件下,这些具体的需求往往不能及时得到满足,造成基础设施建设落后,公共服务水平低下。农村义务教育、农村公共卫生、农村医疗、农村社会保险、农业技术服务、农村职业教育及成人教育和农村自来水供应等公共服务水平低。农民看病难、上学难问题突出。民族地区大多地域辽阔,边远偏僻,自然条件差,很多少数民族农牧民居住分散,经济社会发展相对落后,难以得到适当的医疗卫生保健服务。县及县以下特别是乡村两级卫生机构房屋破旧,设施落后,缺乏必要的设备和技术,缺医少药状况尚未从根本上得到改善。农村教育、医疗卫生、社会保障、环境保护等公共产品的供给数量和质量关系到民族地区农村经济社会的可持续发展。

(四)众多的单个需求偏好不能充分显示

由于需求表达机制不完善,加之我国自上而下的公共服务提供决策制度,民族自治地方经济社会发展中的实际需要,不能及时地反馈至上级政府部门。民族地区自然条件差别大,地理环境复杂,加之多民族的构成,涉及到少部分人对公共服务的特殊需求不能充分地表达或显示。如游牧业与种植业对基础设施和公共服务的需求,不同民族语言在教育、宣传等方面的需求,边境县(市)的守边任务,牧区的流动医院,民族的宗教信仰等等。另外随着西部地区"退耕还林"、"退牧还草"等政策的实施,生态环境治理和建设工程也应列入基础设施建设规划。其他诸如保护和传承人口较少民族的民族文化的民俗博物馆的建立等。

三、保障民族地区的公共服务能力的法理基础

(一)福利经济学基本理论

人民的福利就是政府的目标。一国的物质进步和繁荣,只要能给全体公民带来精神和物质福利,就是好事。

福利经济学理论依据不同的社会福利标准对现实不同的经济状况进行

判断,确定社会福利最大化的条件。其目的是评价一个经济体系的运行及其结果的优劣,并研究如何改善社会的经济福利。因此,福利经济理论要求建立一套衡量社会福利的标准,以平等和效率作为其始终涉及的一个核心问题。

福利经济学是在一定价值判断的基础上提出社会福利目标和判断福利大小的标准,用以评判经济运行和资源配置的优劣。

福利经济学的主要特点:以一定的价值判断为出发点,也就是根据已确定的社会目标,建立理论体系;以边际效用基数论或边际效用序数论为基础,建立福利概念;以社会目标和福利理论为依据,制定经济政策方案。

福利经济学发展经历了4个阶段:以否定社会福利制度为主的早期福利经济学、以基数效用为基础的旧福利经济学、以序数效用为基础的新福利经济学和福利经济经济学的新发展。

从福利经济学发展的过程来看,始终将福利及其分配作为其研究的主要内容,认为增进社会福利既是社会发展目标,也是经济发展目标,社会福利是所有人的福利,只有所有人福利增加才能使整个社会的福利增进,应追求整个社会福利的最大化。

公平与效率是福利经济学研究的核心,对二者的关系在不同时期的理解不同,新福利经济学之间更多强调效率问题。从福利经济学的发展过程来看,公平与效率的关系始终是其关注的核心,早期的福利经济学以亚当?斯密的市场经济理论为指导,反对国家和政府对贫困、失业等支持,强调效率原则;旧福利经济学在强调国民收入增长的效率原则的同时,强调公平分配,主张政府可以对市场失灵进行矫正;新福利经济学则支持效率导向和效率优先的原则。中国作为发展中国家,而且正处于经济社会的转型期,既要强调效率问题,增进整个社会的经济福利,同时,也应重视公平问题,使每个社会成员都享受到市场经济、改革开放的成果,获得个人发展机会与权利。福利经济学认为公平不完全是一种实现规则上的公平,而需要是社会福利增长意义上的公平,即效率意义上的公平。如果只讲公平,缺乏效率,这样的公平即使有,也不能维持长久。

总之,现代福利经济学对福利内涵的认识不仅局限于物质层面,还包括精神以及人的发展等各个方面,而且对社会总体福利的认识更倾向于基于公平的每一社会成员福利水平的提高,而不再是只考虑总体福利水平。

社会主义市场经济在等价交换的原则下,可以在任何一方不受损害的前提下,增加社会福利,从而是一种符合帕累托效率意义的公平制度安排。当前,我国正处于经济转型期,如果我们仍然坚持传统意义上的公平观,那么社会主义市场经济体制就无法真正建立起来。我们需要建立起新的公平和效率的评价标准,来认识社会主义市场经济建设出现的新问题和新现象。福利经济学的公平效率准则提供了一种可资参考的模式,对于形成社会主义市场经济的公平效率观具有重要的现实意义与参考价值。

作为一个统一的多民族国家,我国有 56 个民族,少数民族有 1 亿多人口,分布在全国各地,民族自治地方占国土面积的 64%,西部和边疆绝大部分地区都是少数民族聚居区。我国少数民族聚居区多数位于边疆地区,生态环境恶劣,土地贫瘠,且地域辽阔,人口稀少,交通不便,信息不畅。由于历史的原因,我国少数民族地区的社会生产力水平长期滞后,虽然在建国以来特别是改革开放之后,党和国家加大了对少数民族地区发展经济的投入力度,使得这些地区的经济发展有了一个长足的进步。但由于基础差、底子薄等多方面原因,使民族地区的总体发展水平与内地尤其是沿海地区之间始终存在着较大差距。由于民族地区经济发展的相对落后,再加上少数民族地区教育基础的薄弱,使得民族地区的文化更是落后于较发达地区,这些地区普遍存在着社会发展程度低、人口素质低、生产条件差、科技和文化知识不够普及以及思想观念落后等现象。

改革开放 30 年来,我国基本处于以"效率优先、兼顾公平"政策倾向为主导的经济高速发展时期,地区差距、城乡差距、阶层差距日益拉大。从缩小居民福祉水平差距、保持社会的公平公正、维持社会和谐的角度出发,最为直接和有效的办法,就是通过政府的干预,实现基本公共服务的均等化。通过制定公共服务的最低标准,保证最低社会保障、基础教育、基本医疗卫生等基本公共服务能够实现全面覆盖,从而实现人人都享有基本公共服务的目标。基本公共服务的全面覆盖不仅对于缩小当前居民福祉差距直接有效,而且更重要的是它还会影响未来的收入差距。如教育和医疗卫生等公共服务实际上相当于对人力资本的投资,影响未来时期劳动力的素质,从而影响未来的劳动收益水平。

(二)公共财政理论框架

公共财政的概念近年在我国已引起人们广泛关注。我国改革的目标是要建立社会主义市场经济体制,公共财政的建设是建设社会主义市场经济新体制的客观要求。财政制度建设决不仅仅是一个纯粹的经济问题,它同时还是一种政治的和法律的制度。从发达市场经济国家的经验看,公共财政与宪政民主有着伴生关系,现阶段中国政治体制改革的切入点,或许就在于公共财政制度的构建上。

所谓公共财政是一个政府和财政职能调整的基本思路和导向。从我国现实出发,在传统体制向社会主义市场经济体制转变过程中,需要这样一个财政职能和财政形态调整的基本导向,这个导向可概括为公共财政的导向。在这种导向下,强调了财政必须顺应改革,体现政府理财系统自身职能的深刻调整。

公共财政是与市场经济相适应的一种财政形态,是为市场经济和社会提供公共产品和服务的财政,是为纳税人和所有公民服务的财政,是民主和法制的财政,是讲求效率和强调社会公正的财政。

概括而言,公共财政的基本特征,一是以满足公共需要为主要的目标和工作的重心;二是以提供公共产品和服务作为基本方式;三是以权力制衡的规范的公共选择作为决策机制;四是公共财政在管理运行上必然是以现代意义的具有公开性、透明度、完整性、事前确定、严格执行的预算作为基本管理制度。

按照上面关于公共财政基本特征的理解,我国的公共财政框架应当包括以下几个方面:规范化、法制化的公平的税收收入体系,规范化、法制化的公共支出体系,规范的公共选择机制,政府理财的变革与调整以及健全的公共财政的预算监督体系。

随着经济社会的改革和发展,民族地区对基本公共服务的需求也越来越大,而民族地区政府的公共服务供给能力却远远满足不了相应的需求。温家宝总理在十一届全国人大一次会议上做政府工作报告时说:"健全政府职责体系,全面正确地履行政府职能,努力建设服务型政府。在加强和改善经济调节、市场监管的同时,要更加注重社会管理和公共服务,维护社会公正和社会秩序,促进基本公共服务均等化。"

公共服务的普遍短缺或水平低下已成为制约民族地区经济社会发展的瓶颈。由公共服务供给短缺导致的民族地区经济与社会资源配置的低效,是造成民族地区经济与社会发展相对滞后、农民负担过重、农民收入增长缓慢的重要原因。公共服务有效供给不足,不仅限制当地人民生活水平的改善和消费能力的提高,而且影响整个民族地区的经济发展和增长。因此,通过公共财政制度规范保障民族地区的公共服务能力,是实现基本公共服务均等化目标的关键所在,也是民族地区经济社会实现跨越式发展的前提。从这个意义上讲,在我国特殊的历史发展时期,民族地区公共财政制度建设和完善,可以作为公共产品或准公共产品来提供。

(三)科学发展观

科学发展观是党的十六届三中全会中提出的坚持以人为本,全面、协调、可持续的发展观,是我们党以邓小平理论和"三个代表"重要思想为指导,从新世纪新阶段党和国家事业发展全局出发提出的重大战略思想。

科学发展观,第一要义是发展,核心是以人为本,基本要求是全面协调可持续,根本方法是统筹兼顾。坚持以人为本,就是要以实现人的全面发展为目标,从人民群众的根本利益出发谋发展、促发展,不断满足人民群众日益增长的物质文化需要,切实保障人民群众的经济、政治和文化权益,让发展的成果惠及全体人民。全面发展,就是以经济建设为中心,全面推进经济、政治、文化建设,实现经济发展的社会全面进步。协调发展,就是要统筹城乡发展、统筹区域发展、统筹经济社会发展、统筹人与自然和谐发展、统筹国内发展和对外开放,推进生产力和生产关系、经济基础和上层建筑相协调,推进经济、政治、文化建设的各个环节、各个方面相协调。可持续发展,就是要促进人与自然的和谐,实现经济发展和人口、资源、环境相协调;坚持走生产发展、生活富裕、生态良好的文明发展道路,保证一代接一代地永续发展。

（四）公共财政制度是落实科学发展观的必然选择

公共产品理论是西方公共财政理论的两大基石之一。所谓公共产品,按萨缪尔森的经典表述是指"每个人对这种产品的消费,并不能减少任何他人也消费该产品",其实质是指具有共同消费性质的服务,而不是"产品"本身。因此,公共产品与公共服务实际上是同一个意思。而所谓公共服务均等化则是指政府及其公共财政要为不同利益集团、不同经济成分或不同社会阶层提供一视同仁的公共产品与公共服务,具体包括财政投入、成本分担、收益分享等方面内容。公共服务均等化有助于公平分配,可以实现公平和效率的统一。

我国目前已基本确立了市场经济体制,根据公共财政理论,尽管政府及其公共财政的活动范围只应局限于市场失效领域,但公共财政活动必然直接或间接地作用于各个经济主体,政府弥补市场失灵的过程必定会与市场发生各种各样的联系,这就产生政府从事公共活动时如何直接为市场服务的问题。在市场经济中,由于人们的经济活动是为了追求自身利益最大化,而这种最大化必须是有限度的,是利己不损人的,即必须依据等价交换准则进行。这一准则决定了政府为市场提供的服务必须是"一视同仁"的,也就是要实现公共服务的均等化目标。这样,任何市场主体都无法依靠政府权力来索取额外的价格和利益,也不因为政府权力的干预而遭受额外的费用和损失。这表明公共服务均等化目标是与市场经济的本质要求相适应的。

我国目前正处于社会变革、体制转变和利益调整的关键时期,这一时期出现的一些社会问题也必然会反映到民族地区。以人为本,全面、协调、可持续发展的科学发展观,要求民族地区在新世纪新阶段发展过程中,既要强调发展经济又要注重社会公平。发展经济方面的主要任务有:大力改善基础设施、改善农业生产条件、建设交通大通道、完善市镇功能体系、大力加强生态环境建设、全力推进新农村建设、着力培育支柱产业等等;社会发展方面,主要有更加注重社会公平、大力发展社会事业、着力建设和谐文化等等。客观上要求建立公共财政保障制度。

政府为社会提供均等化的公共产品与服务是现代市场经济的必然要求。要实现公共服务均等化,尤其是地区间公共服务供给的基本均等化目标,是一项艰巨而系统的工程,从目前情况看,单靠民族地区自身的力量是无法实现这个目标的。

以公共财政制度保障民族地区的公共服务能力,体现以人为本,把人民的利益作为提供公共服务的出发点和落脚点,充分考虑广大人民的需求,为他们的发展创造更好的环境和条件,保证发展的成果惠及全体人民,促进人的全面发展。

第二节 经济实力的增强和财政体制的完善是前提条件

一、发展经济壮大财政实力是构建民族地区公共财政制度的物质要求

要实行真正的公共财政制度,必须以强大的财政实力为基础和手段,否则就是仅是形式上的公共财政;而强大的财政实力,完全源于健康、稳定发展的国民经济综合实力的提高。一个国家如此,作为欠发达的民族地区,更要大力发展社会经济。

改革开放以来,民族地区经济社会发展明显加快,各族群众的生活水平明显改善。但由于历史、自然等多方面的原因,一些民族地区的经济社会发展仍然很落后,民族之间、地区之间的发展存在较大差距。这种状况如果长期不能改变,各民族的平等就不可能真正实现。只有各民族都实现现代化,民族平等、团结、互助,共同繁荣进步的目标才能达到。

温家宝总理在2005年5月的中央民族工作会议上强调,解决民族地区的困难和问题,缩小民族地区与其他地区的差距,归根到底要靠发展经济。一是加强道路、通信、通电等基础设施建设。各级政府都要给予支持,中央

财政性建设资金和政策性银行贷款,要增加这方面的比重。二是发挥民族地区特有优势,加快发展农牧业、农牧产品加工业、旅游业等特色经济和优势产业,科学规划、合理开发矿产资源。国家重要资源开发项目要向民族地区倾斜。三是加快体制机制创新,进一步扩大开放。沿边民族地区要利用地缘优势,发展边境贸易,办好边境经济合作区。四是处理好经济发展与生态环境保护的关系,搞好生态建设和环境保护。国家要建立生态环境保护和建设补偿机制。五是加大民族地区扶贫开发力度,特别要加大对特困民族地区、边疆民族地区的支持力度。

二、贯彻落实科学发展观,是加快民族地区经济发展的根本途径

科学发展观的理论核心,紧密地围绕着两条基础主线:其一,努力把握人与自然之间关系的平衡,寻求人与自然的和谐发展及其关系的合理性存在。同时,我们必须把人的发展同资源的消耗、环境的退化、生态的胁迫等联系在一起。其实质就体现了人与自然之间关系的和谐与协同进化。其二,努力实现人与人之间关系的协调。通过舆论引导、伦理规范、道德感召等人类意识的觉醒,更要通过法制约束、社会有序、文化导向等人类活动的有效组织,去逐步达到人与人之间关系(包括代际之间关系)的调适与公正。归纳起来,全球所面临的"可持续发展"宏大命题,从根本上体现了人与自然之间和人与人之间关系的总协调。有效协同"人与自然"的关系,是保障可持续发展的基础;而正确处理"人与人"之间的关系,则是实现可持续发展的核心。

进入新世纪新阶段,国内外形势发生了深刻变化,民族地区经济社会发展面临前所未有的机遇和挑战。在 2005 年 5 月的中央民族工作会议暨国务院第四次全国民族团结进步表彰大会上,胡锦涛总书记指出,加快少数民族和民族地区经济社会发展,促进各民族共同繁荣发展,是全面建设小康社会、加快推进社会主义现代化的必然要求,是巩固和发展全国各族人民的大团结、确保党和国家长治久安的必然要求,也是开创中国特色社会主义事业新局面、实现中华民族伟大复兴的必然要求。

树立科学发展观,切实加快民族地区的经济发展,使之从根本上摆脱欠发达的落后状态,实现可持续发展,对于缩小我国的地区差距,逐步改善人民群众物质文化生活,推进现代化建设的进程,加强民族团结,实现共同富裕的目标,具有决定性意义。

我国民族地区贯彻和落实科学发展观,其包含的内容十分丰富和广泛,具有相当的复杂性和多样性。在众多的矛盾和焦点中,人的自由全面发展是最根本、最具决定性的一个环节。各个民族都是由人组成的,民族地区的发展最终是要实现人的发展。坚持以人为本,是科学发展观的本质和核心。民族地区构建和谐社会离不开以人为本这块基石,只有在以人为本的核心价值取向中,保障个人权利、尊重个人创造,为广大人民谋利益,使全社会形成一股强大的力量,才能够全面实现民族地区的历史性新跨越,才能够最大限度地调动各族人民构建社会主义和谐社会的积极性、创造性,推动人类历史的进程。

首先,加快少数民族和民族地区经济与社会发展,是各族干部群众的迫切要求,也是现阶段解决民族问题的根本途径。只有经济发展了,民族地区才能解决温饱、摆脱贫困、缩小差距、奔向小康。目前,由于地理条件限制、发展基础薄弱、市场开发条件差、自身发展能力弱等原因,民族地区经济社会发展仍然面临着一些突出的困难和问题,同沿海发达地区相比存在着相当大的差距。2004 年,民族自治地方人均生产总值只有全国平均数的 67.4%,农民人均纯收入只有全国平均数的 71.4%。从这个情况看,民族地区实现全面建设小康社会的目标,需要付出更大的努力。只有树立和落实科学发展观,加快少数民族和民族地区经济社会发展,逐步缩小发展差距,实现区域协调发展,才能最终实现全国各族人民共同富裕。

其次,坚持以人为本,就要把优先缩小人的发展差距和知识发展差距放在一切发展的首位。大力发展现代科学、文化、教育,提高劳动者的整体素质。劳动者是生产力诸要素中的首要因素,民族素质是民族地区经济发展及生产力发展的重要因素。只有提高少数民族地区的人口素质,才有可能高速发展民族地区的生产力。提高民族素质主要包括科学、教育、文学、艺术等水平的提高,及民族观念、心理、意识、价值观念等的转变。要从优先发展教育入手,尤其是重视基础教育,大幅度提高民族地区基础教育的资金投入;强化对贫困人口、少数民族人口的直接教育投资;提高民族地区全体人民特别是少数民族人民群众获取、吸收、交流知识的能力;加强基础性科学研究,优化科研组织结构,合理分流人才;大力发展科技事业,普及和推广科学技术,积极发展高新技术及产业;调整对民族地区的投资重点和优先次序,重点转向教育、科技、卫生、计划生育、广播电视、数据信息传输等"软"领域,增加公共服务投资和人力资源开发的投资。

最后,坚持可持续发展,就要统筹人与自然和谐发展,处理好经济建设、人口增长与资源利用、生态环境保护的关系,推动整个社会走上生产发展、生活富裕、生态良好的文明发展道路。一是转变观念,依法保护和合理开发利用资源。大力支持发展循环经济和绿色经济,约束过度消耗资源和损害环境的产业和企业发展,支持有利于节约资源和生态保护的产业和企业发展,形成有利于节约资源、减少污染的生产和消费模式,建设资源节约型和生态保护型社会。二是从制度创新的角度出发,尽快建立以公共财政为基础的生态重建补偿机制,建立符合中长期建设特点的规范的投资机制。三是要以统筹实现生态改善、农民增收和地区经济发展为目标,认真搞好退耕还林、退牧还草、天然林保护、水土流失和荒漠化治理、生态防护林建设等生态建设工程,切实解决农民增收和长远生计问题,使民族地区生态环境的保护和建设,逐步走上集团化、规模化和科学化综合治理的轨道。

没有民族地区的和谐就没有整个社会的和谐。社会和谐要求建立完整的社会利益整合机制,妥善处理各种社会利益关系。对民族地区而言,要维护社会利益均衡,实现社会公平正义和实现社会结构的和谐,就要强化政府公共服务能力,完善社会保障、社会福利、公共医疗、义务教育等公共服务制度保障,这是维护人民群众根本利益、保障弱势群体利益、保持社会利益均衡的根本措施。

三、构建民族地区公共财政保障制度已经具备了一定的现实可行性

尽管面临诸多困难,但建立和完善民族地区公共财政保障制度已经具备了一定的现实可行性。

首先,经过改革开放以来 30 年的经济快速发展,我国的经济实力已经大大提高。我国 2004 年经济总量已位居全球第六,人均 GDP 达到 1470 美元,进入中等收入国家行列。从发展前景来看,我国已经根据对国内外发展环境的深入研究,提出了 2010 年人均 GDP 比 2000 年翻一番、经过 3 个五年规划的努力实现全面建设小康社会的发展目标,综合国力还将大大增强。这些都为国家拿出更多的力量提高民族地区公共服务的供给水平奠定了坚实的基础。

其次,从资金需求的角度来看,国家财政已经具备了为实现基本公共服务均等化目标提供资金支持的能力。根据有关部门开展的一项专题研究所进行的资金需求初步测算,"十一五"期间西部地区公共服务 9 个优先领域所需投资共计约 4110 亿元,分摊到每一年大致为 822 亿元。而我国目前年财政收入已超过 5 万亿元,用于支持西部地区公共服务优先领域的资金比重不到 2%。通过政府职能转换的进一步推进和公共财政体制的建立,政府投资进一步从竞争性领域退出而更多地投向公共服务领域,在制定了合理的最低标准的前提下,满足基本公共服务均等化的资金需求是力所能及的。

第三节 构建民族地区公共财政制度的思路与对策建议

构建民族地区公共财政制度的前提是完善现行分税制财政体制,明确划分政府间事权和财权,在此基础上,科学界定财政转移支付的政策目标。民族地区公共财政制度的目标应定位于确保各地都能提供最基本的公共服务,重点用于能源、交通、通信、环境保护等基础产业以及教育科技、医疗保

险、就业培训等公益事业和社会保障事业。

我国从1994年起实施了以分税制为主的分级财政管理体制,初步奠定了地方税收体系的基础。但从总体来说,我国地方税制建设相对滞后,就发达程度、调控力度、税种结构及运行成效等方面,尚未达到市场经济及分税制财政体制的要求。目前,省级以下政府事权和财权不对称,中央对地方税收管理权限尚未作合理的划分;地方税收收入较少,税种划分缺乏科学性,共享税占比重过大,主体税类不明显;地方税的立法层次低;地方税收立法权过于集中,内外税制不统一,未形成与分级地方财政相适应的地方税体系;地方税法律体系也不健全。因此,目前我国的分税制只是停留在中央与省之间的两级分税制,与我国五级行政体制明显不对称。由于省级以下的地方政府没有独立的地方税权体系,其与上级政府之间的税收划分由上级政府主导确定,客观上造成基层政府特别是县乡财政困难。

为促进民族地区经济社会健康发展,必须建立适应民族地区发展的公共财政框架,民族地区公共财政制度建设,应突出其民族性和特殊性,在财政收入、支出、管理等方面有所创新。

一、民族地区公共财政制度的原则把握

(一)优化资源配置,修正经济发展的非均衡性

民族地区与沿海地区经济发展差距拉大的原因,除了有地理位置、自然条件、历史等多种原因外,国家区域经济政策的实施也有一定的影响作用。在改革开放初期,为了迅速提高综合国力,加快经济发展步伐,国家开始实行非均衡发展战略,对东部地区实行优惠政策和投资倾斜,这无疑是十分正确的。马克思主义认为,民族之间一要平等,二要联合和共同发展。经济发展不平衡和地区差距的继续拉大将会产生一系列负面作用,制约国家整体经济发展水平的提高,影响到社会持续健康的发展。民族地区经济发展落后,人均购买力有限,也会限制国家整体社会需求的扩张,使国内经济增长丧失内在激励机制,不利于扩大内需和拉动经济增长。同时也容易造成少数民族干部和群众心理上的不平衡,引发民族地区和发达地区经济利益上

的矛盾,助长地方保护主义和分离主义倾向,影响民族团结和国家政治稳定。

本着优化资源配置、修正经济发展的非均衡性的原则,应运用税收等宏观调控机制培养民族地区自我发展能力。首先,税收政策应采取"少征多赋"的方针,在税种的设置和税率的安排上给予优惠,给当地多留资金,以培养其自我积累、自我发展能力。同时使民族地区的税负低于其他地区,以吸引内地和国际资本、技术向民族地区流动。其次,理顺资源产品价格体系,建立健全资源开发和生态补偿机制。西部民族地区大都自然资源丰富但环境脆弱,效益好的资源型企业给当地百姓生活没有带来好处,资源优势不能转为经济优势。所以应当以当地居民在资源开发中优先受惠、资源优先安排在产地深加工、开发企业优先使用当地劳动力为原则制定相关政策措施,使资源优势转化为经济优势,保护当地人民群众利益,促进区域经济协调发展,逐步缩小与发达地区的差距。

(二)促进公共服务提供的均等化

福利经济学和我国公共财政框架为公共服务均等化提供了理论依据。公共服务有效供给不足,不仅限制当地人民生活水平的改善和消费能力的提高,而且影响整个民族地区的经济发展和增长。因此,通过公共财政制度规范保障民族地区的公共服务能力,是实现基本公共服务均等化目标的关键所在,也是民族地区经济社会实现跨越式发展的前提。公共支出结构是形成公共产品结构的最直接的形式。为此,要通过调整我国公共支出结构,来调整民族地区居民的公共产品消费水平。通过改善公共支出受益程度及受益归宿,来改善公共产品结构对民族地区的影响。加大对民族地区的投资力度,向城市和农村提供均衡的公共产品,建立健全与农村、农民和农业需求相适应的公共产品供给体制。

二、民族地区公共财政制度设计

(一)明确中央政府与地方政府的事权与财权

1.事权的划分

财政分配关系是财权与事权关系的统一结合体,财权与事权相对应是规范分税制财政管理体制的前提条件,是财政管理体制的核心,是行使事权取得财力与财权的依据,而财权又是行使事权的物质基础。由此可见,事权合理界定、明确分工是完善财政体制的首要工作。从建立市场经济体制的要求出发,政府在经济方面的事权应按照"两权分离"、"政企分开"的原则,实现政府职能转变,把政府在经济方面的事权集中在对宏观经济进行调控方面,同时承担起基础设施和基础产业的建设任务。中央政府应侧重承担全国性交通、邮电、大江大河水利设施、能源、原材料工业建设任务;以高科技为基础的重大新兴产业的建设;全国重大基础科研事业以及全国性重要自然资源和环境保护设施建设等。地方财政侧重承担地区教育、科研、城镇住宅、公用事业和公共设施建设等。

公共产品构成的层次性决定了作为供给主体的各级政府间的责任划分:属于全国性的公共产品由中央政府承担;属于地方性的农村公共产品,由地方政府承担;一些跨地区的公共项目和工程可由地方政府承担为主,中央政府在一定程度上参与和协调;乡镇政府的事权应该是维护农村社会治安、制定城镇发展规划、进行乡镇基础设施建设和建立农村社会保障体系,为农民和乡镇企业提供咨询、培训等服务。村集体组织可以通过集资供应村范围内的道路建设、公共农用固定资产、运输设备、村集体福利、村办集体企业等更小的区域性公共产品。

在中央政府与地方政府之间划分事权、分割财权,要考虑少数民族地区的实际情况,使之区别于一般地区,适当扩大民族地区地方政府的财权。要充分考虑民族地区的特殊事权,如民族宗教政策宣传教育,调整处理民族利益关系,解决民族、宗教纠纷,打击敌对势力的分裂破坏活动等,行政成本明显高于非民族地区,其在机构设置和人员配备上也要高于非民族地区。此外,还要考虑地域性,如边境线长、环境保护等因素。

省区以下各级政府之间的事权也要进一步明确划分,这也是下一步财政体制完善需要解决的关键问题。目前存在县级政府有事权无财权,省级政府有财权无事权的情形,财权与事权倒置、错位。一是要明确应由各级政府充当民族地区公共服务的主要供给主体,各级政府不能推卸供给公共产品的责任。二是明确公共服务供给责任。有些项目应以中央或省级为主,主要是教育、重大项目配套资金问题、病虫害防治、生态环境治理保护问题等特殊项目。但更多具体的事务,如地方的文化建设、卫生保健、社会治安等主要靠县(市)级政府解决。

通过科学合理的划分各级政府的事权,建立公共产品成本的合理分担机制,保证民族地方政府财政事权与财权的均衡。让区内落后地区获得轻徭薄赋的宽松环境,积聚经济起飞的实力。在首先保证区内全国性公共产品良好供给的条件下,实现区内公共服务相对均等化,提供良好的社会基础设施,让区内民众普遍受益,摆脱人力资本贫困状态,实现城乡社会一体化,进而逐步增加经济性基础设施建设。

2. 财权的划分

民族地区的财政收支情况是,一方面财政支出成本相对较高。一是西部民族地区大多地广人稀,居住分散,交通不便,造成财政供养人员相对较多,政府运转成本高;二是自然环境较差,人员经费和公用经费支出高;三是特殊的民族构成相应增加了教育、文化、宣传等费用;四是民族、宗教因素构成特殊财政支出;五是边疆地区巩固边防和边境建设任务较重。由于这些因素的影响,西部民族地区要达到均等化的公共服务水平,人均所需要的财政支出就比一般地区要高得多。而地方财政收入只能满足支出的30%,其他需要靠国家财政转移支付。另一方面由于受自然条件差和经济发展水平低的制约,财政收入规模小,自给率普遍较低,地方财政收入中可支配财力少,调控能力弱。加之近年来减免农牧业税、退耕还林、禁牧减畜、关停小企业等等,造成地方财源进一步减少。此外,一些法定和硬性配套资金等支出增加,使原本就入不敷出的财政更加困难。地方政府的财力连基本的政府机关正常运转都难以保障,更不可能为当地提供与全国大致均等的公共服务水平。现行的财政转移支付虽给西部民族地区地方财政很大支持,但尚不完善和规范,还不能很好地满足民族地区地方经济社会发展的需要。所以,要保障民族地区公共服务财政能力,从长远来讲,应以培养和加强地方财力为主。

目前民族地区的财政支出规模无论是绝对规模还是相对规模都偏低,财政支出规模与经济发展的需求不对称,无法支撑起转变增长方式的物质基础。从实际需要来看,民族地区的经济发展处于"起飞"阶段,需要大量的基础设施建设。目前存在许多阻碍经济快速发展的"瓶颈"部门,如能源、交通、通信等滞后于经济的需要。基础设施和基础产业的发展不仅是经济起飞的先决条件,也是私人部门发展的外部条件,是私人部门取得和提高经济效益的保障。为了适应民族地区经济发展的需要,为增长转型提供足够的物质基础,应适度提高民族地区的财政支出规模。此外,民族地区产业结构的调整及政府职能调整也需要相应增加民族地区的财权。

通过对比分析,民族地区财政支出结构存在的突出问题是:一方面,基本建设支出高、国防支出比例高于东部、中部地区,行政管理费支出增长过快。另一方面,企业挖潜改造和科技三项费用支出相对较少、科教文卫支出不足。财政是以提供公共产品和服务为目标而组织政府收支活动的一种财政模式,它的收入主要取之于公众,即公民交纳的税收,它的支出以满足社会公共需要为主要目标,为社会公众提供公共产品和服务。科学发展观把满足人的多层次需要和促进人的全面发展作为社会经济发展的根本出发点和归宿,从而反映出两者本质的一致性。

在核定民族地区支出规模时,除考虑人口、土地面积、人均耕地、人均GDP、地理条件、自然资源和社会发展情况等一般因素外,还应考虑以下三个重要因素:一是少数民族因素。对少数民族人口较多的聚居地区在财力上给予必要倾斜,以促进民族地区各项事业的发展。二是边境因素。绝大多数边境县分布在少数民族地区,地处我国沿边开放的前沿。由于历史的原因,这些边境县经济开发较为缓慢,有的地区经济发展甚至处于停滞状态,基础设施欠账较多,财政运行大多较为困难。三是贫困因素。我国大部分贫困县集中在少数民族地区,贫困县财源基础薄弱,自我化解财政困难的能力有限。就目前来说,贫困县普遍出现发工资难的现象,公用经费不能满足正常的需要,国家机器难以正常运转,各项方针政策难以及时、完整地得到贯彻实施。

(三)收入划分和管理中体现对民族地区的激励机制

依据公共财政的基本要求,应建立以税收为主、收费为辅的财政收入体系。西部民族地区公共财政收入体系的建立,应采取中央与地方合理分权、给地方政府适当税收立法权,并且在收入划分上体现对民族地区的激励机制,以调动地方政府积极性和主动性,发挥自身优势,结合本地区经济社会发展实际,综合运用财源财力,增强民族地区经济可持续发展的后劲。

我国现在实行的是分税制的财政体制,分税制是中央与地方各级政权之间,根据各自的职权范围划分税源,并以此为基础确定各自的税收权限、税制体系、税务机构和协调财政收支关系的制度。在现阶段,我国的税收管理体制宜实施集权与分权相结合模式,税收管理权限既要适当集中,以利于税制统一,增强中央的宏观调控能力,也要有地方的适度分权,以利于地方因地制宜地调控区域性资源配置,有利于发挥地方政府开辟财源,充分利用区域性资源优势组织收入和调节收入分配的积极性,促进地方税体系的建立和完善。

税收立法权的划分是税收管理体制的核心问题,它是建立和完善地方税体系的前提条件,按照事权、财权、税权相统一的原则,给地方政府一定的税收立法权,是深化分税制改革的客观需要,是市场经济深入发展的必然要求。在合理分权、明确地方政府税收立法权的基础上,才能使各地方政府根据本地区的实际情况,合理配置税种,明确地方税制建设中的主体税种,优化地方税制结构,促进西部民族地区经济社会事业的发展。

目前,民族地区税收管辖权限过小,与民族区域自治法赋予民族自治地方的自治权限很不相称,此外,税收体系不完善、立法层次不完备、税种设置不科学、政策制定不严谨等问题普遍存在。要使民族地区真正享有特殊经济区的税收管理权限,就必须进一步明确民族地方税收立法权。

民族地区经济发展水平相对较低,税源基础薄弱,财政收入主要来自于第一产业和第三产业,缺乏有增长潜力的主体税种。自 1994 年实行分税制以来,中央与地方分税制的基本框架已经建立起来,但地方各级政府缺乏有增长潜力的税种。中央税收几大主体税种已到位,体系基本完善,而地方税制体系构建却相对滞后。民族地区名义上开征的税种多,但实际上绝大部分税种税源分散、税基偏小、收入隐蔽、流动性大、难于控管,且征收成本高。导致民族地区地方税收收入总量较小,占地方财政收入或 GDP 的比重偏低。因此,为加快民族地区经济社会全面发展,应赋予民族地区比全国其他省、直辖市、自治区更多的税收自主权,体现激励机制,促使其税收收入的稳定增长。具体的对策建议:

首先,应将增值税转型加快推行至民族地区,以降低民族地区第二产业企业的负担,引导企业进行技术创新和固定资产更新改造。其次,在民族地区重新对中央税与地方税进行划分:第一,提高中央和地方共享税中地方所占的比例,如可将增值税中民族地区的共享比例提高至50%;第二,将一部分稳定、数量大的税源划归到地方征收,例如可将企业所得税暂时划归地方征收;第三,对资源税进行改革,扩大征税范围和提高税率,将民族地区尤其是西部地区的资源优势转变成地方经济和财政优势;第四,调整税收优惠,将区域性税收优惠制度更加向民族地区倾斜。

(四)进一步完善对民族地区财政转移支付制度

现行民族地区财政转移支付制度的基本框架包括两个层面,即中央对民族地区各省区的财政转移支付和民族地区省以下财政转移支付。中央对民族地区各省区的财政转移支付主要有税收返还、体制补助、一般性转移支付和专项拨款补助等;民族地区省以下财政转移支付基本上是比照中央对地方的形式进行设计,各省区间差异较大。现行转移支付制度存在的主要问题有:体现公平性、照顾特殊性的作用未充分发挥;税收返还和专项补助所占比重过大;转移支付制度缺乏法律保障等等。实践证明,现行转移支付制度不仅没有缩小区域经济发展的差距,而且在某种程度上扩大了差距,无法促进区域经济的协调发展。

优化民族地区财政转移支付制度的前提是完善分税制财政体制,明确划分政府间事权和财权,在此基础上,科学界定财政转移支付的政策目标是优化民族地区财政转移支付制度的根本依据。民族地区财政转移支付的目标应定位于确保各地都能提供最基本的公共服务,重点用于能源、交通、通信、环境保护等基础产业以及教育科技、医疗保险、就业培训等公益事业和社会保障事业。

1. 加大中央对民族地区的财政转移支付力度

现行以税收返还为主要形式的民族地区财政转移支付制度在体现中央政策意图、提高财政资金使用效益方面功效显著,但对公平性的体现则明显不足,这与转移支付制度的本质是不相符的,也背离了中国区域间的公共服务水平严重不均衡的现实。因此,为了缩小地区间公共服务能力和水平的巨大差异,应矫正现行转移支付制度,将实现各地基本公共服务均等化、突出区域间的公平作为转移支付制度的首要目标。财政转移支付制度要发挥在民族地区应有的作用,就要加大力度。一方面,通过财政转移支付制度,使民族地区人民能够享受到与东部较发达地区人民大致相同的公共产品和服务,消除在教育、卫生、环境保护、公共设施方面与东部较发达地区的差距,为民族地区的待续发展奠定坚实基础;另一方面,帮助民族地区解决好县乡财政困难问题,设立保工资、保稳定、保机构运转等最低支出保障额度,实行财政转移支付保底政策。

2. 改革现行转移支付制度

(1)取消税收返还和体制补助。由于税收返还和体制补助是分税制改革之后为维护既得利益而保留的制度体系,其数量庞大,不仅没有起到缩小区域差距的作用,反而更加扩大了区域间的可用财力,从而扩大了区域差距。因此,应该取消税收返还和体制补助,将其纳入一般转移支付形式中。

(2)建立一般转移支付为主、专项转移支付为辅的转移支付体系。第一,规范中央对民族地区的一般性转移支付方法,应按照因素法,使用一个全面的转移支付计算公式,科学计算一般性转移支付数额。在确定民族地方财政收入时,应当全面衡量地方财政收入能力,将预算没有反映到的财力反映出来。在确定财政支出时,除对《过渡性转移支付办法》中所列的一般因素、自然因素、社会发展条件等带有普遍性的因素全面考虑外,应加大对民族自治地方特殊因素的考虑,包括需要充分考虑民族复杂程度、民族自治地方特殊的优惠政策因素、民族自治地方特殊贫困问题、国家生态屏障及边境因素等。

(3)加快财政转移支付制度的立法进程,建立有效透明的管理机制和监督机制。以立法手段界定各级政府的事权,用法律手段来约束转移支付资金分配,明确转移支付目标、原则,调整和规范转移支付形式,依法完善财政转移支付制度的监督管理,实现转移支付法制化,为转移支付目标的实现提供制度保障。在管理机制方面,成立专门管理机构,完善操作规程,包括审批制度、检查制度和验收制度。在监督机制方面,强化权威性,对使用不当、截留、挪用、挤占、克扣等现象依法处理,包括减少拨款、停止拨款甚至追还拨款等。同时要建立群众监督机制。对民族地区困难较大的专项拨款要求配套比率的规定,首先,应明确只有外溢性的公共服务或设施才适用要求地方配套的规定;其次,具有同等外溢程度的服务或设施,针对民族地区的配套要求应当相对较低,以适应其财力状况,防止地方为拿到国家的财政转移支付资金而做假。

(4)完善民族地区省区以下财政转移支付制度。民族地区可结合实际,适时调整省区以下财政体制,遏制财力差距进一步扩大,确保县乡政权正常运转的需求。省区政府要切实承担起均衡本地区财力水平的职责,进一步健全并规范省以下的财政体制和转移支付制度。在进一步明确财政保障范围的基础上,确定各县、乡所需的最低财力要求,作为省和市对县、乡实施一般性转移支付的依据。继续推进"三奖一补",并探索将其制度化的切实途径。对特别困难的地区,省区政府除扩大一般性转移支付规模外,还可对市、县财政体制进行适当调整,有选择推行"省管县"体制。

附录一 宁夏回族自治区义务教育事业现状及思路

　　2005年,党中央国务院审时度势,启动实施了具有划时代意义的农村义务教育经费保障机制改革,实行了以"两免一补"为主要内容的四项改革。2006年春季学期开始,西部地区率先将农村义务教育全面纳入公共财政保障范围。我区的改革实现了四个突破:第一,突破受益范围。中央确定此次改革只限在农村,但我区将免学杂费的范围从农村扩大到城市,实现了全区所有义务教育阶段公办学校98万名在校生杂费全免。第二,省级财政承担了资金大头。自治区本级财政主动承担了应由地方财政承担的全区农村(含镇)的免杂费和公用经费补助资金,按农村"一费制"标准补助所有城市公办义务教育学校,市县只负担扩大范围后城市与农村"一费制"差额的补差部分。第三,突破传统资金拨付渠道,实行"垫付结算"制,有效避免了义务教育补助资金到位不及时、不足额问题。第四,资金效益监管上实现了新突破。改变了重拨款、轻管理的做法,大大提高了资金使用效率。据统计,通过改革,全区城乡98万名义务教育阶段公办学校中小学生全部实现了免学杂费,53.7万名享受"两免一补"政策的农村义务教育阶段贫困家庭学生免费领取到了教科书,7万名贫困家庭寄宿生获得了生活费补助,同时为农村义务教育阶段中小学校下达公用经费补助资金,缓解了学校运营困难的问题。国务院纠风办评价该区此项工作"措施很有力,成效比较明显"。《人民日报》《光明日报》《中国纪检监察报》等中央新闻媒体和地方新闻媒体多次予以报道,被评为2006年度宁夏十大最佳实事之一。

　　为了彻底改善校舍老化、设备欠缺、师资力量薄弱等办学条件,自2000

年以来,在中央投入的带动下,宁夏回族自治区积极筹措多种资金近20亿元,奋力创造良好教学环境,主要项目有:"国家贫困地区义务教育工程"、"中小学危房改造工程"、"百所回民中小学标准化建设工程"、吊庄地区义教工程、"远程教育工程"、"农村寄宿制学校建设工程"、"两基"攻坚工程。还安排资金1亿多元,建设了六盘山高级中学、育才中学,专门为近2万多名南部山区学生提供优质教育。

2007年底,自治区一次性安排资金近10亿元,启动实施了一批教育献礼工程。

基础教育建设项目。共安排资金1.4亿元,其中:安排资金5000万元,解决280所义务教育阶段中小学10万平方米D级危房,实现全区义务教育阶段中小学零D级危房目标;安排资金2200万元,购置学生用床、课桌凳10.2万套,实现中小学课桌凳和学生用床零缺额目标;安排资金2000万元,完善学校音体美设备,增加图书数量,达到或超过国家规定标准;安排资金4700万元,充实中学理化生实验室,实现中学理化生实验室标准化。

"城市公办中小学操场标准化建设项目"。安排资金1.4亿元,对全区百所城市中小学操场进行标准化建设,目标是实现城市中小学操场无尘化和草坪化。

标准化高中建设项目。安排资金1.66亿元,用于在同心、西吉、固原、灵武、泾源新建、扩建5所标准化高级中学,实现每个市县都有一所3000名在校生规模的标准化高级中学"的目标。

寄宿制普通中学学生浴室建设项目。安排资金4840万元,用于全区57所初中以上寄宿制普通中学浴室建设完善项目,实现每所寄宿制学校都有一个能够容纳200名学生同时洗浴的浴室,改善寄宿学生生活条件。

职业学校建设项目。安排资金1亿元,在区本级和5个地级市各完善建设1所学生规模在2000人以上的职业学校,主要内容包括完善学校基础设施、补充教学设备、改善实训条件等,努力形成特色突出、优势互补的职业教育框架结构。

一、宁夏教育事业硕果累累

(一)教育投入大幅增加,办学条件显著改善

"十五"期间,宁夏教育总投入达到 127.6 亿元,固定资产累计投资 31.7亿元,其中学前教育投资 0.16 亿元、初等教育投资 2.9 亿元、中等教育投资 10.6 亿元、高等教育投资 6.4 亿元、其他教育投资 0.9 亿元。2006 年,全区共投入 3.5 亿元,建成 145 所农村寄宿制学校,完成了"农村寄宿制学校建设工程"。2007 年,全区有各级各类学校 2945 所,在校生总规模为 135.5 万人。教职工 7.7 万人,其中,专任教师 6.7 万人。全区生均校舍建筑面积小学达到 4.08 平方米、初中达到 5.66 平方米、普通高中达到 14.26 平方米,均达到了国家规定的标准,高校生均教学行政用房面积达到 15.36 平方米。

农村义务教育经费保障机制改革成效明显,保障了贫困家庭学生平等接受教育的基本权益。2005 年,宁夏在国家扶贫开发重点县实施了"两免一补"政策,使义务教育阶段总人数 55.8% 的学生享受到这一惠民政策。2006 年,大力推进农村义务教育经费保障机制改革,为贫困家庭学生免费提供一套教辅材料,在全国首创"三免一补",成为全国第一个免除义务教育阶段全部公办学校学生杂费的省份。中央、自治区共投入义务教育经费保障资金 3.3 亿元,使全区 98 万中小学生享受免费义务教育,其中 53.7 万农村及家庭贫困学生免费得到教科书和教辅资料,6.9 万中小学生得到了寄宿生活费补助,实现了真正意义上的免费义务教育。

累计投入资金 1.2 亿元,支持实施教育信息化工程和农村现代远程教育工程,于 2006 年年底全部完成,共建设教学光盘播放点 3568 个、卫星教学收视点 2155 个、农村初中计算机教室 279 个,中小学生每百人拥有计算机台数在西部位居第一,普通中小学生拥有计算机的台数比为 19.1%,全区农村中小学现代远程教育覆盖面达到 100%。

(二)大力支持"两基"攻坚,义务教育成果得到巩国提高

自治区财政加快了南部山区"两基"攻坚进程,进一步加大了对南部山

区各县(区)的资金支持力度,2006 年共投入工程建设资金 1.7 亿元,使全区农村学校的办学条件得到了极大改善。泾源、彭阳、西吉、原州区、同心、海原等 6 县(区)通过"两基"评估验收,全区以县为单位提前一年率先在西部省(区)实现"两基"目标,"两基"人口覆盖率达到 100%,实现了农村义务教育的重大历史性跨越。

2007 年,全区有普通小学 2276 所,在校生 70.07 万人,小学学龄人口入学率达到 99.6%,小学毕业生升学率为 98.3%,小学专任教师 3.30 万人,生师比为 21.1∶1。随着"普九"攻坚工程的推进,初中阶段在校生和毕业生持续增长。全区名普通初中 294 所,初中阶段在校生 28.82 万人,初中阶段毛入学率达到 104.5%;初中毕业生升学率为 86.0%,初中专任教师 1.64 万人,生师比为 17.8∶1。

(三)支持高中阶段教育发展,有效缓解瓶颈制约

为了满足人民群众接受优质教育的需求,"十五"期间,多方筹措资金近 20 亿元,对全区近百所高中进行了改扩建、新建或翻建。2007 年,全区有普通高中 97 所,在校生规模达 13.56 万人。每万人口普通高中在校生人数居全国第三位。高中阶段毛入学率达到 68.45%,普通高中专任教师 1.06 人,生师比为 17.6∶1。

(四)支持高等教育办学层次提升和布局结构优化

2007 年,全区共有普通高等学校 13 所,本专科在校生达到 6.24 万人,成人高等教育本专科在校生为 2.71 万人。高等教育毛入学率 21.5%,高校专任教师 4626 人,生师比为 14.4∶1,高校硕士学位教师比例达到 34.2%。全区高等教育共向社会输送合格本专科毕业生 1.41 万人,研究生 504 人。目前全区高校共开设本科专业 80 多个,涵盖哲学、经济、法律、教育、文学、历史、理、工、农、管理、医学共 11 个科学门类;开设高职、高专专业 113 个,涵盖 17 个大类 49 个二级类,已初步形成了具有区域特色的现代高等教育体系。2007 年招收博士、硕士研究生 801 人,在校研究生 2157 人。目前全区有硕士学位授予点 87 个,比"九五"末增加近 1 倍。博士点建设也实现了零的突破,现有博士学位授予点 3 个。

认真做好资助贫困学生工作。建立健全了普通高等学校家庭经济困难学生资助工作机制。2006年,全区资助家庭经济困难学生2850名,资助金额达1359万元。高等学校贫困学生助学贷款工作取得突破性进展。

(五)支持完善民族教育体系

银川市创办了宁夏六盘山高级中学,建设规模可容纳3000人,面向南部山区以及移民吊庄地区择优招收初中毕业生。宁夏育才中学一期建设工程已经完成,设计规模可容纳1万人,已招收学生4000人。这些学校面向山区培养少数民族优秀人才和职业技能型人才,整体办学质量和效益都有很大提高,受到回族群众的广泛赞誉。

不断加大对贫困地区的各项投入,以促进民族地区民族教育得到不断加强。大力实施"百所回民中小学标准化建设工程",建成标准化回民中小学87所。在推动民族教育改革和发展中发挥了骨干、示范作用。小学在校生中有少数民族学生31.13万人,占44.4%。普通高校在校生中少数民族学生占32.1%。目前全区有独立设置的民族中小学224所,民族职业学校2所。各级各类学校中少数民族学生的比例达到36.6%,与全区少数民族适龄受教育人口比例大体相当。

(六)支持职业教育快速发展

财政通过资金和政策支持,推动职业学校布局结构调整,升格组建了8所高等职业技术学院,宁夏建设职业技术学院等一批迁建和改扩建院校已完工并投入使用,六盘山民族教育职业中心等一批新建学校建设进展顺利,灵武市职教中心等一批地方职业学校的改扩建工程已经启动。全区中职招生连续两年呈两位数增长,2007年招生达到3.8万人,增长速度位居全国前列。普通高中招生与中职招生比例达到了5.6∶4.4,高中阶段教育结构趋于合理。目前,全区共有职业院校43所,校均规模近2000人。职业院校在校生规模达到8.5万人。中职、高职每年向社会输送毕业生11万多人,每年承担农村劳动力转移培训和就业再就业培训10万多人次,职业技术培训机构230所,年培训3.52万人次,招生规模达3.2万人,全区职业教育专项补助经费从每年的250万元提高为2000万元。

二、财政支持教育事业的思路

(一)明确指导思想

胡锦涛总书记多次指出,"当今世界,经济全球化深入发展,科技进步日新月异,国际竞争日趋激烈,知识越来越成为提高综合国力和国际竞争力的决定性因素,人才资源越来越成为推动经济社会发展的战略性资源,教育的基础性、先导性、全局性地位和作用更加突出。中国的未来发展,中华民族的伟大复兴,归根结底靠人才,人才培养的基础在教育。"

胡锦涛总书记在党的十七大报告中指出,"教育是民族振兴的基石,教育公平是社会公平的重要基础",强调"优先发展教育,建设人力资源强国",明确提出了"现代国民教育体系更加完善,终身教育体系基本形成,全民受教育程度和创新人才培养水平明显提高"的小康社会教育发展目标。

党的十七大报告在论述第一要义是发展时,不仅强调要牢牢扭住经济建设这个中心,坚持聚精会神搞建设、一心一意谋发展,不断解放和发展社会生产力,而且重申了实施科教兴国战略、人才强国战略、可持续发展战略的重要性。

回顾20世纪60年代以来各国对人力资本理论予以关注的现象,不难发现,世界范围的发展理念相继发生了若干次深刻变化,由于人力资本与物质资本同属生产要素,是经济增长的重要源泉,于是,教育发展先于经济发展,国家优先开发人力资源的模式受到了重视,并在部分国家获得明显成功。进入21世纪以来,在经济全球化导致国力竞争空前激烈的环境中,社会财富日益向拥有知识优势的国家和地区聚集,可持续发展优势越来越蕴藏于知识和人才之中,由联合国极力倡导的从生态环境到经济社会的"千年发展目标"彰显了可持续发展的核心价值,引发了世界发展理念又一新的变革。在我国深度介入经济全球化进程的态势下,自然资源和能源的人均拥有量尚不足世界平均水平的一半,实现国家现代化的压力愈显巨大。财政要把优先支持教育发展摆到重要的议事日程,建立与公共财政体制相适应的公共教育财政体制,为发展中国特色教育事业提供条件保障。完善教育经费筹措机制,合理配置教育资源,提高资金使用效益,推动科教兴国战略的落实。

(二)确定财政支持教育的方向和目标

1. 进一步增加财政教育投入,保障教育优先发展

完善机制、措施,推动各级政府以更大的决心、更多的财力支持教育事业,经济社会发展规划要优先安排教育发展,财政资金要优先保障教育投入,公共资源要优先满足教育和人力资源开发需要,进一步调整财政支出结构,将教育列为公共财政支出的重点领域,依法落实教育经费的"三个增长",提高财政支出中教育经费所占比例,确保教育财政拨款的增长幅度明显高于财政经常性收入的增长幅度,尽快实现国家财政性教育经费支出占GDP比例达到4%的目标。要进一步完善和落实优惠政策措施,鼓励社会力量投资、捐资教育,扩大教育资源总量,不断满足人民群众的多样性教育需求,推动学习型社会建设。

2. 完善财政支持教育的机制

一是完善农村义务教育经费保障机制,切实落实农村义务教育重中之重的战略地位,推进了义务教育均衡发展。二是建立健全家庭经济困难学生资助政策体系,加大资助力度,保证家庭经济困难学生都能上得起学、上好学,要保障经济困难家庭、进城务工人员子女平等接受义务教育,探索建立高中学校家庭经济困难学生资助制度,促进教育公平。三是建立制度、机制,完善政策,学校收费管理进一步规范。通过采取清理收费项目、稳定收费标准等一系列措施,使学校乱收费蔓延的势头得到了有效遏制。四是建立健全制度、措施,加强管理,确保了教育经费使用的规范、安全、有效。五是进一步完善教育经费筹措机制,保证了教育经费的稳定增长。

3. 优化教育资源配置,推动教育又好又快地发展

教育投入继续向农村地区、贫困地区、民族地区倾斜。要优化教育结构,促进义务教育均衡发展、加快普及高中阶段教育、大力发展职业教育、提高高等教育质量。要加强教师队伍建设,重点提高农村教师素质。实施好国家贫困地区义务教育工程、中小学危房改造工程、启动优质中小学建设工

程和世界银行基础教育贷款项目工程等教育重点工程。制定农村中小学生人均公用经费标准,确保农村义务教育投入。建立和完善非义务教育成本分担机制,调整教育收费政策,进一步规范收费行为。切实落实好宁夏南部山区农村义务教育学校的"一费制"。关心经济困难学生的学习和生活,继续实行高等学校"绿色通道"制度,完善资助管理措施,积极推进"奖、贷、助、补、减"等政策的落实。

4.进一步加强监督管理,切实提高教育资金使用的规范性、安全性、有效性

完善教育财务管理制度,加强教育经费使用全过程的监督、审计。推行"阳光财务",增强教育资金分配和使用的透明度。认真研究并采取积极措施解决学校建设发展中的突出问题,防范学校财务风险。坚持勤俭办学,推进节约型学校建设。加强学校财务队伍建设,提高财务管理水平和效率。

注:本资料由宁夏回族自治区财政厅提供,由国家财政部科学研究所刘德雄研究员整理,特此说明。

附录二 云南省大理白族自治州 医疗卫生状况调查

在云南调研期间,课题组有针对性的对云南省大理白族自治州的医疗卫生状况进行了调查,走访了大理白族自治州人民医院及大理市海东乡卫生院,与院领导、患者及部分乡民进行了交谈,搜集了有关大理白族自治州医疗卫生状况的资料。我们将搜集到的资料进行了整理、分析,形成了以下关于大理白族自治州医疗卫生状况的调研报告。

一、大理白族自治州医疗卫生发展概况

近年来,大理白族自治州坚持以卫生改革与发展为主线,突出农村卫生、预防保健、中医中药三大战略重点,抓实基础设施建设,重视重点疾病防治,全面推进农村卫生改革,加快人才培养,切实加快了卫生事业发展步伐。

全州设国有医疗卫生机构 202 个,其他卫生机构 9 个,共有病床 7720 张,平均每千人拥有病床 2.3 张;10 个县市开展了社区卫生服务改革,建立了社区卫生服务中心 28 个;全系统固定资产总额已超过 7.2 亿元。农村卫生改革稳步推进,乡卫生院全部上划县卫生局管理,64 个乡镇的 481 个行政村卫生室实现乡村一体化管理。2003 年,弥渡、宾川两县作为试点县开始试行新型农村合作医疗,试点工作效果良好。同时,疾病预防控制工作取得长足进步。20 世纪 50 年代,全州传染病年均发病率达 3348.43/10 万,2001 ~ 2004 年,全州传染病发病率控制在 164.65/10 万 ~ 213.02/10 万之间,低于全省平均发病水平。

(一)医疗卫生体系建设

2003 年至 2005 年,大理白族自治州共投入农村卫生基础设施建设和

设备购置资金 2 亿元。其中,2005 年全州农村卫生专项资金到位 6648.56 万元。全州 11 个县级综合医院业务用房建设全部列入国家贫困县医院建设项目,各级共投入建设资金 7045 万元。全州有 26 个疾控救援项目、40 个乡镇卫生院和 31 个村卫生室建设项目即将建成;政府对州医院、州中医院、州血防所、大理卫校进行了扩建或搬迁,较大幅度地增强了全州各种突发公共卫生事件的应急处理能力。

全州 116 个乡镇卫生院全部上划县市级卫生行政部门按职责管理。县、乡医疗卫生机构均实行了院、站、所长任期目标责任制,乡镇卫生院均开展了人事制度和分配制度改革。有 74 个卫生院实行了卫生院长竞争上岗,89 个乡镇卫生院、784 个村卫生室开展了乡村卫生服务一体化管理。116 个乡镇卫生院全部建立了防保站,由 1 名乡镇卫生院副院长兼任防保站长,并设 3~5 名防保员,防保站人员经费由财政全额拨款。此项改革更加完善了州、县、乡三级公共卫生体系,有效地保障了乡镇一级预防保健等公共卫生服务任务的落实。

2006 年初,州卫生局抓住国家和省重视加强农村卫生服务体系建设的机遇,加强与有关部门的协调配合,对全州卫生系统的项目资金申报进行科学规划、统筹安排、统一上报,努力争取项目资金支持。除争取国家和省的资金支持加强医疗卫生体系建设外,州委州政府自身也非常重视加强对卫生事业发展的支持,调整政策,加大项目资金的支持力度,加快州级卫生单位建设发展。州政府从 2006 年起,增加投入 733.5 万元,并将州医院、州中医院和州二院的离退休人员费用全额纳入州财政供养,以减轻医院负担;2006 年 8 月,州政府对州血防所业务综合楼补助 180 万元,并由州政府全额补助 400 万元,新建 2600 平方米的州中心血站(二期)业务综合楼。

(二)疾病预防控制

大理白族自治州高度重视突发公共卫生事件的防范工作,制定了突发公共卫生事件应急预案,成立了突发公共卫生事件应急处置领导组,下设传染病疫情应急处置组、各种中毒事件应急处置组、医疗救援应急处置组。近年来,大理白族自治州持续加强对以艾滋病、结核病、禽流感以及血吸虫病、疟疾等地方病为重点的传染病防治工作,广泛开展传染病防治知识宣传教育,及时对病情的发生、传播与扩散进行检测,州政府建立健全了以传染病疫情报告为主的突发公共卫生事件监测报告网络以及医疗、防疫专家数据库和医疗救治、疫情处置队伍数据库,明确了全州法定疫情监测报告管理的卫生机构"垂直体系",实施"平行直报",使各级党委、政府和卫生行政主管部门及时、准确掌握传染病疫情和突发公共卫生事件信息。全州突发的公共卫生事件从2004年的64起下降到2006年的34起,应急处置能力明显增强。

(三)城镇医疗卫生体制改革

从2001年起,大理白族自治州卫生系统开始逐步推行城镇医疗卫生体制改革。国有医疗机构开展了病人选择医生的就医形式,把竞争机制引入人事分配制度,领导干部实行竞争上岗;同时,为了遏制医药费用的过快增长,提高医疗服务的质量水平,大理白族自治州医疗单位开始探索并实行了费用清单制、药品集中招标采购、药品收支两条线管理和后勤服务社会化等一系列的改革,并在2000年7月启动了城镇医疗保险制度的建设;6年来,全州的医疗保险事业取得了长足发展,形成了稳定的医疗保险基金筹措机制、较为合理的医疗费用制约机制、较为科学严密的基金监管体系和医疗保险专业队伍,多层次的医疗保障体系初步建立。截至2005年底,全州参加基本医疗保险统筹的单位有3300户,参保人员总数19.6万人,在职职工和退休人员分别占到69%、31%,较2000年底的2.2万人增加了近8倍。2005年,全州应征基本医疗保险费1.88亿元,实际征收1.73亿元,其中单位缴费1.42亿元,个人缴费0.31亿元,当期基金征缴率达92.2%,回收历年欠费503万元,基本医疗保险费合计征收1.78亿元。征缴总额划入统筹账户0.96亿元,划入个人账户基金0.82亿元,分别占基金征缴总额的54%和46%。同期,参保人员有22812人次住院,在职职工和退休人员分别占到了40%、60%,发生住院医疗费1.1亿元,其中统筹金支付0.78亿元,占住院医疗费的70.91%。收支两抵,统筹金略有节余,在一定程度上缓解了群众"看病难"、"看病贵"的问题。同时,为有效防范不合理医疗费用的产生,医疗保险管理部门不断强化制度建设,加强了对定点医疗机构和药店定点资格的审定、管理和监督,制定和完善了定点医疗机构和定点药店管理制度,建立和完善了定点医疗机构和定点药店准入机制、试运行机制、年检机制和退出机制,强化、细化了定点医疗机构和定点药店的管理协议和管理措施,严格执行基本医疗保险药品目录、诊疗项目和医疗服务设施标准及相应的管理办法,对不符合药品目录、诊疗项目和医疗服务设施标准范围的医疗费用,不予支付,医疗费用虚高得到一定扼制。

(四)农村医疗卫生

2003年,大理白族自治州弥渡、宾川两县确定为新型农村合作医疗试点县。参合农民逐年增加,参合率逐年提高,截至2005年10月底,弥渡、宾川两个试点县的20个乡镇、173个村全部启动了新型农村合作医疗试点工作,参合农民达51.35万人,参合率达86.49%。2003年至2005年10月,弥渡、宾川两县共筹集资金3756.94万元(含中央和省州预拨2005年至2006年合管年度补助),其中中央补助1097.7万元,省补助626.33万元,州补助360.1万元,县乡补助225.98万元,农民自筹1446.83万元,共减免农民医药费2148.41万元。弥渡、宾川两县还成立了特困医疗救助中心。弥渡县2004年共筹资特困医疗救助资金32万元,共有2403户6565人得到救助,代特困人群缴纳个人自筹资金65650元。2005年,经国家和省批准,大理、鹤庆、云龙等3市县又被列为2006年的新增新型农村合作医疗试点县。至此,全州5个新型农村合作医疗试点县市,共有122万多农村群众响应新型农村合作医疗。

2006年,新型农村合作医疗试点稳步推进,1月至6月,门诊和住院共为农村群众补偿了1805.24万元;各级医院继续开展以病人为中心,以提高医疗服务质量为主题的"医院质量管理年"活动。各级各部门积极探索,采取各种措施,进一步规范药品购销行为,努力降低药品虚高价格,减轻社会医药费负担。同时筹好、管好、用好新型农村合作医疗基金,简化报销程序,并把新型农村合作医疗纳入村务公开,定期向村民公开医药费用的报销情况,接受群众监督,确保合作医疗公开、透明、公平、公正。

2005年,为了改善贫困地区的医疗水平、提升城市医师医德医术,贯彻落实中央精神,大理白族自治州在省卫生部门的领导下实施了"万名医师支援农村卫生工程",加大城市卫生支农和扶贫力度,建立了州、县(市)、乡对口帮扶县(市)、乡、村的4级3段卫生对口帮扶制度和巡回医疗体系。

(五)妇幼保健

2001~2004年,全州共建成妇幼保健机构13个,形成了县乡村妇幼保健网络,并创建了65个爱婴医院。新法接生率由建国初期的9.5%提高到2004年的97.17%,婴儿死亡率由400.2‰降到19.49‰;2004年,大理白族自治州有6个县被列为国家级或省级降低孕产妇死亡率和消除新生儿破伤风项目县。该项目总计投入资金111.7万元,由中央、省、州、县4级单位分担,项目于2004年9月在全州启动。2004年,全州共抢救危急孕产妇556例,成功542例,成功率97.5%;抢救危重儿童497例,成功440例,成功率88.5%;分别救助贫困孕产妇、贫困儿童518例、13例,共支付救助金13.2万元。全州全年孕产妇死亡28例,死亡率73.35/10万;5岁以下儿童死亡916例,死亡率24‰;婴儿死亡744例,死亡率19.49‰;孕产妇保健覆盖率达90.94%,住院分娩率达75.07%,儿童保健覆盖率68.66%;孕产妇系统管理率78.2%,儿童系统管理率51.15%。

(六)医疗卫生监管

截至2003年底,大理白族自治州12个县市政府均批准成立了卫生监督所,州县两级13个卫生监督机构共编制214人,实有187人,其中卫生监督员172人,负责监督大理白族自治州的传染病疫情、食品卫生、公共卫生等各种医疗卫生情况。近年来大理白族自治州的卫生监督机构对艾滋病疫情的传播、公共场所的食品卫生进行了重点监控,广泛开展艾滋病防治知识的宣传教育工作,积极进行艾滋病的监测检测;经常性的对学校、食品生产加工单位等重点场所进行食品卫生安全监督检查,开展阶段性的食品安全卫生专项政治工作;持续严厉打击非法行医,改善了广大人民群众的就医环境。

(七)医疗卫生人才培养

通过组织实施大理白族自治州"十五"卫生人才培养规划,培养学科带头人和业务技术骨干,提升服务能力和水平,共选送学科带头人56名,业务骨干152人到外地进修学习。州级医疗卫生单位采取多种形式,经常进行乡镇卫生院骨干医生培训,不断强化乡镇卫生院医生的培养和提高。

二、个案调查情况

我们重点在大理白族自治州人民医院和大理市海东乡卫生院进行了卫生服务状况的调研以及民意调查,了解到的情况如下。

(一)大理白族自治州人民医院

大理白族自治州人民医院是大理白族自治州唯一的一所国家三级医院,是大理白族自治州医疗、教学及科研中心,被卫生部列为全国500家大型综合医院之一。目前,医院占地155.25亩,总建筑面积14.63万平方米,其中业务用房9.65万平方米,编制床位1000张;开设61个科室,10个研究中心(室),年门诊量30余万人次,出院病人2万余人次,住院手术近7000例次。

医院现有职工922人,其中卫生技术人员有745人,占到了总人数的80.8%;从卫生技术人员的构成上看:执业医师280人,占37.6%;职业助理医师15人,占2%;注册护士320人,占43%;药剂人员41人,占5.5%;检验人员51人,占6.8%;其他卫生技术人员38人,占5.1%。

从卫生技术人员的职称分布上看:主任医师16名,占2.15%;教授14名,占1.88%;副主任医师80名,占10.74%;副教授34名,占4.56%;主治医、药、护、技师约320名,占43%。

从卫生技术人员的接受教育程度上看:大学本科毕业人员占到了大约50%,主要分布在医师、药剂人员和检验人员当中;护士学历偏低,其中中专毕业人员占到了大约70%,护士当中只有10人是本科毕业。拥有硕士学历的卫生技术人员只有3人,暂时还没有拥有博士学历的卫生技术人员。

在医疗设备方面,州医院拥有美国东芝开放式超导型核磁共振(MRI)

系统、美国 GE 公司四排螺旋 CT、美国哥德网数字减影系统(DSA)、德国进口的西门子 CT、美国进口高档彩超、日本进口高档全自动生化分析仪、德国西门子多功能数字摄片机、普放 DR 等高精设备 566 台(套),建立了滇西首家远程病理会诊网络、远程可视医疗会诊中心和大理白族自治州紧急救援中心。2005 年 10 月,医院投资 300 多万元,建起了医院信息系统(HIS),开通了远程教学网络,使医院的继续教育及相关管理逐步与现代化管理接轨。近一年来,新购置万元以上设备 31 台(件),基本满足各种检查不出州。

医院的相关职能部门进一步做好监督检查考核工作。2006 年抽查门急诊收费单据 5140 份,合格率 100%;抽查手术麻醉收费单据 1437 人次,合格率 97.3%;抽查医技科室收费单据 23894 人次,合格率 100%。严格控制大处方,做到合理用药。2006 年全院药品收入占医院业务收入的比例降到 41.85%。严格掌握大型医疗设备检查,做到合理检查。2006 年,CT 检查阳性率为 73.6%、心脏彩超检查阳性率为 71.85%、磁共振检查阳性率为 88%。尽量缩短平均住院日,降低住院费用。2006 年平均住院日为 13.64 天,比去年减少 0.47 天。住院病人平均费用,比去年同期下降了 468.89 元。入院诊断符合率为 99.40%;急诊危重病人抢救成功率为 96.4%;手术前后诊断符合率为 100%;临床病理诊断准确率为 98%,各项指标均达到卫生部规定标准,全年无医疗事故发生。

2006 年以来,医院承担了 10 次突发卫生事件医疗急救。1~9 月,"120"急救中心出动医务人员 1100 人次,抢救危重患者 1045 人次,急诊抢救成功率达 96.4%。

2006 年,医院组织巡回医疗队 6 个队次,深入农村进行巡回医疗服务。共开展义诊服务 6212 人次,开展手术 50 例,为基层单位进行专题讲座 24 场次。共安排中职以上医务人员 22 人次到县医院开展支援医疗卫生工作,为期 1 年。派出千村扶贫挂职 1 名。医院与 4 家县医院签订了指导协议,与 12 县(市)签订了医保协议;与 5 个县(市)签订了新型农村合作医疗服务协议,并根据协议要求积极开展工作;承办骨干医师培训班培训 280 人,接收进修医生 61 名,为基层单位培养卫生技术人员,指导医疗工作,会诊

48 人次。

近 5 年来,医院选派青年医护骨干赴北京、上海、广东等上级医院进修深造 75 人,邀请省内外专家来院讲学、举办各种学术讲座 447 场次,参加培训 62108 人次,参加全国学术性活动及学习性培训 357 人次;同时,医院还对在职的专业技术人员进行在职教育,包括在职研究生教育、住院医师规范化培训、护士"三基"考核等等。

医院 2005 年总收入 17398 万元,其中业务收入 15911 万元,占91.45%,财政补助收入 1117 万元,占 6.42%,上级补助收入 370 万元,占2.13%;医院业务支出共 14337 万元,其中人员工资支出 2258 万元,医生的平均月工资在 1500 元左右,医院的业务收入基本满足业务支出需要。

(二)大理市海东乡卫生院

相比之下,大理市海东乡卫生院的情况就要差很多。海东乡卫生院建于 20 世纪 50 年代,是规模较小的乡一级卫生院。卫生院目前共有床位 20张,职工 17 人,其中卫生技术人员 10 人。在卫生技术人员中,有执业医师5 人,职业助理医师 1 人,注册护士 2 人,药剂人员 1 人,其他卫生技术人员1 人;从受教育程度来看,职工中最高学历为大专,有 2 人,其次为中专学历,有 10 人,其余为中专以下学历;医生的月平均工资为 1000 元左右,低于州医院医生月平均工资 500 左右。卫生院有 5000 元以上设备 4 台,其中万元以上设备 3 台。

卫生院已参加了农村合作医疗保险,年诊疗人次 3500 人次,日均诊疗人次 10 人次左右,年住院人次为 0 人次。患者中,农村居民占到一半以上,城镇居民较少。除了医生的诊断外,卫生院只提供注射、伤口缝扎、X 光透视、B 超检查、心电图等简易的医疗服务。

卫生院的诊疗和药品收入较少,仅依靠此收入不能维持卫生院自身的运转,还需要市卫生局给予补贴(上级补助收入),州、市的财政均没有给予卫生院补贴。

三、医疗卫生事业发展中存在的问题及原因

大理白族自治州建州 50 余年来,医疗卫生事业取得了巨大的成就,但从其现状来看,医疗卫生事业整体上还十分落后,不仅与大理白族自治州改革开放和现代化建设的步伐不相适应,同时还不利于大理白族自治州社会主义和谐社会的构建。

(一)卫生资源结构分布不合理且资源使用情况不佳,医疗卫生条件差

大理白族自治州的卫生资源大部分都集中在城市,且有些城市卫生基础设施建设已经达到先进水平,而农村的公共卫生服务提供能力低下,三级卫生服务网建设缓慢,基层卫生网点十分薄弱,造成卫生资源的不合理布局。由于政府对医疗卫生事业的投入不足,大量的少数民族贫困地区卫生资源奇缺,现有的农村卫生机构大多又房屋破旧、设备简陋,难以满足农民多元化的医疗需求。由于这些地区的医疗卫生条件还很落后,普遍存在缺医少药的现象,农民"看病难"的问题还没有彻底解决。加之农民对医疗网点的分布不清楚,小病抗、大病拖,不到万不得已不上医院的状况普遍存在。

此外,由于卫生经费的缺乏,各级卫生机构的医疗器械无法增置,很多医疗卫生单位无力更新救护车,很多乡级以下卫生院和卫生所的病床还是个虚数,实际上只是个架子,无法使用。卫生资源的使用率不高,使本来就有限的资源得不到充分地利用,医疗业务不能顺利开展,更使得医院的成本大为增加、收益降低,维持较为艰难。

(二)卫生技术人才短缺,执业技术和职业道德水平有待提高

大理白族自治州卫生机构尤其是乡级以下卫生院和卫生所的各类卫生技术人员紧缺,高执业水平的医师更是短缺。卫技人员的受教育水平不高,级别最高的大理白族自治州人民医院卫技人员中近一半都只有中专及以下学历,而海东乡卫生院的卫技人员就基本都为中专学历,且中级以上技术职称者仅占一半。乡村两级卫生人员多为只受过短期培训的赤脚医生或顶替子女,执业技术水平较低。此外,财政拨款的不到位和医院维持的艰难也阻碍了一些乡村卫生机构执业技术水平的提高和卫生人员职业道德的改善。

这些乡镇卫生院的自身管理环节较为薄弱,卫生人员技术和素质较差,很难承担相应的医疗工作,对农村医疗卫生工作的顺利开展产生了极为不利的影响。调查中我们得知,由于当地乡卫生院治疗水平低下和卫生人员从医态度的不佳,许多农民患者只能小病拖,或者寻求当地的赤脚医生,大病则直接去县级以上医院,结果患者和家属不得不支出更多的时间和交通费用,更要承受贻误病情的风险。

城市居民大都有到正规医院就医的意识,但大部分民族贫困地区只有不到20%的农民懂得基本的卫生知识,加之上面阐述的一些情况,不少边远山区的农民有病仍不求医,依靠宰杀牲畜驱鬼等封建迷信方法,最终越"治"病越重。

(三)农村合作医疗参合率偏低,"看病贵"的问题较为突出

调研结果显示,大理白族自治州居民尤其是农村居民认为目前医疗服务价格水平偏高,尤其是药品价格和医疗费用太高。由于经济收入增长缓慢,农民自费医疗难以承担高昂的医疗费用,健康状况令人担忧。尤其是在贫困地区,平均每户医疗卫生支出占总支出的10%,有15%的家庭借钱看病。许多患了重病的农民,轻则举债,重则倾家荡产,因病致贫、因病返贫的现象还普遍存在。

目前,传统的合作医疗绩效严重滑坡,而新型农村合作医疗的参合率又较低,其原因主要有以下几点。第一,新型农村合作医疗的资金投入不足且筹资难度较大。现有新型农村合作医疗资金实行个人缴费、集体扶持和政府资助相结合的筹资机制,但在实际运作中由于种种原因筹资难度较大。中央财政对新型农村合作医疗的投入仍显不足,地方的财力又极其有限,集体投入难以落实,农民由于沉重的家庭经济负担无力顾及医保支出。大理市贫困户、五保户参合自筹部分本应由民政解决,但至今尚未落实。资金问题已经成为制约大理白族自治州新型农村合作医疗发展的最大瓶颈。第二,一些地区政府对新型合作医疗制度的组织宣传工作不到位,很多农民对新型农村合作医疗的保险保障作用认识不足,对相关政策不了解更不理解,对其期望值太高并将之与传统的合作医疗等同起来。这直接影响了农民参保的积极性和新型合作医疗政策的执行。第三,规范和约束新型农村合作医疗制度的法律法规欠缺,国家宏观政策也缺乏历史的一致性和连贯性,使其功效大打折扣。第四,现行农村合作医疗制度的设计还不尽合理。具体体现在筹资顺序缺乏吸引力,让农民先出钱往往会使其对财政资金是否能及时足额到位产生猜疑;主要依靠行政力量的资金收缴方式也容易让农民产生抵触情绪;合作医疗基金的补偿范围也十分有限;报销门槛较高,村级定点医疗机构的报销比例偏低,农民受益率相对偏小,资金效益没有得到充分发挥。第五,如上所述的乡镇卫生院技术力量薄弱,有的甚至不能开展住院业务,村级定点医疗机构布局不合理,村民居住又较为分散,离定点机构远的村民往往不愿意参加合作医疗。

三、发展大理白族自治州医疗卫生事业的对策建议

大理白族自治州建州50余年来,经济和社会发展取得了长足的进步,人民生活水平普遍提高。但与东部发达地区相比,总体发展水平差距还很大,医疗卫生事业的发展差距也较大,影响了大理白族自治州劳动力素质的提高,成为经济发展的包袱。如何使医疗卫生事业的发展能够适应大理白族自治州经济和社会发展的需要,为大理白族自治州进一步改革开放提供有效的医疗卫生保障已成为当前的一个紧迫任务。为此,应将医疗卫生工作纳入到大理白族自治州的整体发展规划当中,促进整个医疗卫生行业更新观念、主动参与、积极配合,不断提高全州人民的健康水平,以提高劳动生产率,为大理白族自治州的经济发展和社会稳定保驾护航。

(一)加大医疗卫生投入力度,完善卫生经济政策

医疗卫生事业作为一项具有公共服务性质的社会事业,必然离不开政府的宏观支持与领导。大理白族自治州卫生事业的发展,需要中央和地方财政加大投入,在卫生经费有限的情况下,应采取适当的倾斜政策,对农村尤其是贫困地区加大卫生投入,使其增长幅度不低于同期财政经常性支出的增长幅度。同时,应发展多角度的筹资渠道,动员社会广泛筹措资金,缓解当前卫生经费的紧张状况。

此外,必须加强农村卫生经费的管理和监督,按照规定的项目、标准和服务量将其纳入各级财政预算,防止各种挪用和浪费行为,充分发挥这些资金的使用效益。随着经济增长和财政收入的增加,还应适当调整卫生支出结构,规范政府对农村卫生事业补助的范围和方式,大力发展农村卫生事业。

(二)加强公共卫生服务体系的建设,健全卫生服务网络

整个大理白族自治州医疗卫生服务行业应打破部门和所有制的界线,对医疗卫生工作尤其是农村卫生工作实行全行业管理,制定服务规范,完善有关规章制度。各级医疗卫生行政部门要增强责任感和使命感,树立起全局意识和服务意识,加强医疗卫生服务的质量管理和财务管理,引入竞争机制,提高收费的透明度,规范医疗行为;推进人事、分配制度的改革,全面实行聘用制。同时,要优化各级卫生资源配置,调整农村卫生服务网络功能,实现资源共享,改善服务质量,提高服务效率。在广大民族地区应提倡多渠道、多途径、多层次办医,对边远地区采取派医疗队定点支援的办法,逐渐解决尤其是贫困地区群众缺医少药、看病难、住院难的问题。此外,还应加强医疗卫生部门的改革,充分调动广大医务人员的工作热情,可把坐堂行医和巡回医疗结合起来,并因地制宜地加强社区医疗服务,为构建和谐社会作贡献。

(三)加快农村医疗卫生事业的发展,改善农村卫生条件

大理白族自治州农村医疗卫生事业的发展关系到全州医疗卫生事业发展的全局。首先要明确农村公共卫生的责任,坚持以预防为主的方针,着力加强预防保健体系建设,形成有效的公共预防机制,提高处理农村重大疫情和公共卫生突发事件的能力,切实做好农村妇幼保健工作。其次,每年增加的卫生经费应主要用于发展农村卫生事业,加大卫生支农和扶贫力度,对口重点支援县级医疗卫生机构和乡(镇)卫生院建设,帮助贫困地区重点建设基础卫生设施,大力改善其医疗卫生条件。此外,应加强农村药品供应网络的建设,加强对药品经营的监管,方便农民购药并保障农民购药安全。通过坚持预防保健工作与医疗服务相结合,确保农村公共卫生工作落到实处,全面提高农村基本医疗卫生水平。

（四）注重卫生技术人才的开发，提高卫生技术人员的素质

医学教育是一个国家或地区医疗卫生事业发展的基础，直接关系到未来的医疗卫生发展水平。因此，大理白族自治州医疗卫生事业的长足发展首先要加强高等医学院和职业卫校卫生技术人才的开发和培养，同时在某些医学人才奇缺的情况下积极引进高水平的人才，扩大医疗卫生专业技术人员队伍。其次，要加快推进卫生人才工作体制机制创新，以现代医学科学技术发展中的新理论、新知识、新技术和新方法为重点，大力开展卫生专业技术人员继续医学教育，加强卫生技术人员创造力的开发和创造性思维的培养。尤其是要加强对乡镇卫生院管理人员的管理技能培训和卫生技术人员全科医学知识与技能的培训，加强对现有乡村医生的学历教育，全面提高农村卫生技术人员的专业素质和职业道德。再次，要改革目前的用人机制，加强对引进的卫生技术人才和现有卫生技术人员的激励，形成良性的人才竞争环境。最后，要重视发挥民族传统医学的作用，不断巩固和发展民族医院，培养民族医药学人才，使其更好地为大理白族自治州人民的健康服务。

（五）完善医疗救助制度和新型农村合作医疗制度

如何建立一个与大理白族自治州经济社会发展水平相适应的医疗保障体系是摆在面前的一个重要课题。作为农村社会保障体系的一个重要组成部分，中央和地方政府应在其能力所及的范围内对农村医疗救助制度和新型农村合作医疗制度的构建和完善承担必要的责任尤其是经济责任，给予必要的支持。以农村五保户和贫困农民家庭为主要救助对象的医疗救助制度要继续实行和完善，除政府投入以外还要努力拓宽社会各界捐助等筹资渠道。但是，医疗救助制度所覆盖的毕竟只是少数极其困难的人群，不能解决大部分农民的医疗卫生问题。因此，政府应加大医疗卫生的扶贫攻坚力度，把对农村贫困家庭的医疗救助制度和新型农村合作医疗制度有机地结合起来，积极引导农民构建和完善以大病统筹为主的新型农村合作医疗制度，重点解决农民因患大病而出现的因病致贫、因病返贫问题。

首先，要建立一个有效的筹资机制以解决新型农村合作医疗发展的资金瓶颈问题。必须明确各级政府的资金投入职责，增加中央政府的资金投

入,合理分配各级地方财政的出资比例,安排专项资金给予资助并列入财政预算,确保资金及时足额到位并做到专款专用。其次,各级政府应加大对新型农村合作医疗的宣传和引导工作,提升农民对新型农村合作医疗的信任度。实践过程中,应教会农民如何正确地评价新型农村合作医疗制度并提供准确的信息支持,使其充分地理解接受,最后自愿参加。再次,国家应加快新型农村合作医疗的立法工作,在统一的立法体制下形成包括多层次、多类型法律法规组成的体系,不断规范和完善相关制度化建设。另外,国家应改进新型农村合作医疗的制度设计,增强制度的可持续性。可调整农民和各级财政的筹资顺序,先由地方财政筹齐补助金,然后由中央财政注入补助金,最后再收缴个人负担的部分,使农民感觉真实可靠;还可以采取农民易于接受的资金收缴方式,合理地确定适合农民基本医疗需求的疾病补偿范围,科学地确定报销比例,以提高新型农村合作医疗对农民的吸引力。最后,还要完善农村医疗卫生服务体系,提升医疗机构的服务质量,加大对药品质量和购销的监管,严格控制医疗费用的上涨。

五、结语

医疗卫生事业关系到一个地区甚至一个国家经济发展和社会稳定的全局,在国民经济和社会发展的过程中发挥着不可替代的作用。通过此次调研活动,我们对云南省大理白族自治州的医疗卫生状况有了比较细致、深入的了解,并从中发现了一些问题。大理白族自治州是典型的少数民族聚居地区,也是在医疗卫生建设方面具有代表性的民族地区,对其医疗卫生状况的了解和分析对于整个西部民族地区公共医疗、卫生事业的改革和发展具有一定的参考意义。民族地区的医疗卫生事业作为一项具有公共服务性质的社会事业,需要得到民族地区公共财政的有效保障,而其保障程度又取决于地方财政的供给程度及上级财政的转移支付程度。因此,西部民族地区要以西部大开发为契机,加大医疗卫生事业的投入,提高医疗卫生工作的效率和水平,保障和增进人民健康,以医疗卫生事业的腾飞推动经济的发展和社会的进步,促进社会主义和谐社会的构建。

附录三 云南公共卫生现状、问题及对策

为了深入了解民族地区的公共卫生医疗情况,课题组在 2006 年暑假期间对云南省主要的城市和地区进行了调研,对云南省的医疗卫生情况有了比较详细的了解,采访了很多单位和机构,走访了不少乡村,获取了大量的数据,通过对相关数据与典型案例的整理分析,对云南省公共卫生事业发展状况有了一定的了解,并对云南省公共卫生事业发展提出了建议。

一、云南医疗卫生的现状

(一)疾病控制与公共卫生

1. 传染病报告发病率下降、死亡率略有上升

据全省 27 种甲、乙类法定报告传染病初步统计,2005 年全省报告甲、乙类传染病总发病率 253.19/10 万,死亡率 0.87/10 万,病死率 0.34%。全年除传染性非典型肺炎、脊髓灰质炎、布鲁氏菌病、登革热、人禽流感和白喉无发病和死亡报告外,其他病种均有报告。与 2003 年比较,传染病报告发病率下降 41.36/10 万,死亡率上升 0.58/10 万,病死率上升了 0.14 个百分点。发病率居前 5 位的依次为:肺结核、病毒性肝炎、痢疾、疟疾和伤寒副伤寒;病死率居前 5 位的依次为:狂犬病、人禽流感、流脑、艾滋病和新生儿破伤风(见表 1)。

表1 2005年全省27种甲、乙类法定报告传染病发病及死亡率

疾病名称	发病率 1/10万	死亡率 1/10万	病死率 （%）	疾病名称	发病率 1/10万	死亡率 1/10万	病死率 （%）
总计	253.19	0.87	0.34	猩红热	1.72	0.00	0.13
鼠疫	0.01	0.00	0.00	出血热	0.10	0.00	0.00
霍乱	*	*	*	狂犬病	0.02	0.02	100.00
病毒性肝炎	59.91	0.03	0.05	钩端螺旋体病	0.26	0.00	0.00
痢疾	43.56	0.04	0.10	布鲁氏杆菌病	*	*	*
伤寒副伤寒	21.07	0.00	0.02	炭疽	0.06	0.00	0.00
艾滋病	0.72	0.18	25.08	乙脑	0.96	0.05	5.18
淋病	7.35	0.00	0.00	血吸虫	0.49	0.00	0.00
梅毒	2.48	0.00	0.09	疟疾	29.54	0.08	0.28
脊髓灰质炎	*	*	*	登革热	*	*	*
麻疹	10.89	0.00	0.02	新生儿破伤风	0.25	0.05	21.16
百日咳	0.40	0.00	0.00	肺结核	73.12	0.34	0.47
白喉	*	*	*	传染性非典型肺炎	*	*	*
流脑	0.11	0.02	14.29	人禽流感	0.00	0.00	71.43

注：①新生儿破伤风发病率和死亡率单位为‰；②＊无报告病例。

2. 农村改水和改厕

截至2005年底，全省改水受益人口占农村总人口87.9%，农村自来水普及率为63.0%。截至2005年底，农村累计使用卫生厕所67.2万户，其中：当年新增卫生厕所36.1万户。农村卫生厕所普及率为53.2%，粪便无害化处理率为61.0%。

"十五"期间，农村环境卫生状况得到改善。与2001年相比，农村自来水普及率由55.1%提高到61.3%，卫生厕所普及率由46.1%提高到53.2%，粪便无害化处理率由49.5%上升到59.5%，基本实现"十五"确定的工作目标。

表2　农村改水、改厕情况

	2001 年	2002 年	2003 年	2004 年	2005 年
已改水受益人口占农村人口%	79.2	83.4	84.5	86.3	87.9
饮用自来水人口占农村人口%	54.7	57.3	59.0	60.0	63.0
卫生厕所普及率(%)	39.1	42.4	46.0	49.6	53.2
粪便无害化处理率(%)	47.9	51.0	54.1	57.2	61.0

3.血吸虫病和地方病防治

2005 年,全省血吸虫病流行县(市、区)18 个,累计乡数 84 个,流行村人口数 185.0 万人,达到传播控制标准县数 3 个,达到传播阻断标准县数 12 个,未达控制标准县数 3 个,现有病人数 5.2 万人,晚期病人数 9.5 人,急性血吸虫病感染人数 15 人,治疗及扩大化疗人数 22.5 万人。2005 年各类地方病防治情况:克山病病区县 42 个,现症病人 920 人;碘缺乏病监测县 129 个,累计消除(基本消除)县 28 个;地方性氟中毒(饮水型)病区县 8 个;地方性氟中毒(燃煤污染型)病区县 15 个。

(二)农村和社区卫生

1.农村三级卫生服务网

2005 年底,全省共有县及县级医院 411 所、共有床位 47329 张,人员 47340 个;县妇幼保健院(所、站)125 所,卫生人员 4321 个;县疾病预防控制中心(防疫站)有 31 所,人员 698 人。全省 1.2 万个行政村共设立 13474 个村卫生室,设立卫生室的村数占行政村总数的 83.7%。村卫生室中,乡村医生和卫生员共有 35153 人。

表3　全省农村三级卫生服务网

	2003 年	2004 年	2005 年
县数(个)	1470	1633	1633
县医院(个)	409	403	411
床位数(张)	46255	46546	47329

人员数(人)	48897	46879	47340
诊疗人次(亿次)	0.20	0.21	0.22
住院人数(万人)	90.1	96.0	104.3
县妇幼保健院、所(个)	134	125	125
人员数(人)	4542	4291	4321
县卫生防疫站(个)	40	27	31
人员数(人)	885	619	698
乡镇数(万个)	3.80	3.70	3.55
乡镇卫生院(个)	1490	1485	1483
床位数(张)	23052	24188	24139
人员数(人)	25219	24921	24503
其中:卫生技术人员	21775	21380	23275
诊疗人次(亿次)	0.2	6.8	0.2
住院人数(万人)	1608	57	53
病床使用率(%)	30.3	37.1	35.05
行政村数(万个)	67.9	1.3	1.2
设置卫生室村数占行政村%	99.0	94.9	100
村卫生室数(个)	12210	13264	13474
乡村医生和卫生员数(人)	32110	34868	35153
平均每村乡村医生和卫生员	2.46	2.70	2.87

"十五"期间,全省县以下行政区划进行了较大范围的调整,乡镇合并、行政村合并造成乡、村数量减少(见表3)。农村基层卫生组织在行政区划调整中不断得到加强,在绝大部分农村地区,政府在每个乡镇设一所卫生院,并上划县级卫生行政部门管理。

2. 社区卫生

2005 年底,全省已设立社区卫生服务中心(站)162 个,其中:社区卫生服务中心 131 个,社区卫生服务站 31 个。社区卫生服务中心提供诊疗430475 次,住院 2919 人,实有床位 585 张,病床使用率 43.65%,平均住院日 7.26 天;社区卫生服务站诊疗人次为 576570。

(三)妇幼保健

1. 孕产妇保健

2005年,全省孕产妇系统管理率75.7%,产前检查率为91.6%,产后访视率87.7%。新法接生率93.1%,其中:市96.5%、县92.7%。住院分娩率64.2%,其中:市81.5%、县62.2%。

表4 孕产妇保健指标

单位:%

	2003年	2004年	2005年
产前检查率	70.0	89.9	91.6
产后访视率	64.8	85.9	87.7
系统管理率	43.6	73.0	75.7
住院分娩率	43.7	60.1	64.2
市	62.4	77.8	81.5
县	39.6	55.7	62.2

2. 儿童保健情况

据妇幼卫生监测地区统计,2005年新生儿围产儿死亡率15.3‰,新生儿破伤风发病率1.15/万和死亡率0.97/万,5岁以下儿童中重度营养不良比重5.57%,新生儿访视率87.57%,3岁以下儿童系统管理率65.08%,7岁以下儿童保健管理率72.69%。

3. 孕产妇死亡率

据统计,2005年孕产妇死亡率为63.3/10万。城市孕产妇死亡率为55.1/10万,农村产妇死亡率为64.3/10万。主要死因构成:产科出血占65.3%、产褥感染占2.5%、妊高症占7.5%、内科合并症占18.8%。2005年与2004年比较,孕产妇死亡率下降了2.1/10万。

(四)医疗服务

1. 医院诊疗人次增加

2005年,全省医院总诊疗人次数为0.37亿次,其中,急诊诊疗人次数为 0.35 亿次,占总诊疗人次数的 94.6%;非营利性医院 0.34 亿次,其中急诊诊疗人次数为 0.33 亿次;营利性医院为 0.023 亿次,其中急诊诊疗人次数为 0.22 亿次;政府办医院诊疗人次数为 0.31 亿次,其中急诊诊疗人次数为 0.30 亿次。社区卫生服务中心 43.0 万次;卫生院 20.1 万次;妇幼保健院(所、站)250 万次。综合医院总诊疗人次数为 2353 万,分科门诊分别为:内科 742 万,外科 256 万,妇产科 247 万,儿科 190 万,中医科 175 万,其他科室 743 万。

表5　全省医疗机构业务工作量及病床使用情况

	2003 年	2004 年	2005 年
医院总诊疗人次(亿次)	0.30	22.03	0.37
其中:非营利医院	0.29	13.05	0.34
营利医院	0.01	7.03	0.02
医院入院人数(万人)	124.6	6676	157.9
其中:非营利医院	121.2	4673	148.1
营利医院	3.4	7.1	9.7
医院病床使用率(%)	69.7	74.0	73.4
其中:非营利医院	70.0	75.5	76.5
营利医院	56.5	51.6	38.6
出院者平均住院日	12.1	11.4	11.3
其中:非营利医院	12.2	11.5	11.7
营利医院	7.0	10.2	6.0
医生人均每天担负诊疗人次	5.1	4.8	5.4
医生人均每天担负住院床日	2.0	1.5	2.1

注:①诊疗人次总数不含诊所(卫生所、医务室)、社区卫生服务站和村卫生室数字;
　　②医生人均每天担负诊疗人次和住院床日系卫生部门综合医院数字。

2. 医院、卫生院入院人数增加

2005 年,全省医院入院人数 157.9 万人,其中:非营利性医院 148.1 万人,占 93.8%;营利性医院 9.7 万人,占 6.2%。医疗机构入院人数中:医院

157.9 万人；社区卫生服务中心 0.29 万人；卫生院 53 万人；妇幼保健院（所、站）7.5 万人。与 2004 年比较，医院入院人数增加 435 万人，卫生院入院人数增加 20 万人。医院、卫生院每百诊疗人次入院 3.2 人，每百门、急诊人次入院 3.4 人。2005 年全省居民每万人口入院 561 人。

表6　2005 年三级医院工作量

	医院总计	三级医院	三甲医院	二级医院	三级医院
机构数	648	48	9	239	25
诊疗人次（亿次）	0.37	3.97	3.17	5.42	1.05
入院人数（万人）	157.9	1418	1066	2298	207
病床使用率（%）	73.4	90.5	92.7	68.1	49.6
医生人均日担负诊疗人次	5.4	6.2	6.6	4.9	6.2
医生人均日担负住院床日	2.1	2.1	2.1	1.5	1.0

3. 医院和卫生院病床使用率上升，出院者平均住院日稍微缩短

2005 年，全省医院病床使用率为 73.4%，其中：非营利医院 76.5%，高于营利性医院（38.6%）。与 2003 年比较，医院病床使用率提高 3.7 个百分点。

医疗机构出院者平均住院日为 11.3 日。与 2004 年比较，医院出院者平均住院日缩短 0.1 日。非营利性医疗机构平均住院日 11.7 日，高于营利性医疗机构（6.0 日）。

（五）门诊和住院病人医疗费用

1. 门诊和住院病人人均医疗费用继续增加，医疗费增长幅度下降

2005 年，卫生部门综合医院门急诊病人人均医疗费用 82.0 元，比上年增加 3.6 元，增长 4.6%；住院病人人均医疗费为 3524.2 元，比上年（3416.5）增加 107.7 元，住院病人人均医疗费增长 3.2 百分点。

2001 年以来，医院门诊和住院病人人均医疗费用持续增加，但医疗费用每年增长幅度基本控制在 10% 以下（见表7）。

表7 2004年、2005年省综合医院门诊和出院病人人均医疗费用(元)

	门诊病人人均医疗费用(元)			住院病人人均医疗费用(元)		
	合计	药费	检查治疗费	合计	药费	检查治疗费
2005年	82.1	40.3	28.8	3524.2	1559.3	1352.2
2004年	78.4	39.8	26.5	3416.5	1509.1	1324.9

2.门诊病人药费比重下降;住院病人药费比重上升

2005年,卫生部门综合医院门诊病人医疗费中,药费占38.6%,检查治疗费占38.3%;与上年比较,药费比重下降5.7个百分点,检查治疗费比重持平。住院病人医疗费用中,药费占44.2%,检查治疗费(含手术费)占38.3%;与上年比较,药费比重持平,检查治疗费比重下降0.4个百分点。

(六)卫生资源

1.卫生机构总数增加

2005年末,全省卫生机构总数约1.0万个,比上年增加674个,其中:非营利性医疗机构3253个,营利性医疗机构6749个。医疗机构中:医院648个,社区卫生服务中心(站)164个,农村乡镇卫生院1483个。与上年比较,医院、社区卫生服务中心(站)、妇幼保健机构、专科疾病防治所、疾病预防控制中心、卫生监督所等机构数有所增加,卫生院机构数略微减少(见表8)。

表8 全省卫生机构及床位数

	2003年	2004年	2005年
卫生机构总数(个)	9926	9436	10110
医院	557	594	648
卫生院	1494	1485	1483
#农村乡镇卫生院	1490	1485	1483
门诊部	54	69	73
诊所、医务室、卫生所	7194	6626	7189

疗养院	10	10	12
社区卫生服务中心(站)	145	153	164
妇幼保健院(所、站)	151	146	148
专科防治院(所、站)	41	28	32
疾病预防控制中心	151	150	153
卫生监督所	80	120	138
医学科研机构	5	12	12
医疗机构床位数(张)	96911	102167	106961
其中:医院	66596	71170	74697
卫生院	23081	24188	24139
每千人口医院卫生院床位(张)	2.15	2.25	2.31

医院按等级分:三级医院 48 个(其中:三甲医院 9 个),二级医院 239 个,一级医院 25 个,未评定等级医院 336 个。

医院按床位数分:100 张床位以下的医院 391 个,100～199 张的医院 152 个,200～499 张的医院 84 个,500～799 张的医院 13 个,800 张及以上的医院 8 个。2005 年末,全国疾病预防控制中心(防疫站)153 个,比上年增加 3 个。

"十五"时期,全省卫生机构总数减少,减少的原因有三:一是政府机构改革后,药品检验机构、卫生检疫所、高等医药院校划归其他部门管理,从 2002 年起,卫生机构不再包括这类机构;二是乡镇数减少,乡镇卫生院相应减少;三是部分效益不好的诊所、卫生所和医务室自行关闭,机构数波动较大。但社区卫生服务中心(站)、卫生监督所增加较快。

2. 医院床位增加,卫生院床位持平

2005 年末,全省医疗机构床位 10.7 万张,其中:非营利性医疗机构 9.9 万张;营利性医疗机构 0.7 万张。医疗机构中:医院床位占 69.8%,卫生院床位占 22.6%,其他医疗机构床位占 7.6%。与 2004 年比较,医院床位增加 0.35 万张,卫生院床位数基本持平。2005 年医院、妇幼保健院和专科疾病防治院共有床位 7.8 万张,床位数分科构成如下:全科医疗科 2.6%、内科 25.3%、外科 22.8%、妇产科 12.0%、儿科 7.2%、眼科 2.0%、耳鼻咽喉科 1.4%、口腔科 0.8%、精神科 4.6%、传染科 3.0%、结核病科 0.3%、肿瘤科 1.5%、中医科(含中西医结合科和民族医学科)14.0%、其他科室占 2.1%。全省每千人口床位数在逐年上升,2003 年为 2.15,2004 年为 2.25,2005 年为 2.31。

3.卫生人员总数增加

2005 年末,全省卫生人员总数 14.2 万人,其中:卫生技术人员 11.8 万人,其他技术人员 0.5 万人,管理人员 0.7 万人,工勤人员 1.2 万人。与上年比较,卫生人员增加 0.55 万人(增长 4.01%),其中:卫生技术人员增加 0.46 万人(增长 4.00%),其他技术人员增加 86 人,管理人员增加 1322 人,工勤人员增加 512 人。2005 年末,全省执业医师及执业助理医师 5.6 万人(其中:执业医师 4.5 万人),注册护士 3.8 万人。

医院人员有 8.0 万人,其中:卫生技术人员 6.5 万人,包括执业医师及执业助理医师 2.6 万人、注册护士 2.6 万人;疾病预防控制中心(防疫站)卫生人员 0.76 万人,其中:卫生技术人员 0.6 万人,包括执业医师及执业助理医师 0.41 万人;乡镇卫生院人员 2.45 万人,其中:卫生技术人员 2.13 万人。

2005 年末,每千人口卫生技术人员 2.77 人,其中:执业医师及执业助理医师 1.31 人、注册护士 0.89 人。

表9　全省卫生人员数(人)

	2003 年	2004 年	2005 年
卫生人员数	134508	136697	142175
卫生技术人员	112396	113871	118429
执业(助理)医师	52967	53248	55837
内:执业医师	41907	42290	45022
注册护士	35647	36540	38001
其他技术人员	23782	5060	5146

管理人员	6382	5349	6671
工勤人员	11269	11417	11929
每千人口卫生技术人员数	2.69	2.69	2.77
内:每千人口执业医师数	1.27	1.26	1.31
每千人口注册护士数	0.85	0.86	0.89

二、存在的问题及成因

(一)卫生机构收入有限,投入不足,导致医疗卫生事业发展缓慢

国家对卫生事业投入虽然每年有所增加,但是由于省(市、区)各级财政相对紧张,投入总额占卫生机构收入总额的比例只能是很少一部分。由于西部地区医疗机构的市场化程度不高,盈利能力不强,西部卫生机构的总收入远远低于东部地区,业务收入和事业性的收入远远低于东部地区,业务收入和事业收入在总收入中的比重也较东部地区要少。

表10 2005 年卫生机构收入与支出

地区	总收入(千元)	财政补助收入	上级补助收入	业务收入/事业收入	总支出(千元)	业务支出/事业支出	财政专项支出	总支出中:人员经费支出
全 国	537811287	48429665	7211804	466217150	520583641	477686275	11967348	141013377
云 南	11547360	1858894	106992	9416726	10937505	10005323	287982	3112784
江 苏	42470245	2960035	424667	38349618	41391408	39156675	777789	10610880
浙 江	43826503	2678432	169401	40201558	42676638	40841438	883917	11542968
四 川	23038177	2252019	303576	18599226	20668249	18910000	360762	6217677
陕 西	10195066	1018385	221040	8686120	10042162	8869997	228073	2777924

从上表中,我们可以看出:云南的卫生机构收入为 1154736 万,远低于东部地区江苏和浙江的 4247024.5 万和 4382650.3 万。也低于西南地区的四川,仅高于西北地区的陕西,说明云南的卫生机构收入在西部地区处于中等的水平,但仍有很大的上升空间。

从卫生机构收入中财政补助所占的比例看,云南省为16.10%,江苏和浙江分别为6.97%和6.11%,云南远远高于东部地区,说明其对财政收入的依赖性很高,卫生机构的盈利能力低于东部地区。而四川和陕西的该比率为9.78%和9.99%,说明整个西部地区的卫生机构对财政的依赖性都很高,云南处于中等水平。从支出情况来看,财政支出占从支出的比例,云南为2.63%,江苏和浙江分别为1.88%和2.07%,而四川和陕西为1.75%和2.27%。说明西部地区卫生机构支出中财政专项支出所占的比例总体来说·低于东部地区和全国平均,从整体反映了包括云南在内的整个西部地区卫生机构的收入情况需要进一步改善,同时加强卫生结构的业务能力。

(二)保健支出较少,整体低于全国平均水平,且城乡差距较大

从2005年城乡居民消费支出与医疗保健支出表中,我们可以很明显的看出:

城镇居民年人均医疗保健支出,全国平均为7.6%,云南为9.1%,江苏和浙江两省分别为6.8%和7.8%,而四川和陕西为6.8%和8.2%,云南不仅高于全国平均,而且也高于东部地区和西部其他的地区,从农村居民的数据来,年人均医疗保健支出占人均年消费性支出的比率全国平均为6.6%,云南为5.6%,江苏和浙江分别为5.5%和7%,西部地区的四川和陕西为5.8%和7.3%。云南农村居民的医疗卫生总体水平和全国的平均水平虽然持平,但是绝对数量的87.7元却和全国平均的168.1元相差很远,和东部地区的差距就更大,甚至低于西部同类省份,一方面是由于农村居民的人均收入比较低,导致人均年消费的总额少,另一方面则反映了云南农村居民的医疗卫生投入严重的不足。

云南省内的城乡卫生居民卫生保健支出差距也很大,从绝对数上看,城市人均是623.2元,农村则为87.7元,相差7倍,是全国平均3.5的两倍,说明云南城乡居民的卫生条件也差距很大,为了响应国家西部开发和"三农"政策的号召,我们应该着力提高农民的医疗卫生保障水平。

表11 2005年城乡居民消费支出和医疗保健支出数据表

地 区	城镇居民			农村居民		
	人均年消费性支出（元）	人均医疗保健支出（元）	医疗保健支出占消费性支出%	人均年生活消费性支出（元）	人均医疗保健支出（元）	医疗保健支出占消费性支出%
全 国	7942.9	600.9	7.6	2555.4	168.1	6.6
云 南	6837.0	623.2	9.1	1571.0	87.7	5.6
江 苏	7332.3	496.8	6.8	2992.6	163.2	5.5
浙 江	10636.1	828.8	7.8	4659.1	326.1	7.0
四 川	6371.1	433.4	6.8	2015.7	117.4	5.8
陕 西	6233.1	513.3	8.2	1618.1	118.1	7.3

（三）卫生条件较差，医疗资源分布不均匀，乡村卫生资源奇缺

如下表所示：2005年，云南医院总数为648家，但大部分集中在床位数较少的50～200张范围之内，床位数在200以上的规模较大医院的数目都明显少于其他地区，特别是少于东部地区，而且大部分医疗资源都分布在城市，农村的卫生资源却依然很贫乏。

表12 2005年各地区按床位数分组的医院数

单位：张

地区	合计	50张以下	50～99	100～199	200～299	300～399	400～499	500～799	800张及以上
全国平均	520	210	100	104	43	23	11	21	8
云南	648	240	151	152	49	24	11	13	8
江苏	1004	519	152	136	60	43	28	42	24
浙江	553	148	81	144	62	39	19	41	19
四川	1149	501	231	233	86	46	14	28	10
陕西	833	393	153	176	58	17	10	22	4

我们从云南省城乡每千人医院卫生院的床位数就可以清楚地看出：

表 13　云南城乡每千人医疗机构床位数表

（单位:张）

年份	每千人口医院卫生院床位数			每千农业人口乡镇卫生院床位数
	合计	市	县	
2004 年	2.25	1.02	1.23	0.68
2003 年	2.15	1.23	1.56	0.66

2003 年每千农业人口卫生床位数为 0.66,城市则为 2.15,城市大概是农村的 3.2 倍,2004 年每千农业人口卫生床位数为 0.68,而城市为 2.25,是农村的 3.3 倍,表明城乡的医疗资源分布不均匀,差距很大,同时也充分说明农村的医疗卫生还很薄弱。而农村人口的比重远大于城市这是我国普遍的现状,云南地处我国的西部地区,工业化程度比较低,农业人口的比重就更加大,广大农业人口的医疗卫生要得到很好的保证,农民的医疗卫生生活质量有待进一步的加强,这样有利于促进农业的快速发展和维护社会的稳定。

(四)医疗人才特别是专业执业医师较少,医疗卫生人员结构比例不合理

由于经济等各方面的原因,卫生机构普遍存在缺乏人才的情况:从 2005 年各地区每千人口卫生技术人员数表格中我们可以看出,云南卫生技术人员总数为 2.77 人/千人,低于东部地区江苏、浙江的 3.55 人/千人和 4.31 人/千人,而且低于全国的平均水平 3.49 人/千人,从一定程度上说明说明整个西南部的卫生技术人员缺乏比较严重。再看看执业医师,情况和卫生技术人员的情况大体相似,就是说明不仅卫生技术人员总数比较少,而且专业的执业医师也比较少,可见,云南省的医疗卫生人才现状从数量上和质量上都需进一步的改善,特别农村和民族地区的医疗卫生人才现状亟需改善。

表14　2005年各地区每千人卫生技术人员数

地区	卫生技术人员	执业（助理）医师	注册护士
全国平均	3.49	1.52	1.06
云　南	2.77	1.31	0.89
江　苏	3.55	1.50	1.11
浙　江	4.31	1.91	1.31
四　川	2.73	1.32	0.71
陕　西	3.69	1.63	1.04

　　从卫生技术人员的学历结构表看，研究性的人员较少，从我国的平均数据看出，高学历研究型的人才所占比重比较小。从城市的医院来看，博士所占的比例为0.3%，硕士所占的比例为1.3%，大部分卫生从业人员的学历重要集中在大专和中专层面，农村卫生院的层次更不合理，本科学历的人员所占比例仅仅1.6%。医疗人才匮乏是医疗卫生事业进一步发展的瓶颈。

表15　我国卫生技术人员学历构成

	博士	硕士	本科	大专	中专	高中及以下	合计
医院(%)	0.3	1.3	17.9	29.5	41.7	9.3	100%
乡村卫生院(%)	0	0	1.6	17.1	59.5	21.8	100%

数据来源：卫生部《2004中国卫生统计提要》。

　　调研小组对云南的医疗卫生人才进行了典型的调研，以云南省第一人民医院为例，截至2005年，全院共拥有专业技术人员1646人，其中高职261人，中职557人，分别占总人数的15.8%和33.8%，这两项就占了全部技术人员的近50%，可以看出云南省的卫生医疗人员也是以操作性为主，缺乏高学历的研究型人才，卫生医疗人员的整体素质有待进一步的提高。

　　（五）卫生医疗的投入脱离当地的实际情况，导致大量的资金浪费

　　云南是一个西部的农业省份，全省有3300多万农民群众，占总人口数的76.2%。由于种种原因，长期以来，农村医疗卫生事业发展相对滞后，制约着农村全面建设小康社会目标的实现。虽然每年政府都投入相当量的资金,但是资金的使用却没有预想的效果。比如财政投入用于购买医疗设备、增强医疗结构业务能力的资金,由于资金使用落实不好导致大量资金的误用,钱花了,医务能力却没有提高。根据我们了解主要有下列原因:一是上级在分配资金时,由于只求资金分派的过程,不求效果,也不管医院的实际情况,严格的执行专款专用制度,有的还明确规定资金的使用方式和使用方向。二是乡镇卫生院由于条件差、待遇低、生活艰苦,人才缺乏,有的地区根本就没有能够操作所购置医疗设备的相关人才,但资金不用就会作废,于是就出现先把设备购买回来、再说人才培养的现象。三是受农村人口与经济条件制约,虽然买回来的设备非常先进,但诊疗费用昂贵,农民群众根本就用不起,大部分时间设备处于闲置状态,导致资金和资源的浪费。

三、发展公共医疗卫生的建议与对策

(一)以政府投资为主体,多层次筹资

近年来,虽然我国建立了公共卫生投资机制,但是云南政府的投资仍然主要集中在基础设施的建设上,如交通、能源和通信等投资回报率高、营利性较强的领域,对公共卫生等非营利性领域的投资力度明显不足。对此,今后应调整各级政府的投资方向,逐步退出一些营利性的投资领域,同时进一步降低门槛,鼓励社会投资、民间投资进入这些领域。而各级政府应加大对非营利性但同时又关系到人民群众切身利益的公共卫生的投资力度,同时还应加大公共卫生投入的增长速度。

云南省各级政府的财政预算是公共卫生事业发展的主要资金来源,而从我国目前财政的现有状况来看,要在我国财力有限的情况下,大规模地提高政府对公共卫生投入是不现实的。因此在未来的体系安排中,应重点突出日常性的公共卫生投入,有计划地保持长期、稳定和合理的投入比例。将公共卫生服务项目按照从基本到特需进行划分,基本的项目,可由中央或省级财政承担;特需的项目,可考虑县级及以下财政承担。从而建立起以中央和省级财政为主,以市县财政为辅的财政保障供给系统。

为了保证公共卫生事业资金使用的效率,还应建立起以各级财政主管部门为主、卫生主管部门为辅的资金分配系统和以卫生主管部门为主、各级财政主管部门为辅的资金使用管理系统以及以综合审计为主、各级财政主管部门监察卫生主管部门的审计监督体系。

同时云南省还应该发展多层次筹资,分散政府压力。云南省公共卫生的投资,大部分为政府投资,而社会投资和个人投资占很小的比例。这表明,在云南省卫生事业的发展中,投资渠道过于单一,与我国所提倡的多形式、多层次和多渠道发展卫生事业的宗旨相背离。因此云南政府应该鼓励商业保险的发展,从而扩大社会保险的辐射范围。还可以采取其他方式弥补资金不足,例如对餐饮、酒类、烟草等部门开征卫生健康税,民政部门发行的福利彩票收入部分重点用于公共卫生事业等等。同时还可将公共卫生作为法定的可以接受捐赠的事业,县以上人民政府及其部门均可以接受捐赠,同时以发展公益事业为宗旨的一些基金会、红十字会和慈善组织等社会团体也可以接受捐赠。公共卫生机构可以适当地开展有偿服务,但必须以开展基本公共卫生服务为前提、以服务的成本补偿为上限,不允许以营利为目的。总之,在发展云南省公共卫生事业方面,需要政府充分发挥主观能动性,调动一切可调动的资源投入到公共卫生事业中。

(二)缩小城乡卫生资源配置差距

云南省各级政府要重视并做好贫困地区的医疗卫生工作。要在承认地区差异的基础上,实施不同形式的农民健康保障。在发达地区农村可以逐步实施大病医疗保险;在一些有条件的乡村,推行合作医疗;而在较为贫困地区,应由政府提供公共卫生服务以及免费的简易医疗服务和医疗救助。

云南省农民在各级医疗机构每次门诊要几十元,住院至少要几百元,多则达千元万元以上,要想解决因病致贫、返贫的问题,云南政府应该想农民所想,不要再举新债,给农民增加新的负担。还应该规范乡村诊所医疗管理,遏制农村医院单纯追求效益的倾向。同时要实施有效监管,整顿药品和医疗器械生产流通秩序,调整医疗收费价格,完善补偿机制,引导农村医生合理用药,从源头上有效减轻农民医药费用负担。

建立农村卫生技术人员培训机制。政府每年拨出专项资金,用于农村卫生院全科、妇科、口腔、医技和中医人才培训,使其技术能力、业务水平逐步满足农村基本医疗需求。建立卫生技术人员定期进修学习制度,有计划的安排卫生技术人员到对口支援单位进修学习,参加市级新知识、新技术培训班,有助提高云南省乡村医疗业务水平和服务质量。贯彻落实国务院《乡村医生从业管理条例》,加大现有乡村医生的知识和技能培训,同时向上级有关部门争取相关政策,依法予以乡村医生执业资格认定。

(三)提高卫生人才队伍素质,稳定卫生人才队伍

十一五"期间,我国将大力加强卫生人才培养,全面提高卫生人才队伍的整体素质;调整卫生人才结构,重点加强农村、社区和西部地区卫生人才队伍建设;加强高层次卫生人才队伍建设,培养一批以中青年为主体的学术技术带头人,建设一个拥有 1000 名以上高层次卫生专家信息的卫生人才库。到 2010 年,我国县级以上医疗卫生单位开展继续医学教育的覆盖率要达到 90% ,乡镇卫生院达到 60% ;通过"万名医师支援农村卫生工程"项目,从城市选派两万名以上高年资医务人员支援农村;加强农村卫生人员培训,对乡镇卫生院卫生技术人员轮训一遍;达到每个社区卫生服务中心至少配备 1 名全科医师;利用西部卫生人才培养等项目,为西部地区培养 1000 名以上卫生技术骨干;培训 5000 名以上县级以上医疗卫生机构管理干部。云南省要把握机遇,提高卫生人才队伍素质,稳定卫生人才队伍,加强人才培养,定向为云南省培养用得上、留得住的适用人才。尤其是乡镇地区工作的医务人员,应当全面接受全科医学学历教育或知识转型教育,全面提升其医疗服务技术水平。

要制定优惠政策特别是经济政策,以达到吸引人才、留住人才的目的。努力改善医务人员的工资待遇和福利水平,落实好省政府关于卫生部门人员社会养老、基本医疗保险的政策,解决好他们的后顾之忧,安定人心,稳定队伍。

要进一步研究制定卫生技术人员在专业技术职务晋升方面的优惠政策,落实云南省卫生技术人员高级专业技术资格评价与职务聘任规定(试行),鼓励和支持医务人员扎根云南、服务人民。

要加快以事业单位人事制度改革为主的卫生管理体制改革实行聘用制,引入激励竞争机制,调动和激发广大专业技术人员的积极性和创造性。

(四)继续推进新型农村医疗保健体系

云南省应继续推进新型农村合作医疗制度。要努力提高新型农村合作医疗筹资额度和保障水平,加快建立政府财政对农民基本医疗保障资金投入的动态增长机制,逐步建立城乡一体的基本医疗保障制度。开展以"四有"(有机构办事、有人办事、有钱办事、有制度办事)便民、高效为主要内容的规范化县级经办机构创建工作,不断提高新型农村合作医疗的科学管理水平。

由于云南省农民支付能力存在很大差别,因此,应把有一定经济实力的农民纳入城市卫生保障体系之中,可以在地方政府的引导下逐步纳入城市的卫生保障范畴;对个别确实存在困难的居民,地方政府给予适当的救助,保证他们也能享有最基本的卫生保障。并且完善和发展原有的卫生保障模式。合作医疗制度曾经是中国农村最基本的医疗卫生保障方式,覆盖了90%的农村人口。原有的制度与中国当前农村经济和社会发展相互脱节。因此,需要对原有的制度进行完善和发展,寻找适合当前农村实际情况的筹资模式和管理模式,而不仅仅是恢复原有的制度。在此过程中,政府的责任不可推卸,一方面要在经济上给予大力支持,保证资金到位,另一方面还要在政策、法规上加大实施力度,使该制度的发展有法可依,同时要大力推行农村合作医疗保健制度。

农村合作医疗保健制度是在国家扶持下,依靠集体和农民群众共同筹集资金,通过不同方式补偿农民医疗保健费用,使农民获得基本医疗保健服务的制度。实行合作医疗保健制度,是我国现阶段解决农民基本医疗保健问题的有效途径,直接关系到农民群众的切身利益,各级政府要加快推行合作医疗制度。农村合作医疗要坚持自愿、受益、适度的原则,要依据经济、文化、卫生状况和群众意愿确定,一般以乡镇为单位,也可以以村为单位举办或乡村联办,各级合作医疗保健管理机构要加强宏观指导,应体现县、乡、村逐级指导和转诊,合作医疗保健经费由集体和个人多方筹措。要根据农民个人的承受能力,确定资金筹集数额和各方的支付比例,集体经济较好的地方可以乡镇或村集体为主,个人交纳为辅;集体经济基础较差的地方,可以个人交纳为主,集体提供为辅,也可由个人全部交纳。个人交纳部分按规定应从村提留中解决。随着经济的发展,要逐步提高集体支付的比例。县、乡政府要安排一定的启动资金,扶持这项工作的开展。合作医疗保健经费必须专款专用,严禁用于补偿农民医疗保健费用以外的任何项目,要因地制宜制定报销补偿制度,量入为出、以收定支、按比例报销,使参加者享受公平合理的卫生服务和相应水平的医药费用减免补偿。

加强对合作医疗的组织管理和基金管理。要强化农民自身的监督职能,基层合作医疗管理组织要有农民代表参与日常管理工作。要定期向农民公布资金使用情况,增加管理的透明度。要加强规章制度建设,逐步把合作医疗纳入法制化管理轨道。推行农村合作医疗保健制度要积极稳妥,分类指导。

附录四 新疆吐鲁番地区农村卫生医疗情况调查

一、目前该地区农村医疗卫生工作的开展情况

1. 新型农牧区合作医疗试点工作积极稳妥推进,继 2003 年、2004 年该区有 13 个县获准试点后,2005 年又有 40 个新增试点县(市)先后启动试点工作。截至 2005 年底,全区获准试点的县(市)共 53 个,覆盖农牧区人口630.5 万人,占全区农牧业人口总数的 49.53%,参合农牧民 542.8 万人,参合率 86.08%。这 53 个县经卫生部、财政部批准于 2006 年全部纳入国家试点范围。按照中央部署,从 2006 年起,地方财政对参加新型农牧区合作医疗的农民补助标准提高到每人每年 20 元。对贫困县、边疆县的财政补助全部由自治区本级承担承担,其他试点县自治区补助 10 元,其余由地、县两级别财政负担。为此,自治区本级已安排资金 7500 万元。

2. 农村卫生管理体制改革进一步深化,全区 836 所乡镇卫生院上划县级卫生行政部门管理的有 761 所,上划管理率达 91.0%,实行全额拨款的有 680 所;乡村卫生组织一体化管理在全区各地普遍推行,村卫生室管理基本做到"七统一",乡村医生报酬统一提高到每月不低于 80 元的补助标准。

3. 逐步改善乡镇卫生院医疗条件。为了解决农牧民就医看病的基本需求,实现新型农牧区合作医疗"小病不出乡"的目标,从 2005 年起,自治区制定了乡镇卫生院医疗设备更新规划,计划利用 3～5 年的时间,为每个乡镇卫生院投入 15 万元,更新其基本设备。2005 年已投入 3000 万元,更新了 200 个乡镇卫生院医疗设备。

4.实施城市医师支援农村项目。实施国家城市万名医师支援农村项目,城市三级医院每年选派 5 名医师对口支援国家级扶贫开发工作重点县县医院,开展医疗服务和技术培训。继续在 27 个国家级扶贫开发工作重点县开展"二级以上医疗卫生机构对口支援乡(镇)卫生院"试点,按国家规定给予补助。

5.加强农村卫生技术人员培训。从 2006 年起,自治区本级财政每年安排 300 万元,用于对乡镇卫生院骨干医生的培训,逐步提高农村卫生服务水平。初步建立了农村医疗救助制度,对农村困难群体进行救助。加大政府支持力度,开展农村卫生厕所建设,进一步推动卫生改水工作。

6.加大了重点农村疾病的预防控制力度。每年安排一定数量的专项资金,用于重点疾病,如结核病、鼠疫等,重大地方病,如包虫病、黑热病、碘缺乏病、饮水型氟砷中毒等疾病的预防控制。

二、目前该地区农村医疗卫生现状

1.乡镇卫生院医疗设备不足、人才匮乏。农村三级网不健全,基础设施有待加强,房屋破旧,基本医疗设备缺乏,人才匮乏,乡镇卫生院服务能力低,资源使用率下降。如:2003 年和 2004 年全疆乡镇卫生院诊疗人次分别比 2002 年减少 4.8% 和 5.1%。同期全疆乡镇卫生院入院人数分别比 2002 年减少 9.3% 和 5.19%,病床使用率只有 40% 多。全区近 8000 个村卫生室中只有 4753 个符合标准,7700 多名乡村医生中只有 5623 人取得合法职业资格。卫生资源城乡配置不尽合理。城市每千人口医院床位与卫生技术人员数远高于农村,2004 年全区 63.5% 的卫生技术人员集中在城市,每千人口卫生技术人员拥有城市比县多 1.79 倍(全国平均只 1.28 倍)。大型设备集中在城市大医院。卫生资源过剩与短缺并存,影响卫生服务的可及性和公平性。

2.农村卫生形势比较严重。农牧区特别是贫困地区传染病和地方病发病率居高不下,严重危害着广大农牧民的健康和生命安全。一些发病率较高的传染病如乙肝、结核病、麻疹和地方病等主要发生在农牧区。截至

2004 年底患有地方性氟中毒(水型)的病区县 61 个,病区村 2096 个,病区村人口 155.7 万人,现症病人中患氟斑牙的有 101.97 万人;96 个县区中,只有 61 个达到国家消灭碘缺乏病的阶段性目标;农村公共卫生条件差,1/3 的农村人口尚未享用安全饮用水,64% 的农户还在使用不符合卫生标准的厕所。另据第三次卫生服务调查资料显示,该区一些最贫困的地区,使用不符合卫生标准厕所的高达 95% 以上。

3. 重大疾病仍然威胁着广大农牧民健康。新疆传染病报告发病率 2004 年为 435.31/10 万,比全国平均高 0.78 倍,居全国第四位,其中,肝炎发病率 137.53/10 万,居全国第五位;结核病发病率 142.02/10 万,居全国首位;艾滋病感染者位居全国第四位。2005 年甲乙类法定报告传染病发病率为 467.96/10 万。新疆病媒种类众多,一些自然疫原性疾病尚不清楚,时有不明原因疾病发生。同时,新疆地方病众多、危害严重。新传染病如SARS、致病性禽流感等的威胁还很大。

该区是全国结核病高发区,活动性肺结核病患病率和涂阳患病率均明显高于全国平均水平。每年因结核病死亡的人数达 6700 人,是传染病中单一病种导致死亡人数最多的疾病。南疆的结核病患病率是北疆的 2.9 倍,农村是城镇的 2.7 倍,农村肺结核病死亡率是城镇的 3.7 倍。在肺结核病人中 75% 的病人是分布在 15～59 岁,位于中青年劳动力产出的主要年龄段,结核病是导致该区农村居民死亡的重大疾病,也是广大农牧民因病致贫、因病返贫的重要因素之一。

4. 妇幼保健工作仍严重滞后。2004 年孕产妇系统管理率、建卡率、产前检查率、产后访视率、住院分娩率、新法接生率均排在全国第 26 位之后,孕产妇死亡率比全国平均水平高 1.7 倍,居全国第 2 位。新生儿访视率、3 岁以下儿童系统管理率、7 岁以下儿童保健率均排在全国第 25 位之后,围产儿死亡率高达 19.02%,居全国第二位。农村情况尤为严重,2004 年孕产妇死亡率"县"比"市"高 1.76 倍。

三、应采取的措施与对策

一是改善县级医疗机构及乡镇卫生院业务用房;配备基本医疗设备。

二是加大农村卫生技术人员培训;强化农村卫生管理人员培训;加强新型农牧区合作医疗管理人员培训,加快合作医疗信息化建设。

三是加大对重点疾病的预防控制。

四是强化妇幼卫生与健康教育。

五是继续实施城市医师支援农村项目;继续推进农村卫生改水、改厕工作。

附录五 延边朝鲜自治州
基础教育调研报告

延边朝鲜自治州属边境开放地区,又是少数民族地区,国家和省在资金投放和政策倾斜方面一直给予特殊照顾,国家确定其为民族自治地区改革开放试验区。建州50多年来,党和国家领导人多次来延边视察指导工作,勉励延边加快发展,其经济建设和社会发展取得了巨大的进步,经济实力不断增强,人民生活水平不断提高。延边素有"教育之乡"的美誉,崇文重教的氛围浓厚。延边朝鲜自治州委、州政府也十分重视民族地区基础教育工作,特别是近年来,积极贯彻国家和省有关民族教育改革发展的方针政策,将优先发展民族教育作为教育发展的重要战略,不断加大投入,使民族地区教育取得了长足的发展。全州形成了从幼儿教育到高等教育的完整体系,义务教育普及程度和受过高等教育的人数比例在全国少数民族地区中始终名列前茅。

一、民族地区基础教育统计数据

延边朝鲜族自治州位于吉林省东部,东与俄罗斯滨海边疆区接壤,南隔图们江与朝鲜咸镜北道、两江道相望,处于东北亚金三角中心地带。全州总面积4.27万平方公里,总人口218万,朝鲜族人口82万,占全州总人口的37.8%。自治州成立50多年来,在党的民族政策指引下,在自治州历届党委和政府的正确领导下,延边的教育事业取得了长足发展,初步建成了与自治州经济和社会发展相协调、层次完备、规模适度、水平较高、具有区域特色和民族特点的教育体系。全州现有幼儿园455所,在园幼儿34972名;特殊教育学校 3 所,在校生 483 名;各级各类小学 407 所,在校生 127511 名;九年一贯制学校 30 所,初中 114 所,完全中学 12 所,普通高中 25 所,初中在校生 89964 名,普通高中在校生 45236 名;全州小学专任教师 10888 名、初中专任教师 7177 名、普通高中专任教师 2765 名。

二、民族地区基础教育的进步

(一)基础教育整体办学水平稳步提高

幼儿教育不断发展,农村基本实现了学前一年教育,城区基本实现了学前两年教育,适龄儿童入园率达 96.1%,比 2000 年提高 6.1 个百分点。义务教育水平得到巩固提高,全州小学学龄儿童入学率为 99.84%,升学率为 97.75%,入学率和升学率均有所提升,辍学率下降 0.8 个百分点。初中入学率为 98.55%,升学率为 71.76%,比 2000 年提高 16.26 个百分点,辍学率下降 1.03 个百分点。普通高中教育发展步伐加快。高中入学率为 66.10%,在校生人数比 2000 年增加 37.1%。省级重点高中扩大到 18 所,其中 4 所学校为省级示范性普通高中。全州普通高考录取率为 80.32%,其中本科录取率为 55.8%。特殊教育有了新起色,延边第一、第二特殊教育学校被评为吉林省特殊教育实验校,全州适龄残疾儿童入学率为89.4%。

(二)朝鲜族教育改革全面推进

朝鲜族教育得到高度重视。州委、州政府出台了《州委、州政府关于朝鲜族教育改革与发展的若干意见》后,朝鲜族教育改革工作开始全面启动。州与县(市)都成立了朝鲜族教育改革领导小组,设立了办事机构,对"朝改"工作实行年度例会制、目标责任制和督导评估制。按照精化朝语、强化汉语、优化外语的原则,突出抓好资金投入、"双语"教学实验、"双语型"师资、"双语"教材建设和单(无)亲学生教育等重点,朝鲜族教育改革工作取得了阶段性成果。

(三)教育教学改革不断深化

对农村义务教育实行了地方政府负责、分级管理、以县为主、乡镇承担相应责任的管理体制。深化办学体制改革,在部分普通高中进行"国有民办"改革实验,利用民间资金,扩大了幼儿、小学、初中教育资源。深化学校内部体制改革,使中小学教师队伍得到精化、强化和优化。深化教学改革,不断把素质教育引向深入,培育出了以"主动发展教育"为核心的素质教育模式。

(四)教师队伍整体素质明显提升

注重师德建设,从抓典型、抓机制建设入手,广泛开展教师形象塑造工程和创建师德建设先进校、师德建设党员示范活动,教师师德水平不断提高,涌现出了以马宪华为代表的一大批师德典型。教师教育逐步纳入高等教育体系,推进师范学校和教师进修院校现代化建设。开展了以培训全体教师为目标、骨干教师为重点、师德、师魂、师观、师能为主要内容的多种形式的教师继续教育。教师职前、职后教育进一步沟通,学历和非学历教育并举。启动了"名师"、"名校长"培养工程。全州小学教师学历达到专科以上的为75%,初中、高中教师学历达到本科以上的分别为55%和89%。

(五)学校办学条件不断改善

组织实施农村中小学危房改造、布局调整、寄宿制学校建设和国家远程教育项目等工程。全州除林业系统外,企业办学已全部划归地方管理,办学效益不断提高。农村学校于2005年末全面完成远程教育建设任务,开始与城市学校共享优质教学资源。乡镇学校建成计算机室的100%,语音室的占45%,多媒体教室的占32%,教育手段逐步走向现代化。延边基础教育事业正以科学发展观为指导,以办好让人民满意的教育为取向,朝着实现各级各类教育更快更好发展的目标阔步前进。

(六)职业与成人教育得到较快发展

全州现有成人学历教育高等学校3所,在校生1407名。中等职业学校15所,在校生人数比2000年增加33.23%,中等职成校三年巩固率、毕业率达85%以上,当年就业率达90%以上。全州所有乡镇都有一所以上农民文化技术学校,年培训农民30万人次。民办职业教育技能培训机构564所,年培训人数32万人次。延吉职高、延边财经学校、延边林业学校被评为国家级重点职业学校,延吉国际合作技术学校、图们职高被评为省级重点校。

（七）依法治教工作力度加大

重新修订了《延边朝鲜族自治州朝鲜族教育条例》，州委、州政府相继出台了关于加强基础教育、朝鲜族教育、职业教育等规范性文件，全面组织实施了教育系统"四五"普法规划，3个县市被评为吉林省教育系统"四五"普法先进单位，5所学校被评为依法治教"示范校"。规范了教育收费行为，减轻了群众经济负担。教育督导评估制度进一步完善，教育行政执法与监督工作力度加大，全州逐步实行校务公开，学校安全工作进一步得到强化。

三、民族地区基础教育的问题与分析

民族教育是反映中国人权发展状况的重要指标，它对国家的安定团结、文化传承和经济繁荣以及各民族的共同发展具有重大意义。但是现在有很多突出的问题值得我们注意：

（一）"残缺家庭"子女的心理教育问题突出

近年来，延边地区广泛使用的"残缺家庭子女"这一用语，指那些父母离异、父母一方或双方亡故及一方或双方出国家庭的子女。随着出国打工人员、离婚家庭的日益增多，延边朝鲜族的"残缺家庭"问题较国内任何地方都更为严重。目前，延边朝鲜族中小学生当中和父母生活在一起的仅占学生总数的47.1%。延吉市朝鲜族小学生的家庭中，父母出国的占43.4%，父母离异的占9.3%，父母亡故的占1.5%。因为上述三种原因所造成的"残缺家庭"学生多达54.7%。延吉市公园小学某一个班级49名学生当中和父母生活在一起的为16名，仅占总数的32.7%。相形之下，延吉市汉族中小学的"残缺家庭"则少得多，小学占总数的17%，中学占总数的18.9%。在全州各县市朝鲜族学校当中，学生父母出国率最高的是安图县，达45.7%。如果按城镇和农村来划分全州朝鲜族中小学学生家庭，那么39.2%的城镇学生和28.7%的农村学生为"残缺家庭"子女。若按学校层次来划分，小学生父母的出国率为40.2%，初中生父母的出国率为39.2%，高中生父母的出国率为32.4%。

残缺家庭子女大多性格孤僻、忧郁敏感，不喜欢参加集体活动。在人际关系方面报复心重,且好打架闹事,学习成绩差而又普遍存在早恋现象。尤为重要的是,残缺家庭学生因为长期缺乏安全感和家庭温暖而普遍存在焦躁不安情绪及受挫心理。现代社会所需的人才除了具备科学文化知识,还要拥有健全的心态、团结合作的精神以及创新意识等非智力方面的高素质。尤其是培养青少年对他人和社会以及大自然的关爱意识,更是对他们在人和社会、自然之间谋求和谐生存的精神和能力的养成,是对现代化所需健全人格的养成。而对他人的关心和关爱是通过自身的体会和感受习得的。美国的家庭学专家指出,如果在家庭里就没有过被爱和爱人的体验,那么他在陌生人群中也很难建立以真正的爱为基础的信任和亲密关系。如果不及时解决残缺家庭学生的心理健康问题,那么以后的朝鲜族社会别说是人才辈出,恐怕连他们能否适应复杂多变的现代社会生活都还是个疑问。残缺家庭的增多,给朝鲜族小学的"双差"生教育和初中的"控流"工作造成了很大的困难。

(二)民族教育和现代化教育的矛盾冲突亟待解决

学者们普遍认为,作为跨境民族的朝鲜族是一个文化民族主义倾向较强的民族。"文化民族主义强调本民族文化的优越性,通过弘扬本民族传统文化来增强民族自信心、确认民族整体性以抵拒其他民族的威胁并最终达成其民族振兴之目的。"有论者说在朝鲜族的文化结构中,宗教和政治的因素并不作为重要的因子起作用,世俗文化才是最主要的文化因子。

守卫这种世俗文化最主要的武器则是教育和文学艺术,而这样的教育和文学艺术又以共同的民族语言为其存在之前提。对于朝鲜族来说,民族语言是保障其为朝鲜族的主要方式。一个世纪以来绵延不断的民族语言传统及蓬勃发展达半个多世纪的民族教育,在当前强调教育的开放性和现代性的大背景下陷入迷途而徘徊不前。尤其是随着朝鲜族聚居地的解体和大量的农村人口流入城市,朝鲜族中小学教育这一民族语言文化教育基地严重受损,具体表现在如下两个方面:

1. 朝鲜族学生入汉族学校的比例逐年上升

以延吉市为例,我们抽样调查的两所汉族学校朝鲜族学生比例分别是:

小学31%、中学40%,数目相当可观。在某汉族小学,据该校工作人员透露,这所小学的五年级共有6个班,每个班平均有52名学生,其中大约30%是朝鲜族学生,最多的一个班有20名朝鲜族学生,占全班人数的36.4%。对另外一所汉族中学的调查显示,该中学一年级有10个班,每个班平均60人,其中大约20~30名为朝鲜族学生,占班级总人数的30%~50%。

根据延边大学朝文系蔡美花(2004)的调查,朝鲜族学生入汉族学校的比例1998年为小学生3.6%,中学生6.16%;2002年这一比例提高到小学生13.7%,中学生12.7%;2003年更是平均高达15%。两相对照,延边朝鲜自治州朝鲜族学生上汉族学校的比例上升速度惊人。

生源的不足是导致朝鲜族学生人数日趋减少的原因之一。例如,龙井市朝阳川镇太东小学五年前有400多名学生,到2006年月10份只剩下50多人了。在短短5年期间,仅朝阳川镇就有6所村级小学关闭。龙井市朝阳川镇凤林小学成立于1921年,是一所历史悠久、拥有光荣传统的名校。但如今,学校只有52名小学生和23名幼儿班学生,前途黯淡。延边自治州内的朝鲜族小学校减幅达46.6%。

朝鲜族学校数量的减少,与朝鲜族人口的负增长及朝鲜族人口向沿海城市流动有直接关系,加之大量的朝鲜族学生转学到汉族学校以及部分由于居住分散或居住在边远地区的朝鲜族学生的家庭生活困难,无力支付孩子到寄宿制学校读书,更使得民族教育雪上加霜。延边自治州政府于2002年颁布15号文件,把朝鲜族学生流向汉族学校的问题纳入到议事日程上来,提出了认真贯彻少数民族政策、提高朝鲜族教师队伍素质、有效经管朝鲜族学校等方案作为解决问题的途径。但是,从近年延吉市学生入学人数统计来看,这类问题仅仅依靠行政指令是不可能在短时间内见到实效的。一旦朝鲜族学生转到汉族学校的比例达到25%,那么朝鲜族学校因其生源枯竭只好"关门大吉",朝鲜族的民族教育也就彻底丧失了其自我复生的基础。

2. 朝鲜族教育日益呈现弱化的趋势

针对朝鲜族学生上汉族学校越来越普遍的问题,延边朝鲜族自治州教育行政和研究部门 2005 年出台了《延边朝鲜自治州朝鲜族中小学双语教学改革实施意见》,规定朝鲜族教育阶段的双语教学,是指以朝鲜语为基础语言学习第二语言的教学活动,是学生在学好本民族语言的同时学好第二语言,最终达到双语兼通的过程。《意见》还提炼了"精化朝语、强化汉语、优化外语"的 12 字改革方针。延边朝鲜族教育实施双语教学改革是大势所趋,但在实施过程中,尚有许多亟待解决的问题。

首先,突出了汉语,弱化了朝鲜语。一些学校把"精化朝语"错误地处理为弱化朝鲜语。为了强化汉语,有些学校甚至直接采用汉族学校的语文教材,教学内容、教学时数的安排与朝鲜族学校实际不相符,严重地影响了朝鲜文教学。以弱化朝鲜语教育而强化汉语教育来培养完全"汉化"的朝鲜族学生,认为这才是培养实用价值高的人才培养模式的观点是错误的。朝鲜族中小学的教师和部分教育管理工作者认为,朝鲜族学生大学毕业后不如汉族学生就业率高的原因"始终在于综合素质差、语言汉语文字能力不到家"。我们在问卷调查中发现,朝鲜族中学生对朝鲜语文的重视程度很低。在"朝鲜语文和其他科目相比你对哪一个更感兴趣"一栏中,1339 名学生中占 80.35% 的 1076 名学生选择了其他科目。学生家长对朝鲜语文教育也多持放任自流的态度,对朝鲜语文教育的重视度只有 25.76%。令人欣慰的是,还有 64.67% 的学生家长把朝鲜语文教育和其他科目一样重视,这说明家长们对朝鲜语文的热爱和钟情并没有完全失去。

朝鲜语文教育的弱化不仅表现在教学用语上,还具体反映在教材的编写上。中小学校的朝鲜语文课程是直接传授民族语言和文化的最佳途径和手段。因此,朝鲜语文教材的内容体系和知识结构应该与成长期青少年的民族文化教育互相呼应。目前,有些朝鲜族学校直接把汉族学校的教材翻译过来,因此教科书里没有关于朝鲜民族教育的内容。在这种情况下,朝鲜族学生民族意识越来越淡薄就不足为奇了。而要解决朝鲜族学校生源流失的问题,就得实施民族教育,唤醒受教育者的民族责任感,使之认识到融入汉族社会并不一定要牺牲民族语言和文化,而是应该提高自身的汉语水平,两者不但不矛盾,而且是可以相得益彰的。

其次,双语教学实验缺乏科学性和连贯性。比如有些实验班的学生小学时教学用朝鲜语授课,上中学后突然改为汉语授课,一时很难适应。同时,中小学双语课程内容在衔接上也存在问题。这是因为小学和中学双语教材分头编写,缺乏通盘设计,使得各级别的教材难度和梯度设计不够合理。

3.教育质量呈下降趋势

资质好的朝鲜族学生大量转学到汉族学校,"残缺家庭"学生的比例日趋增多以及朝鲜族教师队伍的不稳定,导致朝鲜族教育质量出现滑坡。20世纪90年代初,在高考以及教育行政部门统一安排的各种考试中,朝鲜族学校的成绩都优于汉族学校。但是近几年来除了朝鲜语文等朝鲜族学校特有的科目之外,数学、物理、化学等科目的教育水平越来越落后于汉族学校。特别是初中毕业考试成绩和高中入学考试成绩明显低于汉族学校。自治州教育委员会的统计资料表明,从朝鲜族学校和汉族学校各选9所学校比较数学考试成绩的结果,朝鲜族小学的合格率为44.8%,优秀率为4.85%;而汉族小学的合格率为69.4%,优秀率为9%。同样选8所中学比较数学考试成绩,结果显示朝鲜族中学的合格率为44.87%,优秀率为16.8%;而汉族中学的合格率为80.92%,优秀率为36.5%。和朝鲜族学校自身相比,问题依然严重存在。延吉市朝鲜族初中1995年度平均合格率为74.52%,现在则下滑到60.33%。

教育质量的下滑不仅表现在学习成绩的下滑,还表现在德、智、体、美全面发展这一基础教育所要达到的基本要求方面。近几年来,延吉市中小学体育项目比赛中的前三名几乎都来自汉族学校。应试为主的教育、以分数为评价学校的主要基准,造成忽略学生的个性培养,道德、知识、艺术、身体的全面发展也就流于空话。这首先集中表现在朝鲜族学生的理想和抱负不够明确及成功动机的不足上。在"你将来打算做什么"的问卷调查中,回答说想成为建设者的有18.8%,想挣大钱过舒服日子的有21.7%,想报答父母养育之恩的有 34.3%，想出国的有 19.4%，还不知道想做什么的有 6.6%。明确的奋斗目标和成功动机是推动一个人到达完美之境的内在动因。对处于成长期的青少年及早进行理想抱负教育，帮助他们树立成功动机是民族人才培养中不可或缺的重要教育内容，各级朝鲜族中小学校应予以足够的重视。

根据延边大学女性研究中心之调查资料显示，在 2505 名调查对象中有 1785 名独生子女，占总数的 71.3%；两个子女的为 676 名，占总数的 26.9%；两个以上的为 44 名，占总数的 1.7%。在家被捧为"小皇帝"的独生子女，自我中心意识强，谦让精神少而不懂得助人为乐。再加上学校教育的单一性和封闭性，这些孩子几乎没有机会接触社会生活。在这种封闭的生活当中，学生的团队意识和社会技能的发展实在是无法奢求。现代教育提倡积极发展学生的社会技能，熟练的社会技能是有效和他人进行合作并建立良好友谊的重要保证。在一个人的成功中，专业技术因素只占 15%，而其余 85% 则取决于人际关系和交际能力，因此目前朝鲜族学校的封闭式教育也应该及时加以改变。

四、促进民族地区教育发展的建议

民族地区教育的发展，关系到未来人口素质和劳动力的培育，关系到朝鲜族经济和社会的和谐发展，也关系到社会的稳定和可持续发展。为此提出如下建议：

(一)要解放思想，更新观念，树立正确的民族教育理念

传统的民族教育观念已经不再适应民族教育的发展，应该勇于打破陈旧的老观念，树立能够促进朝鲜民族教育改革和发展的新型的民族教育理念。集民族性、适应性、先进性为一体的民族教育观念，既具有民族特色又适应现代社会发展的较先进的教育理念，应该成为朝鲜民族教育改革和发展的基本内涵。通过召开教育研究学术研讨会，研究和学习国外优秀的民族教育经验等多种途径，努力树立正确的民族教育观。

(二)进行民族教育立法

通过立法,对与民族教育发展有关的一些重大问题从法律上作出详细的规定,诸如对教育经费的筹集和投入问题,对寄宿制学校的创办问题,对教育结构的调整问题以及对县级财政教育事业费有困难的地区给予补助等等。

(三)充分利用西部开发和自治州民族教育条例的相关政策,争取国家、省对民族地区基础教育发展的政策倾斜

建立与公共财政体制相适应的教育财政制度,将教育列入公共财政支持的重点领域,调整各级政府财政支出结构,严格执行教育投入有关规定,逐年提高预算内教育经费占财政支出的比例,力争到2010年财政性教育经费占国民生产总值的比例达到4.2%,并对财力确有困难的县市给予一定的补贴。

在加大政府投入力度的同时,努力拓宽经费来源渠道,鼓励企业、个人和社会各界捐资助学、投资办学,合理调整非义务教育阶段学费在培养成本中的比例;大力开展勤工俭学活动,积极发展校办产业,加快学校劳动实践场所建设等。为延边朝鲜自治州教育的长足发展创造有利条件,走出一条教育与经济、科技有机结合、相互促进、良性循环的发展道路。

(四)在残缺家庭学生已经形成不可忽视的群体的这种情况下,加快民族经济发展,增加朝鲜族本地就业机会

支持援助散杂地区建立民族学校,解决朝鲜族流动人口子女教育问题。加强和改善朝鲜族中小学寄宿条件,开办"集体宿舍",建立"学生之家"。加大对单亲和留守家庭的社会支持,特别是对单亲家庭的社会支持。采取在学校开设"心理健康咨询中心"等措施的同时,还要提高教师的综合素质,以便及时掌握学生的心理健康状况,给学生父母般的关爱,以最妥帖最感性的方式引导学生成健康成长。

(五)优先发展朝鲜族教育,保持其在全国民族教育的领先水平

以学校为单位开展有组织的民族教育。切实加强朝鲜族中小学"双语型"教师队伍建设,拓宽"双语"教师培训渠道,建设一批素质较高、数量充

足、基本稳定的"双语型"教师队伍。加大朝鲜族中小学校长和教师培训工作的力度,努力提高其工作能力和教育教学水平。深化"双语"教学改革实验,建立和完善"双语"教育评价体系,努力提高学生"双语"交流能力和综合运用能力,促进朝鲜族教育教学整体水平的大幅度提高。积极做好"小班化教育"实验,研究制定"小班化教育"实施办法。

贯彻落实《延边朝鲜族自治州朝鲜族教育条例》,采取切实有效措施增加投入,继续设立朝鲜族教育专项资金,提高朝鲜族学校学生补助标准,对贫困朝鲜族寄宿生和二胎学生给予资金补助,保证对朝鲜族教育在政策措施上的优先扶持。

(六)以提高教育质量为核心,扎实推进素质教育

把全面推进素质教育作为基础教育改革与发展的核心目标和中心工作。坚持以人为本,尊重学生身心发展规律和教育规律,重视培养学生的创新精神和实践能力,为学生全面发展和终身发展奠定基础。采取有效措施,努力建设推进素质教育的长效机制,形成政府主管、教育主抓、社会共同参与的全面推进素质教育的合力和环境。

加强和改进中小学德育工作,把理想信念教育、爱国主义教育、公民道德教育和基本素质教育贯穿于中小学教育始终。创新和改进德育工作方式方法,促进学校、社会、家庭教育的有机结合,切实增强德育的实效性和感染力。加强和改进学校体育工作,切实提高学生体质和健康水平。加强学生心理健康教育和青春期健康教育,优化学校艺术教育环境。倡导和组织学生参加生产劳动和社会实践活动。

(七)加快发展农村教育,促进城乡教育均衡协调发展

以建设社会主义新农村为导向,改革课程设置、教学内容和教学方法,坚持为农村经济建设服务的同时,兼顾升学的办学方向,切实从单纯的升学目标转移到提高农民素质、全面为当地经济和社会发展服务的教育改革方向上来。调整农村学校布局,合理划分学区,打破乡镇界限,努力提高教育资源的利用效益。加强农村教师培养与培训,拓宽教师来源渠道,继续组织实施高校毕业生和城镇骨干教师到农村任教工作。设立农村教师岗位专项资金,对在艰苦、贫困地区乡村长期任教且表现突出的教师实行奖励制度。

(八)切实加强教师队伍建设,努力提高教师的整体素质

把师德建设放在教师队伍建设的首位,认真组织实施以新理念、新课程、新技术和师德教育为重点的新一轮教师全员培训,建设一支师德素质过硬、学科结构合理、教学能力较强,适应全面推进素质教育要求的教师队伍。到2010年,力争小学专任教师达到专科以上学历的占90%,初中专任教师达到本科以上学历的占80%,高中段专任教师本科以上学历大幅提升,研究生学历比例达到5%。

加强教师教育制度的创新,推进教师教育的一体化建设进程。依托延边大学、延边教育学院等院校,加强对教师的培养培训,将教师教育逐步纳入高等教育系列,全面提升教师教育层次。完善以师范院校为主体、其他高等学校共同参与、培养与培训相衔接的开放的教师教育体系。逐步增加教师教育经费投入,通过参加全国教师教育网络联盟计划,实现延边朝鲜自治州教师教育的现代化。

(九)大力发展职业教育,努力提高为经济社会发展服务的功能

坚持内涵发展为主的原则,兼顾完善体系、服务经济、与其他各类教育相协调等需要,确定发展重点:在层次结构上,以建好延边高等职业技术教育机构为重点;在总体规模上,以适度扩张中等职业教育为重点;在建设内容上,以提高专业装备水平和"双师型"师资比重为重点;在制度创新上,以建立多元投入的混合型办学体制和运行机制为重点;在质量和效益上,以提供满足市场主体需要的优质服务方式、效果为重点。

建设完善乡镇成人教育机构,提高为"三农"服务的能力效果。乡镇农民(成人)文化技术学校的建设,应着眼于为"三农"服务的需要,首先为学校安排好与市场经济建设相协调的管理体制、办学体制和运行机制,建立健全科学合理的激励和约束机制,为学校从实际出发确定正确的办学方向、确保办学实效提供制度保障。再与农村和城市中小学布局调整结合起来,与各级各类教育机构的人事制度改革相结合,与广大教师自身发展前途相结合,注重闲置教育资源的优化配置,力争使乡镇农民(成人)文化技术学校的建设,成为实现延边朝鲜自治州教育结构、规模、质量和效益相协调的促动力量。

积极筹建延边高等职业技术教育机构,完善延边朝鲜自治州的职成教层次结构。根据延边朝鲜自治州经济建设和高级技术人才需求的需要,按照国家、省、州职教工作会议精神,力争在"十一五"期间,建成延边高等职业技术教育机构,完善延边朝鲜自治州的职业教育体系。

多渠道筹措教育经费,加大对职业教育的投入。设立职业教育专项经费,逐步提高城市教育费附加用于职业教育的比例,鼓励支持民间投资职业教育,重点做好职业学校实训基地建设、充实教学设备、资助贫困生等项工作。

(十)加强教育信息化建设,提高现代信息技术的应用水平

加快延边朝鲜自治州的教育信息资源网络建设,构建全州"双语"平台资源中心和教育信息资源网络中心,实现全州教育资源共享;加大对朝鲜族音像教材及教学资源库建设的投入,建设朝鲜族中小学的数字化教学资源,为朝鲜族教育改革和发展服务。

全面普及中小学信息技术教育,推进现代信息技术教育教学方式方法的改革,努力探索和建立信息技术课程考试评价方法,提高信息技术课程教学质量;积极发展和应用现代远程教育,充分发挥远程教育在农村学校教学等方面的功能作用,更好地为延边朝鲜自治州教育发展和经济建设服务。

加强信息技术教育科研,实现信息技术与学科课程的有机整合,加强中小学信息技术教师队伍建设,提高全体教师运用信息技术开展教育教学的能力。加强教育技术装备建设,不断提高中小学实验室、图书室、卫生室及其他专用功能教室的装备水平。

附录六 延边朝鲜自治州基础设施建设调研报告

一、延边朝鲜自治州的社会经济发展的现状

延边朝鲜族自治州成立于 1952 年 9 月 3 日,是我国最大的朝鲜族聚居区和东北唯一的少数民族自治州。延边朝鲜自治州位于吉林省东部,幅员面积 4.27 万平方公里,约占吉林省总面积的 1/4,下辖延吉、图们、敦化、珲春、龙井、和龙 6 市和汪清、安图 2 县,首府所在地为延吉市。至 2007 年末,全州户籍总人口为 218.04 万人,比上年末增加 2417 人。其中:非农业人口 143.59 万人,占总人口的 65.85%;农业人口 74.45 万人,占总人口的 34.15%。人口出生率为 7.93‰,死亡率为 6.32‰,自然增长率为 1.61‰。年末总人口中朝鲜族人口 80.77 万人,占总人口的 37.05%,所占比重比上年下降 0.22 个百分点。

(一)区位得天独厚

延边地处中俄朝三国交界处,东与俄罗斯滨海边疆区接壤,南隔图们江与朝鲜咸境北道、两江道毗邻,濒临日本海,与韩日相望。边境线长达 768.5 公里,其中中朝 522.5 公里,中俄 246 公里。有 5 个边境县市,18 个边境乡镇,11 处对外开放口岸,年过货能力 610 万吨,过客能力 290 万人次。是中国东北沟通内外的重要"窗口",也是东北亚区域经济、人口、地理三个重心的交汇点,是吉林省对外开放开发和对外经贸的最前沿,是国内企业进军俄、朝的重要桥头堡,区位独特,优势明显,发展潜力巨大。珲春市是 1992 年国家批准的 12 个沿边开放城市之一。2004 年,珲春口岸获准开展口岸

签证业务。图们江地区国际合作开发引起世界关注,环日本海地方首脑会议已经形成机制。延边朝鲜自治州委、州政府2006年正式确立并启动延龙图一体化战略以来,2007年6月20日,省政府对延边朝鲜自治州政府《关于审批延吉龙井图们城市空间发展规划纲要的请示》作出批复,这标志着《延吉龙井图们城市空间发展规划纲要》(以下简称《规划纲要》)已正式通过省政府的审查批准,进入启动实施阶段。同时,《规划纲要》的出台,也为区域基础设施项目建设提供了规划依据,布尔哈通河朝阳川至延吉段综合整治工程等一批具有一体化带动作用的重大基础设施项目将陆续进入实施阶段。

(二)自然资源丰富

延边朝鲜自治州自然资源丰富。一是土地资源丰富。延边地域辽阔,据2008年上半年统计,耕地面积31万公顷,占土地面积的7.26%。二是林木资源丰富。延边地处长白山区,素有“长白林海”之称。林业用地面积353.59万公顷,有林地面积322.82万公顷,林木绿化率80.8%,活立木蓄积量3.76亿立方米,有林地蓄积量3.68亿立方米,森林覆盖率79.5%。三是水资源丰富。境内有大小河流470条,水能蕴藏量140.5万千瓦。矿泉水资源异常丰富,是我国少有的饮用天然矿泉水集中分布区之一,安图县被命名为“长白山大型矿泉水基地”,仅二道白河地区日出水量就达12万立方米,开发潜力巨大。四是动植物资源丰富。长白山是我国五大天然药库之一。野生经济植物达1619余种,其中药用植物646多种。有野生动物1586多种。境内盛产被誉为“东北三宝”的人参、鹿茸、貂皮,鹿茸和人参产量居国内第一,延边的大米、烟叶、苹果梨、黄牛等也驰名中外。五是矿产资源丰富。州内已探明50多种金属矿产和40多种非金属矿产。煤炭、油页岩、石灰石、黄金等资源十分丰富,储量巨大。六是旅游资源丰富。延边自然生态保存完好,长白山作为中国十大名山之一,气势雄伟,风光奇特,景色宜人,是闻名中外的旅游胜地;“鸡鸣闻三国、犬吠惊三疆”的独特边境风貌,更是令人流连忘返。

(三)基础设施完备

延边地区已形成公路、铁路、航空并行、陆海相连、立体交通运输网络。铁路可直达吉林、长春、沈阳、大连、北京、哈尔滨及朝鲜、俄罗斯。东边道铁路和龙至二道白河段已开工。海上开通了通过朝鲜罗津和俄罗斯扎鲁比诺、韩国束草的航线。延吉机场达到4C级标准,已获批为国际空港,开通了至北京、上海、天津、长春、沈阳、大连、青岛、烟台和广州以及韩国仁川等众多国内外航线。州内公路四通八达,县(市)、乡(镇)间均有等级公路相连。投资40多亿元的长春至珲春高速公路2008年"十一"前全线通车。以首府延吉市为中心的1小时经济圈即将形成。延吉至长白山景区的高速公路也在筹建当中。延边通信十分发达。2007年末,全州电话交换机总容量达到195.2万门,比上年增加1.4万门。本地电话用户101.9万户,增加8.7万户,其中住宅电话92.1万户;全年长途电话通话时长3.1亿分钟,增加1.3亿分钟,其中国际电话长途通话时长693.7万分钟。2007年末移动电话用户达到146.1万户,比上年增加22.2万户,增长17.9%。互联网用户达到38.0万户,增加6.7万户,增长21.4%,其中宽带接入用户16.5万户,增加3.5万户,增长26.9%。

(四)政策环境优越

延边作为少数民族地区,50多年来一直享受着党和国家民族区域自治政策的关怀;作为欠发达的边疆地区,经过争取,延边朝鲜自治州在2001年被国务院批准为东北唯一享受西部开发政策的地区;随着国家振兴东北老工业基地战略的实施,又享受到东北老工业基地振兴政策。目前,延边是国内同时享受民族区域自治、西部大开发和振兴东北老工业基地等三大"国字号"优惠政策的唯一地区,政策优势极为突出。同时,州内有一个国家级开发区,三个省级开发区。珲春边境经济合作区是1992年经国务院批准设立的国家级经济开发区,是联合国开发计划署(UNDP)积极倡导的图们江地区国际合作开发的核心区域。2000年和2001年,国务院又先后在合作区内批准设立了珲春出口加工区和珲春中俄互市贸易区,使合作区成为国内仅有的国家级开发区、出口加工区和互市贸易区于一体,三区联动、优势互补、充满活力、前景更加广阔的新型经济区。近年来,延边朝鲜自治州吸引了娃哈哈、汇源、大唐集团、深圳宝安、中竹纸业、珲春紫金矿业等数十家知名品牌企业落户延边。

(五)经济快速发展

建州50多年来,延边朝鲜自治州的经济建设和社会发展取得了长足的进步,经济实力不断增强,人民生活水平不断提高。2007年,延边朝鲜自治州实施"以新型工业化为核心、以对外开放为主导、以项目建设为突破口、以环境建设为保障"的经济发展战略,国民经济与社会发展速度明显加快,结构继续优化,效益大幅提高,民生状况不断改善,呈现出又好又快的运行态势,在建设繁荣富裕、文明和谐新延边的征途上迈出了坚实的步伐。

2007年,延边生产总值实现307.2亿元,比上年增长17.9%,增速高于上年5.7个百分点,分别高于全国、全省平均水平6.5和1.8个百分点,为20年来增速最快的一年。其中:第一产业增加值39.0亿元,增长3.5%;第二产业增加值136.2亿元,增长24.7%;第三产业增加值132.0亿元,增长15.9%。人均延边生产总值达到14098元,比上年增长17.8%。2007年末,全州城乡居民储蓄存款余额(本外币)为366.1亿元,比年初下降3.5亿元;人均储蓄存款余额16979元,下降1.1%。受人民币快速升值影响,外币存款持续走低,2007年末外币存款余额为2.5亿美元,比年初下降0.6亿美元。2007年外贸进出口总额14.5亿美元,比上年增长29.9%。共派出劳务人员1.7万人次,当年外派劳务人员5292人次。全年因私涉外收入达10.0亿美元,下降5.0%。

(六)社会事业繁荣

延边素有"教育之乡"、"足球之乡"、"歌舞之乡"的美誉。延边崇文重教的氛围浓厚,全州形成了从幼儿教育到高等教育的完整体系,义务教育普及程度和受过高等教育的人数比例在全国少数民族地区中始终名列前茅。延边大学是集理工、师范、艺术、农、医、药等为一体的综合性大学,被国家列为21世纪重点建设的百所高校之一。朝鲜族以能歌善舞闻名于世,2007年,全州专业艺术再现风采。在第六届中国舞蹈"荷花奖"大地之舞杯民族民间舞蹈大赛上,延边歌舞团男子群舞《书魂》荣获银奖。民族体育繁荣发达,延边足球一直以来都在中国足坛占据着一个重要位置。20世纪50年代到今,延边为中国国家队培养出了高钟勋、金光柱、李红军等40余名国脚,还向其他省市足球队输送400多名足球人才,是全国有名的出足球运动员的地区。全州拥有广播电台8座,电视台9座,广播人口覆盖率达99.7%,电视人口覆盖率达97.3%。年出版报纸2788万份,出版各类杂志59万册,出版图书2497万册。2007年末,全州共有各种卫生机构232个。全州拥有专业卫生技术人员10484人,其中:执业医师3970人,注册护士3657人。卫生机构拥有病床8283张。平均每万人拥有卫生技术人员48人,拥有病床37张。

二、延边朝鲜自治州财政状况、基本特征

延边朝鲜自治州的财政工作,随着财政体制改革的逐步深化以及新一轮税制改革、农业税及一般特产税(除烟叶税外)等税种的取消、税源的减少,在重重压力面前,财政部门把握西部大开发和振兴东北老工业基地的历史机遇,迅速调整思路,工作重点逐渐转移到财源建设上来,千方百计壮大工业骨干财源,积极巩固农业基础财源,放开培植第三产业新兴财源,逐步构筑整理渠道、全方位的财源体系。财政部门围绕"项目建设、城镇化建设、软环境建设和社会保障体系建设"等四项重点工作,积极组织财政收入,着力调整支出结构,努力构建公共财政体系,深化财政改革,财政收支规模进一步扩大,财政收入稳步增长,财力保障水平有所提高。延边财政为民族地区经济繁荣、社会各项事业健康发展提供了财力保障。

(一)财政收支与经济增长变化情况

财政对于经济社会发展和社会主义市场经济的建立发挥了重要的促进作用,经济决定财政,财政反作用于经济。随着GDP增长幅度的加大,财政收入增长的速度必然加快,GDP对财政收入的贡献率必然会加大。

表1 GDP与财政收入增长速度的比较

	2000年	2001年	2002年	2003年	2004年	2005年	2006年	2007年
州内总值(GDP)(亿元)	129.36	140	151.9	171.5	196.0	212.1	243.4	305
全口径财政收入(亿元)	14.9	16.5	18.8	20.9	23.0	32.3	42.6	52.7
财政收入/GDP比重(%)	11.5	11.8	12.1	12.2	12.4	15.2	17.5	17.3

期间两项指标的增长速度为:

	2003年	2004年	2005年	2006年	2007年
GDP增长速度(%)	10.7	14.3	8.25	12.1	18.0
财政收入增长速度(%)	11.0	10.0	40.4	31.9	23.7

表2 财政收入与支出增长情况比较

年份	全口径收入(万元)	增长率%	地方级收入(万元)	增长率%	财政支出(万元)	增长率%
2000年	149,587		62,770		199,615	
2001年	165,414	10.6	91,748	46.2	249,072	24.8
2002年	188,459	13.9	94,094	2.6	309,440	24.2
2003年	209,129	11.0	103,354	9.8	358,791	15.9
2004年	230,009	10.0	115,773	12.0	424,236	18.2
2005年	323,118	40.4	134,252	16.0	569,152	34.2
2006年	426,000	31.9	207,000	31.9	666,000	17
2007年	527,000	23.7	259,000	25.1		

从以上数字不难看出,近年来延边朝鲜自治州经济保持了平稳较快发展,延边生产总值由2002年的151.9亿元增加到305亿元,年均增长11.9%。与之相伴的是财政收支也保持了稳定的增长,全口径财政收入由18.8亿元增加到52.7亿元,年均增长22.9%,其中地方级财政收入由7.1亿元增加到25.9亿元,年均增长29.6%,形成了"GDP增长—财政收支增长—GDP增长"的良性互动。经济的稳步发展,财政收入的逐年提高,保证

了各项重点支出的要求,实现了收支平衡,维护了全州改革发展和稳定的大局。

(二)延边朝鲜自治州财政基本特点

延边朝鲜自治州财政运行态势,主要呈现以下几个特点:

1. 财政收入质量逐步提高,发展速度明显加快。随着延边朝鲜自治州经济调整期向发展期平稳过渡,新的经济增长点正逐步形成,财政收入的基础进一步夯实。从收入质量来看,在组织收入工作中不但克服了虚收超缴,而且还积极处理和消化了多年沉积下来的历史欠账,财政收入对经济发展的依存度更加清晰。2007 年全州财政收入完成 52.7 亿元,增长 23.7%,与全州国民生产总值保持了同步增长,财政收入占 GDP 的比重达到 17.3%,国民经济发展带动财政收入的能力有所提高。

2. 收入均衡缴库质量有明显改善。近两年,由于对税收政策的调整、征管体制的改革、征收办法改革创新、重点税源企业监管力度的加大,尤其以项目建设为突破口的重点工作在全州范围内的整体推进,为各县、市经济的稳定发展营造较好的经济政策环境和组织收入环境,县、市组织收入的总体水平有较大提高。近年,随着国民经济的迅速恢复和持续趋好以及增收节支工作的进一步加强,财政收入保持了较快增长,各年按季分月组织收入进度均完成均衡缴库目标任务,而且没有发生年末堆税现象,收入均衡缴库质量有明显改善。

3. 财政资金的争取力度进一步加大,财政经济实力不断增强。在经济发展和财政收入稳步增长的同时,财政供给能力有了很大提高。通过结构调整,重点支出的保障能力得到加强。按现有工资发放标准,各县、市均没有发生新的欠发工资现象,极大维护和促进了全州社会稳定。

三、延边朝鲜自治州的基础设施建设

延边朝鲜自治州作为边疆民族地区,传统上经济较为落后,国家投入少,经济发展起步晚,经济基础薄弱,基础设施建设滞后。近年来,随着经济的较快发展,在国家、省的支持下,在自治州党委和政府的领导下,延边的基础设施建设取得了突飞猛进的发展,目前已经建成了比较完备的交通、通信等基础设施体系。

(一)延边已形成公路、铁路、航空三路畅通、纵横交错的交通运输网

航空:延吉机场位于延吉西南。最近几年延吉机场的客运量和货运量都有迅速的发展。主要口岸:延边有 8 个边境口岸,其中,珲春(长岭子)为中俄边境口岸,其余的都是中朝边境口岸,即南坪、三合、开山屯、图们、沙坨子、古城里和圈河。

公路:全州现有各级公路 66 条,总里程 3875 公里,其中有 460 公里达到国家公路标准。公路密度平均每平方公里 6.09 公里,从西南往东北方向的主干道与吉林省省会长春和黑龙江省省会哈尔滨连接,再往北与俄罗斯边境城市布拉戈维申斯克连接;南面与辽宁省省会沈阳相接,再往南与大连和北京相接。截至 2007 年末,全州公路总里程达到 8427 公里,其中一级以上(含一级)公路 138.7 公里,二级公路 1502 公里。开工建设了黄松甸至珲春高速公路,龙井至和龙、汪清至延吉一级公路,马滴达至省界、汪清经复兴至省界、和龙至三道二级公路等省州重点工程,全州公路主骨架网络基本形成。全州乡(镇)通沥青(水泥)路率达到 95.5%,行政村通沥青(水泥)率达到 63.2%,为新农村建设创造了良好条件。公路养护质量不断提高,干线公路好路率达到 91.6%,实现了畅、洁、绿、美、舒、安的目标。等级客运站达到 50 个,货运站 6 个,营运性客、货、出租汽车分别达到 1720 辆、12468 辆和 8270 辆,公路客、货运量占全社会客、货运总量的 85.1% 和 85.7%。客运班线达到 511 条,行政村通客车率达 100%,服务功能进一步完善,运输枢纽布局基本形成。

铁路:延边有几条主要铁路与内地和俄罗斯、朝鲜相通。一条干线向南通过辽宁沈阳到达大连和北京,往北通过长春到达黑龙江省哈尔滨;延吉以北则有通往黑龙江省牡丹江的铁路与内蒙古至乌苏里斯克和符拉迪沃斯托克的西伯利亚铁路连接。

水路:图们江是中国内陆通向日本海的唯一水上通道,也是中国通往俄罗斯远东沿海乃至美国西海岸的唯一水上通道。延边的珲春市位于图们江

下游地区中、俄、朝三国交界处,正处在东北亚经济合作的几何中心,其最近处距日本海只有15公里。已开通从珲春圈河口岸经朝鲜罗津港到韩国釜山港、从珲春口岸经俄罗斯扎鲁比诺港至韩国釜山港的两条海上运输线,这两条航线还分别延伸到日本的大孤港和新舄港。

通信:延边有完善的通信设施。2007年末,全州电话交换机总容量达到195.2万门,比上年增加1.4万门。本地电话用户101.9万户,增加8.7万户,其中住宅电话92.1万户;全年长途电话通话时长3.1亿分钟,增加1.3亿分钟,其中国际电话长途通话时长693.7万分钟。2007年末移动电话用户达到146.1万户,比上年增加22.2万户,增长17.9%。互联网用户达到38.0万户,增加6.7万户,增长21.4%,其中宽带接入用户16.5万户,增加3.5万户,增长26.9%。

口岸:延边朝鲜自治州与朝鲜、俄罗斯在边境线上设有11处口岸。其中7处,分别坐落在和龙、龙井、图们、珲春4个市。对俄口岸1处,坐落在珲春市。8处口岸中,一类口岸5个,二类口岸3个。"八五"期间平均年过货能量170万吨,其中,边境、地方易货贸易过货量平均每年为135万吨,"边地"易货贸易总额为2.46亿美元。口岸出入境人员平均每年达到11.6万人次。

(二)政府加大基础设施建设投入,改善边境地区居民生活

结合边疆边境、少数民族地区发展缓慢的实际,延边朝鲜自治州政府紧紧抓住享受西部大开发优惠政策、振兴东北老工业基地的历史机遇,依靠边境地区干部群众积极开展兴边富民活动,下大决心力争5年左右时间使全州边境乡镇建设成为经济较为发达、城镇基础设施配套完善、功能基本健全、贫困人口脱贫、人民安居乐业的边境城镇。筹集、争取更多的资金和项目,重点做好供水、供电、道路、通信等工程,建设功能基本健全的边境乡镇。

1.自治州政府加大旅游开发、边境建设的力度,投入大量资金发展边境地区的各项事业。通过各种途径向上级争取到了"中央国债、国家专项、国家补助以及中央预算、省预算拨款",用于界河治理、口岸建设等;通过招商引资、政府投入,开发旅游项目,改善边境地区居民生活、居住环境、旅游景点环境。长白山脚下的安图县政府投资 2.9 亿元,建成了全长 202 公里县城通往长白山高等级旅游公路,旅游交通十分便利。投资 7,000 余万元,建成了 45 个移动电话基站,全县旅游沿线通讯情况基本消除了盲区,就是在长白山顶也可以清晰地通话。

2. 国家及省州各级政府充分利用转移支付和国债专项资金以及财政扶贫资金,积极行动起来开展兴边富民,边境居民的衣食住行、生活质量有了明显的提高。边境开发城市、全国十大富边兴民试点市珲春市首先建立"兴边富民行动"项目库,先后争取国家资金 800 万元用于"兴边富民活动"。

3. 不断加大对边境基础设施建设投入力度,促进边境地区的进一步对外开放,维护边境地区的社会稳定和经济发展。珲春市公共基础社社建设进度加快,现有城市面积 434 平方公里,城市人口密度 496 人/平方公里。人均拥有道路面积 12.97 平方米;人均公共绿地 2.33 平方米;供水综合生产能力 7.91 万立方米。由于加强了公共设施建设,珲春市民的生活条件有了很发大的改观。和龙井边境交通也有了明显改善。边境三个乡镇的村屯全部铺上了地下光缆,有线电视进入了千家万户。龙井市有三合、开山屯两个国家一级陆路口岸的区位优势,现已开通多项出境旅游项目。龙井至三合口岸二级公路是延边地区公路的重要组成部分,是通往朝鲜的主要公路,既是吉林省利用朝鲜清律港出海的交通要到,又是一条旅游公路,具有独特的区位优势和便利的交通条件。是改善少数民族地区人民群众生产和生活条件的脱贫路、致富路,对于完善延边地区公路网整体布局,推动延边地区乃至全省的经济发展、巩固边防,促进边陲地区的稳定,都具有十分重要的意义。

(三) 在 2003~2007 年的 5 年中,延边朝鲜自治州基础设施建设取得了较大发展

延龙图一体化全面启动,《延吉、龙井、图们城市空间发展规划纲要》和《一山两河一区规划》颁布实施。城市基础设施建设累计投入 51.1 亿元,是前 5 年的 3.6 倍,一批城市集中供热、污水处理等项目投入使用。城市绿化力度加大,街路、河道等得到整修,人居环境不断改善。逐步实现三市规

划统筹、产业同筹、交通同网、市场同体等一体化目标,增强了延龙图区域经济活力和竞争力。

公路建设完成投资 112 亿元,是前 5 年的 3.2 倍,通车里程由 5786.4 公里增加到 8232.8 公里。东北东部铁路和龙至白河段、长珲高速公路长春至延吉段实现竣工通车。新建和加固江河堤防 422 公里,完成 14 座中小型水库除险加固。珲春老龙口水利枢纽工程等一批重大基础设施项目进展顺利。

加快农村基础设施建设和农村公共事业发展。重点抓好乡村道路、供电、通信、改水改厕、农房改造和农田水利基本建设。投资 2 亿元,加快朝阳川至太阳等乡村公路项目建设;投资 3 亿元,新建 250 公里西部通油路和改造 350 公里农村公路,完成 95 条行政村油路建设。继续实施"新居工程",投资 1.7 亿元,改造泥草房 8500 户。加大农村教育、文化、卫生等方面的投入,加快发展农村公共事业。

头道镇龙门南干渠续建工程历经近 5 年的努力于 2008 年 8 月 20 日全面竣工。龙门干渠工程于 2004 年起投入建设,5 年累计投入财政资金 1274 万元,铺设龙门南干渠、北干渠总长 13680 米、建渠系建筑物 79 座。龙门干渠投入使用后年节约水量 273 万立方米,新增节水灌溉面积 1.3 万亩,项目区直接受益农民 1600 户。

(四)延边朝鲜自治州一批重要基础设施建设也于近期正式启动

连接延吉市与朝阳川镇的长白山路延伸线市政公路、延吉市至朝阳川镇段的布尔哈通河堤防等一批重点工程建设项目已经完成规划设计,延吉市外环路北出口、龙井—朝阳川—高速公路连接线,近期将全面开工建设。

促进龙井市与延吉市经济融合的州新兴工业集中区、龙井市新兴工业集中区建设进展顺利。截至目前,州和龙井市新兴工业集中区已完成基础设施投资近 3 亿元,完成征地 120 多万平方米。清华紫光古汉人参数字化产业基地等近 20 个项目近期将分批入驻两工业园区,已签投资合约近 20 亿元。

此外,延边朝鲜自治州部分城际公路建设项目前期工作已正式启动。

延吉市—龙井市城际公路项目已进入线路踏察和规划、设计阶段,有望年内开工建设。计划用3~5年时间,完成延龙图区域畅通快捷的城际交通通道建设。延吉市西部新区的开发建设也已正式启动。以延边朝鲜自治州行政办公中心为先导的延吉市西部新城区建设项目已经完成新区的整体规划及项目审批,目前已经完成土地征用、拆迁等项工作,即将进入全面开工建设,有望成为推动延吉市与朝阳川镇城市一体化进程的导向工程。

(五)根据延边朝鲜自治州相关部门的介绍,在未来的几年,延边还将进行一系列基础设施建设项目

突出抓好以交通、能源电力、水利为重点的基础设施建设,完善区域交通网络。2010年实现长春至珲春高速公路全线贯通,延吉至州内各县市实现一级以上公路连接。争取开工建设长白山高速公路。推动与周边省市地区的高等级公路连接。争取将珲春至东宁段铁路纳入国家建设规划。优化电网布局,抓好50万千瓦输变电工程等一批电力基础设施建设。加强工程水利和资源水利建设,开工建设二道松花江梯级电站、碧水电站等项目。

加快推进延龙图一体化进程,抓紧做好延吉、龙井、图们三市总体规划和土地等专项规划修编,尽快启动延龙图三市共享的基础设施项目。积极做好布尔哈通河、延吉河、帽儿山等城区重点区块的控制性详规和城市景观设计,加快延吉市西部城区改造和州行政中心建设步伐。多渠道筹措建设资金,重点抓好一批城建项目。深入开展创建卫生城市、园林城市、文明城市活动,提高绿化、亮化、净化、美化水平。加强政府宏观调控,促进房地产业健康发展,落实新农村建设规划,加大政策、资金倾斜和部门帮扶力度,搞好项目对接,加强农村公共设施和社会事业建设。抓好以改厕、垃圾处理等为重点的村镇环境综合整治。启动21座中小型水库除险加固工程。搞好农村饮水工程建设,解决40个村屯、2.5万人饮水安全问题。

加强对外通道建设,积极推进中朝"路港区"、中俄"路港口岸"项目建设,抓紧开通珲春经扎鲁比诺至日本的陆海联运航线。进一步开拓俄罗斯、朝鲜及欧美市场,提高外贸质量和效益。加强外派劳务基地建设,推进外派劳务市场多元化和规范化。完善各类开发区和工业集中区功能,搞好服务,吸引更多企业入驻。重点支持珲春"三区"加快发展,州新兴工业集中区完成起步区"七通一平"建设。完善招商激励机制,采取定向、定位、定企和委托代理等招商方式,大力开展招商引资。

可以预计,在完成这一系列的建设项目之后,延边的基础设施将更加完备,投资环境更加优越,这对吸引外部投资,促进地方经济发展将有深刻而长远的意义。同时,对当地广大群众的生活环境改善、生活质量提高,对社会主义和谐社会的建设都将产生有益的促进作用。

四、延边基础设施建设存在的问题及建议

近年来,伴随着经济社会发展,延边的基础设施建设取得了很大的成就,但是,发展的过程中也暴露出不少问题,其中最为主要的问题是地方财力不强,对基础设施建设的投入往往心有余而力不足,加之长期基础设施建设积累下来较多的欠账,对加快发展形成了硬约束。普遍存在的一个情况是,一项基建项目得到了国家、省的拨款后,在实际建设过程中,常由于地方的配套资金跟不上导致项目不能正常完成或者是质量、规格难以得到保证。

延边所面临的基础设施建设财政资金不足的问题,实际上也是全国很多欠发达地区,尤其是边疆少数民族地区面临的问题。面对这个带有普遍性的问题,各地形成了很多好的解决思路,对延边朝鲜自治州应该有所启发。在各地的基础设施建设实践中,最为引人注目的变化就是基础设施建设融资机制的创新。

20世纪90年代以来,很多地区面对基础设施建设资金匮乏的局面,对基础设施建设的融资机制进行了一些变化:一是投资渠道的多元化开始形成,公路、民航、城市基础设施及一些水利工程项目中,形成了中央财政与国债、地方财政与自筹、信贷、利用外资、"以工代赈"等多种投资渠道,初步改变了单纯依靠国家投资的局面;二是出现了市场化的投资机制,很多建设项目都利用了贷款,一些公路建设项目还使用了外资,市场化融资缓解了政府投资的不足,促进了基础设施建设的快速发展;三是不同基础设施建设项目的融资渠道发生了重大变化,铁路、民航及一些国家重大工程项目,中央投

资仍占较大比重和主导地位,而在公路建设、城市基础设施及一些中小型项目中,地方投资及市场化的融资开始占据主体地位;四是不同地区的地方政府在基础设施建设中的投资比重各不相同,在经济实力相对较强的地区,地方政府发挥着更大的作用,而在经济实力薄弱、财政主要依靠转移支付的地区,基础设施建设投资仍主要依靠中央投资。由此可见,基础设施建设与当地经济实力密切相关,地方经济实力强,基础设施建设发展速度相对就快一些。

由此可得出加大基础设施建设力度,解决基础设施建设财政资金不足问题的对策:

(一)深入推进市政公用事业的市场化改革

围绕解决城市基础设施建设和管理中存在的深层次矛盾和问题,要不断完善市场化改革政策。进一步开放投资市场,完善规范的政府监管制度,鼓励和引导国内外资本投资市政公用设施建设,促进投资主体与融资渠道的多元化,加快建立政府引导、产业化运作的市政公用设施经营管理体制。

(二)深化融投资体制改革,实行多元筹资政策

充分发挥财政资金的导向作用,通过综合运用土地资本,基础设施存量和其他经济要素,面向市场、面向社会、面向全方位、构建投资主体多元化、资金运作市场化、经营方式多样化的新格局,建立基础设施融投资新体制。投资规模大、投资周期长,回报率低是基础设施项目一直难以吸引资本投入的主要原因。应加快对应政策制定,推出优惠政策措施,进行项目投资回报补偿,打开多元化投资局面。

(三)重视资源利用,着力引导基础设施经营市场化

地区的发展已积累了大量的资产,如自然生成的土地资源、人力生成的基础设施、公益设施等资源,还有其他政策、文化、历史、使用权、管理权、冠名权等无形资源,用好市场化手段进行市场化经营,盘活资源,把以基础设施为主的有形资产和其他相关延伸的无形资产推向市场,进行市场化经营,从中获取最大效益。

(四)抓好推介项目包装宣传,积极开展项目招商

继续认真落实政府对招商引资工作的有关政策,千方百计请进来、走出去,进行项目的推介和项目洽谈。放开政策,降低门槛,强化服务,落实责任,扎扎实实开展好招商引资工作。

(五)最后还要在财政政策上有一定的倾斜力度

通过多元化筹资、市场化经营的基础设施投融资体制的建立和运作,打破基础设施建设资金不足的瓶颈,依托市场,拓宽融资渠道,推进地区现代化进程。尽快建立以政府财政资金投入为导向,社会资金投入为主体,引进外资为补充的多元化基础设施建设投融资体制,形成自我补偿,滚动增值的良性投融资机制,达到有钱搞好基础设施建设、促进地区经济发展和社会进步的根本目的。

参考文献

[1] 齐守印、马海涛:《公共财政概论》,经济科学出版社 2005 年版。

[2] 吕旺实:《公共财政制度》,中国财政经济出版社 2002 年版。

[3] 金人庆:《完善公共财政制度,逐步实现基本公共服务均等化》,《求是》2006 年第 22 期。

[4] 刘晓燕、郑敏、严兴华:《公共财政理论的发展与我国公共财政理论基础选择》,《财会月刊》2008 年第 8 期。

[5] 陈鸿宇:《区域经济学新论》,广东经济出版社 1998 年版。

[6] 白雪梅:《中国区域经济发展的比较研究》,财政经济出版社 1998 年版。

[6]《中国中西部地区开发年鉴》,中国财政经济出版社 2003 年版。

[7]《马克思恩格斯全集》,人民出版社 1975 年版。

[8] 红梅:《中国少数民族经济政策 50 年》,《广西民族研究》2000 年第 2 期。

[9] 善迈、育红、张晓红:《建立政府间转移支付制度的理论与制度分析》,《北京师范大学学报》1998 年第 5 期。

[10] 邓子基:《财政学》,中国人民大学出版社 2001 年版。

[11] 黄勇:《民族地区财政转移支付制度研究》,中央民族大学硕士论文 2005 年。

[12] 宋全:《论市场经济条件下民族优惠政策的坚持和完善》,《中央民族大学学报》(社会科学版)1999 年第 2 期。

[13] 尹志超:《全面小康与民族地区财政制度的完善》,《重庆工商大学学报》(西部论坛)2006 年第 8 期。

［14］曾显春、陈晓丽：《分税制下的民族地区财政问题》，《四川财政》1998
年第 6 期。

［15］曾康华：《分税制与民族地区财政.吉首大学学报》（社会科学版）1996
年第 4 期。

［16］阿斯哈尔·吐尔逊：《对我国少数民族地区财政转移支付制度的再思
考》，《新疆财经学院》2006 年第 6 期。

［17］国务院新闻办公室：《新疆的历史与发展》白皮书，2003 年 5 月 26 日，
新华网 http://news. xinhuanet. com/newscenter/2003 - 05/26/content -
887248. htm.

［18］李宁：《建立规范的财政转移支付制度,加快民族地区社会经济发展》，
《湖湘论坛》2003 年 6 期。

［19］杨志勇、张馨：《公共经济学》，清华大学出版社 2005 年版。

［20］中国财政学会民族地区财政研究专业委员会：《2005 / 06 年度中国民
族地区财政报告》，中国财政经济出版社 2007 年版。

［21］朱玉福：《改革开放 30 年来少数民族义务教育事业发展综述》，《贵州
师范大学学报》2008 年第 5 期。

［22］刘宇飞：《当代西方财政学》，北京大学出版社 2000 年版。

［23］中共中央、国务院：《关于进一步加强农村卫生工作的决定》，中发
［2002］13 号,www. gov. cn.

［24］财政部、国家发改委、卫生部：《关于农村卫生事业补助政策的若干意
见》，http://law. baidu. com/pages/chinalaw in f014151lfgf311bcof27b5
be0096fcf02f728d08_o. htm.

［25］国务院：《关于公共卫生事件应急条例》，http://www. fzwater. com/new-
zlsgs/browsegsl. jsp.

［26］国务院办公厅：《转发卫生部等部门关于建立新型农村合作医疗制度
意见的通知》，国办发［2003］3 号。

［27］卫生部、财政部、农业部：《关于建立新型农村合作医疗制度的意见》，
中发［2001］13 号

[28] 河南省人民政府:《关于转发省卫生厅等部门关于建立新型农村合作医疗制度实施意见的通知》,2003 年 5 月 6 日,http://www.china-lawedu.com/news/.

[29] 海闻、刘刚、王健:《中国农村卫生问题研究》,《中国卫生经济》2002 年第 3 期。

[30] 杨建旺、倪星:《试论农村卫生工作中的政府角色定位》,《中国卫生事业管理》2003 年第 7 期

[31] 张文兵:《中国农村卫生医疗保障制度建设路径》,《中国农村经济》2003 年第 3 期。

[32] 王红漫、高红:《我国农村卫生保障制度中政府角色的定位》,《北京大学学报》2003 年第 4 期。

[33] 王春梅、况成云:《发展农村卫生事业的政策保证》,《中国农村卫生事业管理》2003 年第 8 期。

[34] 民政部、卫生部、财政部:《关于实实施农村医疗救助的意见》,民发[2003]156 号。

[35] 西部卫生厅等 5 部门:《关于印发〈西部农村初级卫生保健发展规划〉(2001~2010 年)的通知》,豫发[2003]11 号。

[36] 西部卫生厅等 6 部门:《关于农村卫生机制改革与管理的实施管理》,豫发[2003]20 号。

[37] 龚向光:《从公共卫生内涵看我国公共卫生走向》,《卫生经济研究》2003 年第 9 期。

[38] 龚向光:《论政府在公共卫生领域的职能》,《中国卫生经济》2003 年第 11 期。

[39] 彭俊:《湖北省卫生补助现状和未来卫生补助政策的思考》,《中国卫生经济》2003 年第 7 期。

[40]《西部统计年鉴》2000 年、2001 年、2002 年、2003 年、2004 年、2005 年.

[41] 王文长等:《西部特色经济开发》,民族出版社 2001 年版。

[42] 连玉明:《中国国力报告 2003》,中国时代经济出版社 2003 年版。

[43] 隋秀芹:《从中部工业结构看"中部崛起"的机遇与挑战》,杭州市拱墅区统计信息网,2006 - 09 - 04(国家统计局国际中心)。

[44] 刘玉琼:《正视我国贫富差距扩大的问题》,《理论与改革》2005 年第 2 期。

[45] 肖玉明:《如何构建和谐社会》,《湖北行政学院学报》2005 年第 2 期。

[46] 朱智文:《加快西部民族地区发展的产业政策体系设计》,《实事求是》2007 年第 1 期。

[47] 雷根虎:《西部民族地区经济发展的制约因素与对策思考》,《开发研究》2005 年第 3 期。

[48] 刘晓春:《西部开发忽视了什么》,《西部大开发》2004 年第 6 期。

[49] 林凌、刘世庆:《审视西部大开发》,《西部大开发》2004 年第 6 期。

[50] 李学军、刘尚希:《地方政府财政能力研究——以新疆维吾尔自治区为例》,中国财经出版社 2007 年版。

[51] 沙安文:《中国地区差异的经济分析》,人民出版社 2006 年版。

[52] 上海财经大学公共政策研究中心:《2006 中国财政发展报告》,上海财经大学出版社 2006 年版。

[53] 孙开:《财政体制改革问题研究》,经济科学出版社 2004 年版。

[54] 王朝才、李学军:《民族地区财政收入问题研究》,经济科学出版社 2005 年版。

[55] 长江、王朝才:《中国民族地区特殊财政支出研究》,内蒙古人民出版社 2001 年版。

[56] 党秀云、周晓丽:《论服务型政府理念下民族自治地区公共服务的有效供给》,《长春市委党校学报》2007 年第 4 期。

[57] 米小林:《西部农村公共产品供给存在的问题及对策》,《求实》2006 年第 II 卷。

[58] 杨定全、余海秋:《论西部农村公共产品中的多元化供给》,《红河学院学报》2005 年第 3 卷第 1 期。

[59] 杨立华:《政府产品提供方式及其规范决策模型》,《中国行政管理》

2004 年第 1 期。

[60] 李培轶:《民族地区基层政府公共服务供给能力研究》,jyijyi. e21. cn/e-21sqlimg/xf_datalfile/ff20080616103320.1066429n9. doc.

[61] 张春慧、孙国昌:《西部民族地区公共财政框架的构建》,《云南民族大学学报》2009 年第 4 期。

[62] 胡代光:《坚持科学发展观,促进民族地区发展》,《西南民族大学学报》2004 年第 12 期。

[63] 赵伟:《科学发展观与民族地区的发展》,《中西部发展论坛》2005 年第 1 期。

[64] 张文灿:《论科学发展观与民族地区经济社会发展》,《黑龙江民族丛刊》2006 年第 2 期。

[65] 孙劲辉:《论西部少数民族地区的财政改革与建设》,《中央财经大学学报》2000 年第 5 期。

[66] 王玉玲:《论民族地区财政转移支付制度的优化》,《民族研究》2008 年第 1 期。

[67] 宋森、丁巍、毛俊峰编著:《农村医疗卫生》,中国林业出版社 2005 年版。

[68] 王红漫:《大国卫生之难:中国农村医疗卫生现状与制度改革探讨》,北京大学出版社 2004 年版。

[69] 王登高、崔建辉、来卫:《农村医疗卫生:当前一个不可忽视的问题》,《湖北日报》2005 年 8 月 19 日第 A03 版。

[70] 诸国本:《医疗改革的痛定之思》,《国中医药报》2006 年 4 月 7 日第 003 版。

[71] 卫生部部长:《关于我国医疗卫生改革的报告》,http://news. sina. com. cn/c/2005 - 08 - 03/17427403708. shtml.